Heinrich Heine

LÄSTERLICHE SCHRIFTEN

Heinrich Heine

DER RABBI VON BACHERACH

Heinrich Heine

LÄSTERLICHE SCHRIFTEN

DER RABBI VON BACHERACH

Herausgegeben und eingeleitet
von Heinz-Joachim Fischer

marixverlag

Bibliografische Information der Deutschen Nationalbibliothek
Die Deutsche Nationalbibliothek verzeichnet diese Publikation in der Deutschen
Nationalbibliografie; detaillierte bibliografische Daten sind im Internet über
http://dnb.d-nb.de abrufbar.

Copyright © by Marix Verlag GmbH, Wiesbaden 2010
Dr. Heinz-Joachim Fischer ist ein Autor der AVA international GmbH
Autoren- und Verlagsagentur, Herrsching. www.ava-international.de
Die Texte wurden behutsam überarbeitet nach der
Kritischen Gesamtausgabe, 3. Auflage Berlin 1909
Covergestaltung: Nicole Ehlers, marixverlag GmbH
Bildnachweis: akg-images GmbH, Berlin
Satz und Bearbeitung: Medienservice Feiß, Burgwitz
Der Titel wurde in der Adobe Garamond gesetzt.
Gesamtherstellung: GGP Media GmbH, Pößneck
Printed in Germany

ISBN: 978-3-86539-220-6

www.marixverlag.de

INHALT

EINLEITUNG

I. Teil

Der Rabbi von Bacherach

In Bacharach am Rhein – früher, bei Heine, Bacherach – wurde mir klar, dass noch nicht alles über Heinrich Heine gesagt und geschrieben ist. Und es ist in den letzten Jahren in deutschen Landen schon viel, fast alles über ihn gesagt und geschrieben worden. Über ihn und sein Verhältnis zu allem und allen Möglichen, zur nahen Loreley und zur fernen Romantik, zur Liebe und zum Spott, zu Deutschen und zu Juden …

Aber dort, wo man in der Oberstraße, der Hauptgasse des Weinortes, gern einen Riesling trinkt, wo hinter der mittelalterlich-gotischen Kirche Sankt Peter die Stufen hinauf zur malerischen Ruine der Werner-Kapelle beginnen und man stolz darauf verweist, dass der große Dichter auch hier einmal übernachtet hat, fiel mir eine Erzählung von Heinrich Heine ein: „Der Rabbi von Bacherach". Das ließ mich nicht mehr los. Bacharach – Rabbi – Loreley und die gotisch-romantische Kapelle eines heiligen Werner …

Wichtig und wesentlich

Da war mir klar, dass wir von Heine noch längst nicht alles Wichtige und Wesentliche wahrgenommen haben. Denn wichtig und wesentlich ist, was es mit dem christlichen Antisemitismus in Deutschland auf sich hat. Der Umgang mit dem Judentum ist für Deutsche (und andere) eine „Grundsatzfrage", wie die Bundeskanzlerin Angela Merkel zu ihrem päpstlichen Landsmann Benedikt XVI. sagte. Da sind wir am Punkt. Denn in diesem Romanfragment von 1840 berichtet Heine, Jude und Christ zugleich, über das tödlich gespannte Zusammenleben von Juden und Christen seit dem Mittelalter, einem selbstverständlichen christlichen Antisemitismus – als ob es gar nicht

anders sein könne, dass Christen die Juden missachteten und miss-
handelten – und von dem Versuch, als Jude in deutschen Städten zu
überleben. In Heines Nachlass findet sich dazu ein Gedicht, „An Edom", an
das katholische Rom, an die Christenheit, mit den erschütternden
Zeilen:

> „Ein Jahrtausend schon und länger,
> Dulden wir uns brüderlich,
> Du, du duldest, daß ich atme,
> Daß du rasest, dulde Ich.
>
> Manchmal nur, in dunkeln Zeiten,
> Ward dir wunderlich zu Mut,
> Und die liebefrommen Tätzchen
> Färbtest du mit meinem Blut!"

Also, noch dringlicher gefragt: Was steht zwischen dem Dichter und
der Christenheit, genauer, der katholischen Kirche? Sperrig, bedrohlich, unheilvoll. Denn vier wichtige Werke von Heinrich Heine wurden von der Römischen Kirche auf den Index der verbotenen Bücher
gesetzt, „De la France", „Reisebilder" und „De l' Allemagne", alle drei
am 3. Oktober 1836, sowie „Neue Gedichte" am 8. August 1845.
In einem Geheimgutachten der Index-Kongregation (von 1836), in
dem sich der Konsultor Pio Bighi vehement für die Verurteilung
ausspricht, heißt es über „De la France par Henri Heine" – etwas un-
genau: „Wenn wir den öffentlichen Blättern trauen dürfen, ist er der
Sohn eines zum Protestantismus übergetretenen Jude; davon hat er
den Hass gegen das Christentum und insbesondere gegen den Katholizismus zurückbehalten, und seine ganze Religion besteht darin, die
allgemeine Revolution vorzubereiten, zu schüren und voranzutreiben.
Und so zeigt er sich in diesem Werk, das man mit vollem Recht als
ein Gewebe von gottlosen, antireligiösen und revolutionären Grund-
sätzen bezeichnen kann."

Kirchlich-katholischer Antisemitismus

Den Index schaffte Rom im Jahr 1967 ab. Generell; eine ausdrückliche Rehabilitation Heines oder eine offizielle Neubestimmung ihres Verhältnisses zu dem verbotenen Autor erfolgte nicht. Das war nicht vorgesehen, und wäre doch notwendig gewesen. Nicht nur für die vier indizierten Werke, sondern auch für jenes „Romanfragment" des „Rabbi von Bacherach", das 1840 veröffentlicht und in dem das Thema des christlichen, kirchlich-katholischen Antisemitismus tragisch aufgeworfen worden war. Es steht nicht auf dem Index, markiert jedoch einen tragischen Gegensatz zwischen Juden und Christen. Den darin enthaltenen Vorwurf des christlichen Antisemitismus hat die katholische Kirche erst auf dem Zweiten Vatikanischen Konzil zurückdrängen und für die Gegenwart entkräften können.

Wie sensibel noch heute dieses Verhältnis ist, erfuhr Papst Benedikt XVI., als er im Januar 2009 die Exkommunikation des englischen Traditionalisten-Bischofs Richard Williamson zurücknehmen ließ und sich gegen den Vorwurf des Antisemitismus rechtfertigen musste. Denn Williamson hatte den Holocaust öffentlich relativiert. Das wurde in der deutschen Öffentlichkeit als Skandal empfunden. Nicht nur wegen der töricht-widerwärtigen Leugnung, sondern, weil es die jahrhundertealte Wunde der christlich begründeten und unchristlich geprägten Judenfeindschaft aufriss. Aber warum bricht das alles in Bacharach auf?

Beim Aufstieg zur Werner-Kapelle wird Stufe für Stufe der Blick über das Städtchen mit den Schieferdächern und den Mittelrhein mit den Weinbergen freier, wird jedoch das Stakkato der Fragen heftiger, fast fieberhaft. Wer war dieser Heine, der am 13. Dezember 1797 in Düsseldorf in einer liberal-jüdischen Familie zur Welt kam, von seinen Eltern Harry genannt wurde, der sich im Juni 1825, mit 27 Jahren, protestantisch taufen ließ, doch zeit seines Lebens als religiös Sensibler an dieser Spannung zwischen Judentum und Christlichem sich abarbeitete? War dieser Werner, dem die gotische Kirche gewidmet ist, nicht nur der Patron der Winzer, sondern auch der Schutzheilige der

Antisemiten, Symbol christlich-frommen Judenhasses? Warum läßt Heine einen Rabbi in Bacharach auftreten und mit seiner Frau, der „schönen Sarah", vor dem Entsetzlichen fliehen? Dort an der Werner-Ruine haben wir es. Unter uns, in Heines einleitenden unheilschwangeren Worten: „Unterhalb des Rheingaus, wo die Ufer des Stromes ihre lachende Miene verlieren, Berg und Felsen, mit ihren abenteuerlichen Burgruinen, sich trotziger gebärden, und eine wildere, ernstere Herrlichkeit emporsteigt, dort liegt, wie eine schaurige Sage der Vorzeit, die finstre, uralte Stadt Bacherach." Und weiter: „Eine am meisten vereinzelte, ohnmächtige und vom Bürgerrechte allmählig verdrängte Körperschaft war die kleine Judengemeinde, die schon zur Römerzeit in Bacherach sich niedergelassen und späterhin, während der großen Judenverfolgung, ganze Scharen flüchtiger Glaubensbrüder in sich aufgenommen hatte."

Grundkonflikt aus religiösem Geist

Das war der Grundkonflikt aus der gefährlichen Tiefe religiösen Geistes oder Ungeistes, den Heine in vielen Überlegungen und Gedichten beschwört. Die Juden waren schon in der römischen Antike ein uraltes Volk, aus dem Jesus von Nazareth stammt. Die Anhänger dieses Christus, die ihn als gekreuzigten und auferstandenen Messias glaubten, wuchsen aus ihrem angestammten Judentum heraus, weil sie auch Nicht-Juden, Heiden, in ihre Glaubensgemeinschaft, die Kirche, aufnahmen. Ihre Mission richtete sich nach den Worten ihres Gründers und dem Verständnis des Rabbiners Saulus-Paulus universal an alle. Die Christen integrierten religiös und wurden kulturell integriert, und dadurch schon im Römischen Reich zahlreicher als die Juden. Die jüdischen Gemeinden hingegen sahen von ihrem Glauben her, an den einen Gott ihrer Väter, keinen Grund, an Jesus Christus zu glauben.

Als die Christen in Europa jedoch im Mittelalter zum Bewusstsein ihres eigenen göttlichen Auserwähltseins und ihrer neuen politischen Macht gekommen waren – im aufblühenden Abendland um die Jahrtausendwende – traf es die Juden. Heine führt in seiner Erzählung direkt in die Mitte dieses christlichen Antisemitismus:

„Die große Judenverfolgung begann mit den Kreuzzügen (seit 1099) und wütete am grimmigsten um die Mitte des vierzehnten Jahrhunderts, am Ende der großen Pest, die, wie jedes andre öffentliche Unglück, durch die Juden entstanden sein sollte, indem man behauptete, sie hätten den Zorn Gottes herabgeflucht und mit Hülfe der Aussätzigen die Brunnen vergiftet. Der gereizte Pöbel, besonders die Horden der Flagellanten, halbnackte Männer und Weiber, die zur Buße sich selbst geißelnd und ein tolles Marienlied singend, die Rheingegend und das übrige Süddeutschland durchzogen, ermordeten damals viele tausend Juden, oder marterten sie, oder tauften sie gewaltsam."

Christenkinder schlachten

Und weiter Heine: „Eine andre Beschuldigung, die ihnen schon in früherer Zeit, das ganze Mittelalter hindurch bis Anfang des vorigen Jahrhunderts, viel Blut und Angst kostete, das war das läppische, in Chroniken und Legenden bis zum Ekel oft wiederholte Märchen: daß die Juden geweihte Hostien stählen, die sie mit Messern durchstächen bis das Blut herausfließe, und daß sie an ihrem Paschafeste Christenkinder schlachteten, um das Blut derselben bei ihrem nächtlichen Gottesdienste zu gebrauchen."

Merkwürdiges mag bei diesem Vorwurf mitspielen. Die Kindersterblichkeit war in früheren Jahrhunderten hoch, und man suchte seelische Entlastung für den Tod von Kindern in der Familie durch die Schuld anderer, der Angehörigen einer glaubensfremden, dem christlichen Glauben verschlossenen Minderheit. Die Kirche wiederum sah sich gezwungen, eine offenbar häufig praktizierte Form der Spät-Abtreibung scharf zu verurteilen; manche Eltern entledigten sich ihrer Kinder, der zu vielen hungrigen Esser, indem sie diese im gemeinsamen Familienbett nachts erstickten. Suchten die Christen die Kirchenstrafen zu vermeiden, indem sie die Verantwortung dafür den Juden zuschoben?

Wieder Heine: „Die Juden, hinlänglich verhaßt wegen ihres Glaubens, ihres Reichtums, und ihrer Schuldbücher, waren an jenem Festtage (des Pascha) ganz in den Händen ihrer Feinde, die ihr Verderben nur gar zu leicht bewirken konnten, wenn sie das Gerücht eines solchen Kindermords verbreiteten, vielleicht gar einen blutigen Kinderleichnam in das verfemte Haus eines Juden heimlich hineinschwärzten, und dort nächtlich die betende Judenfamilie überfielen; wo alsdann gemordet, geplündert und getauft wurde, und große Wunder geschahen durch das vorgefundne tote Kind, welches die Kirche am Ende gar kanonisierte."

Viel Drangsal und Elend

„Sankt Werner ist ein solcher Heiliger, und ihm zu Ehren ward zu Oberwesel jene prächtige Abtei gestiftet, die jetzt am Rhein eine der schönsten Ruinen bildet, und mit der gotischen Herrlichkeit ihrer langen spitzbögigen Fenster, stolz emporschießender Pfeiler und Steinschnitzeleien uns so sehr entzückt, wenn wir an einem heitergrünen Sommertage vorbeifahren und ihren Ursprung nicht kennen. Zu Ehren dieses Heiligen wurden am Rhein noch drei andre große Kirchen errichtet, und unzählige Juden getötet oder mißhandelt. Dies geschah im Jahr 1287, und auch zu Bacherach, wo eine von diesen Sankt-Wernerskirchen gebaut wurde, erging damals über die Juden viel Drangsal und Elend. Doch zwei Jahrhunderte seitdem blieben sie verschont von solchen Anfällen der Volkswut, obgleich sie noch immer hinlänglich angefeindet und bedroht wurden."

Historisch scheint gesichert, dass am Gründonnerstag 1287 in Bacharach ein 16 Jahre alter, aus armen Verhältnissen stammender Hilfsarbeiter, Werner mit Namen, erschlagen aufgefunden wurde. Eigentlich ein etwas großes Kind. Aber das hinderte nicht, dass Werner bald verehrt und von der Kirche als Märtyrer seines Glaubens anerkannt wurde, vom katholischen Bistum Trier bis zum Jahr 1963. Wir wollen uns nicht in Justizprozessen der Vergangenheit verlieren; die Aufregung darüber kann viel Böses Blut hervorrufen. Noch im Februar

2007 hat die Arbeit des italienischen Historikers Ariel Toaff, Sohn des früheren römischen Oberrabbiners Elio, über einen angeblichen Ritualmord an einem Christenkind (Simon) Ende des 15. Jahrhunderts in Trient Christen und Juden in Italien aufgebracht, weil ein historischer Wahrheitskern behauptet wurde. Antisemitische Heiligenlegenden schwelten und schwärten Jahrhunderte lang; Judenfeindschaft sollte mit jüdischer Feindschaft bemäntelt werden.

Johannes' XXIII. Bitte um Vergebung

Mit dieser Verwerflichkeit machte der „gute Papst" Johannes XXIII. ein Ende. Kurz vor seinem Tod im Juni 1963 verfasste er ein Gebet, das nun bei der Werner-Kapelle hoch über Bacharach auf einer Steintafel zu finden ist:

„Wir erkennen heute, daß viele Jahrhunderte der Blindheit unsere Augen verhüllt haben, so daß wir die Schönheit Deines auserwählten Volkes nicht mehr sehen und in seinem Gesicht nicht mehr die Züge unseres erstgeborenen Bruders wiedererkennen. Wir erkennen, daß ein Kainsmal auf unserer Stirn steht. Im Laufe der Jahrhunderte hat unser Bruder Abel in dem Blute gelegen, das wir vergossen, und er hat Tränen geweint, die wir verursacht haben, weil wir Deine Liebe vergaßen. Vergib uns den Fluch, den wir zu unrecht an den Namen der Juden hefteten. Vergib uns, daß wir Dich in ihrem Fleische zum zweitenmal ans Kreuz schlugen. Denn wir wußten nicht, was wir taten."

Ende Oktober 1965 stellten die Bischöfe des Zweiten Vatikanischen Konzils unter Paul VI. das Verhältnis zwischen Kirche und Synagoge, Christen und Juden auf eine gänzlich neue Grundlage. Das betraf zunächst eine theologische Klarstellung darüber, was beiden Religionen gemeinsam ist, dass jedoch Jesus Christus eben auch trennt. Wörtlich: „Wie die Schrift bezeugt, hat Jerusalem die Zeit seiner Heimsuchung nicht erkannt, und ein großer Teil der Juden hat das Evangelium nicht angenommen, ja nicht wenige haben sich seiner Ausbreitung widersetzt. Nichtsdestoweniger sind die Juden nach dem Zeugnis der Apostel immer noch von Gott geliebt um der Väter willen; sind doch seine Gnadengaben und seine Berufung unwiderruflich. Mit den Propheten und mit demselben Apostel erwartet die Kirche den Tag, der nur Gott bekannt ist, an dem alle Völker mit einer Stimme den Herrn anrufen und ihm Schulter an Schulter dienen."

Gegen den Antisemitismus

In ihrer Ermahnung, von Vorurteilen abzulassen, bestätigten die Bischöfe jedoch zugleich, dass diese einen schleichenden Antisemitismus in der Christenheit über Jahrhunderte hinweg geprägt haben. „Da also das Christen und Juden gemeinsame geistliche Erbe so reich ist, will die Heilige Synode die gegenseitige Kenntnis und Achtung fördern, die vor allem die Frucht biblischer und theologischer Studien sowie des brüderlichen Gespräches ist. Obgleich die jüdischen Obrigkeiten mit ihren Anhängern auf den Tod Christi gedrungen haben, kann man dennoch die Ereignisse seines Leidens weder allen damals lebenden Juden ohne Unterschied noch den heutigen Juden zur Last legen.

Gewiß ist die Kirche das neue Volk Gottes, trotzdem darf man die Juden nicht als von Gott verworfen oder verflucht darstellen, als wäre dies aus der Heiligen Schrift zu folgern. Darum sollen alle dafür Sorge tragen, daß niemand in der Katechese oder bei der Predigt des Gotteswortes etwas lehre, das mit der evangelischen Wahrheit und dem Geiste Christi nicht im Einklang steht."

Papst und Bischöfe der katholischen Weltkirche fühlten sich zu Recht nicht für die Shoah, den millionenfachen Mord am jüdischen Volk verantwortlich. Denn der Holocaust war in deutschem Namen, auf dem Grund einer, wie Benedikt XVI. hervorgehoben hat, neuheidnischen, atheistischen Rassen-Ideologie geschehen. Noch war es auch nicht so weit, dass alle Bischöfe sich zu einer scharfen Verurteilung des Antisemitismus durchringen konnten. Politische und theologische Bedenken, nicht prinzipielle Einwände, hielten sie davon ab.

So einigten sie sich auf das Wort „beklagt". Die Verurteilung holte
Johannes Paul II. um so deutlicher nach; Benedikt folgte ihm darin
aus Überzeugung. So hieß es am 28. Oktober 1965 in der Erklärung
„Nostra Aetate (In unserer Zeit), über das Verhältnis der Kirche zu den
nichtchristlichen Religionen" über das Judentum:
„Im Bewußtsein des Erbes, das sie mit den Juden gemeinsam hat,
beklagt die Kirche, die alle Verfolgungen gegen irgendwelche Menschen verwirft, nicht aus politischen Gründen, sondern auf Antrieb
der religiösen Liebe des Evangeliums alle Haßausbrüche, Verfolgungen
und Manifestationen des Antisemitismus, die sich zu irgendeiner Zeit
und von irgend jemandem gegen die Juden gerichtet haben. Auch hat
ja Christus, wie die Kirche immer gelehrt hat und lehrt, in Freiheit,
um der Sünden aller Menschen willen, sein Leiden und seinen Tod aus
unendlicher Liebe auf sich genommen, damit alle das Heil erlangen."
    Heine und sein „Rabbi von Bacherach" hätten frohlockt und auf
eine neue Zeit gehofft.

II. Teil

Der Scheiterhaufen von 1836

Im Herbst 1836 war es so weit. „Eminentissimi" Kardinäle und
„Hochwürdigste" Geistliche kamen im damaligen Apostolischen Palast des Quirinals in Rom zusammen, um über Heinrich Heine (und
andere) das Urteil zu fällen. „Feria V. die 22 Septembris 1836", am
Donnerstag, dem 22., so beginnt das Dekret: „Die Heilige Kongregation …, von unserem Heiligsten Herrn Papst Gregor XVI. mit dem
Index der Bücher, voll der verkehrten Lehre, betraut, und weiter, diese
zu verbieten, zu reinigen oder eventuell zu erlauben, verurteilte und
verurteilt, ächtete und ächtet, nahm und nimmt auf in den Index der
verbotenen Bücher folgende Werke:

De la France,
Reisebilder Tableaux de Voyage und
De l' Allemagne
par Henri Heine. "

Für diese Bücher galt nun die Standardformel der Index-Kongregation: „Deshalb wage es niemand, gleich welchen Ranges und Standes, die genannten verurteilten und geächteten Werke an gleich welchem Ort und in gleich welcher Sprache entweder hinfort herauszugeben oder die bereits herausgegebenen zu lesen oder aufzubewahren, sondern er ist gehalten, unter Androhung der im Index der verbotenen Bücher genannten Strafen, sie den Ortsordinarien oder den Inquisitoren gegen die ketzerische Verkehrtheit zu übergeben." Von dem Kardinal-Präfekten Giustiniani unter dem Datum des 3. Oktober 1836 unterzeichnet.

„Dass es verboten werden muss"

Schon im ersten Geheimgutachten (über „De l' Allemagne") hatte der Konsultor der Kongregation. Giovanni Battista Palma, seine Anklagepunkte für eine Verurteilung kurz und bündig zusammengefasst: „Es genügt zu wissen, dass man den Namen Gottes und Christi nicht lästerlich nennen, dass man die Katholische Kirche und alle Heiligen Dinge nicht schmähen darf und es nicht erlaubt ist, die gefährlichsten Gegner der Kirche und des guten Anstands gerade als solche begeistert zu loben, weiter, dass man die Völker nicht zur Revolution aufreizen oder diese als den Anbruch einer allgemeinen Befreiung verkünden darf, um zu erkennen, dass ‚Über Deutschland' verboten werden muss."

Nach einigen Zitaten, stets im Französischen, gibt sich der Klein-Inquisitor ungeduldig – Wie der Hohepriester vor Jesu Kreuzigung sprach (Matthäus 26,65): „Er hat Gott gelästert; was bedürfen wir weiterer Zeugen." – und schreibt: „Es wäre zu langwierig, alle Stellen anzuführen, in denen der Verfasser die Religion und die heiligen Dinge zum Gegenstand seines Sarkasmus und seiner Spottlust macht."

Gleichsam als Beweis dafür hatte er zuvor ein langes Zitat vorgelegt, in dem Heine den Tod Gottes anzukündigen scheint und gleich noch die kirchliche Praxis des Kranken- oder Sterbe-Sakraments verspottet: „Hört ihr das Glöckchen klingeln? Kniet nieder – Man bringt die Sakramente einem sterbenden Gott." Das war gewiss nicht die fromme gesunde Lehre der Römischen Kirche.

Gottlose Verspottung

Doch allein „gottlose Verspottung" hätte den Verfasser noch nicht in das Visier der Inquisitionsbehörde gebracht und die Werke nicht auf den Index. Aber Heinrich Heine war mit seinen knapp 40 Jahren ein bekannter Mann, als Journalist, Schriftsteller und Dichter berühmt. Vor allem jedoch: er schrieb nicht nur aus seinem Exil in Paris auf Deutsch für ein deutsches Publikum, sondern publizierte auch auf Französisch. Diese Sprache lag den römischen Behörden schon näher.

So verknoteten sich im Urteil der Kongregation vier Stränge: der eigenartige Lebensweg Heines, die politische Konstellation in Europa, die Stellung des Papsttums unter Gregor XVI. und die geistespolitische Entwicklung im 18. und 19. Jahrhundert in Religion und Philosophie. Der Konflikt war unausweichlich.

Heinrich Heine wäre, wie er schrieb, lieber „als erster Mann" im 19. Jahrhundert geboren worden. Stattdessen kam er schon, worauf sich die Literaturhistoriker geeinigt haben, am 13. Dezember 1797 zur Welt und in die Chronik der jüdischen Gemeinde zu Düsseldorf, als Harry Heine, ältestes von vier Kindern des Tuchhändlers Samson Heine und seiner Frau Betty. So war der junge Heine früh und grundsätzlich dem Neuen zugetan. Religion, Kirche, Katholizismus gehörten eindeutig zum Alten. Wenn nicht das Religiöse selbst, die Ahnung des Unendlichen und nach jüdischem Glauben Unnennbaren, als untilgbares Gen einer uralten Herkunft in ihm immer gegenwärtig geblieben wäre.

Unruhig war es in Düsseldorf politisch. Die traditionelle Kontinuität einer erfolgreichen Staats- und Gesellschaftsform, die Sicherheit eines guten Herrscherhauses und die Anhänglichkeit ordentlich regierter Untertanen konnte man dort nicht kennen lernen. 1797 noch unter französischer Besatzung, im Banne Napoleons, 1801 an das Königreich Bayern zurückgegeben, kam Düsseldorf 1806 als Landeshauptstadt zum Großherzogtum Berg, das gemäß dem Rheinbund als souveräner Staat mit Frankreich alliiert war, nicht mehr im Heiligen Römischen Reich deutscher Nation, mit schnell wechselnden Großherzögen, Joachim Murat, Napoleon dem Kaiser selbst – bei seinem Einzug 1811 machte er Eindruck auf den 13 Jahre alten Harry – und schließlich dessen minderjährigem Neffen, Napoleon Louis Bonaparte.

Dreifach dankbar

Dreifach dankbar blieb Heine dieser französischen Herrschaft in jungen Jahren sein Leben lang: Napoleon führte den Code Civil ein und stellte damit die Juden rechtlich den anderen Bürgern gleich; zudem erhielt er Anspruch auf die französische Staatsbürgerschaft und schließlich eine gründliche Kenntnis seiner zweiten Heimatsprache. Die Völkerschlacht bei Leipzig im Oktober 1813 – als Heine knapp 16 war – mit dem Sieg der alliierten Truppen über Napoleon ließ wieder die Obrigkeit wechseln. Die Preußen kamen. Friedrich Wilhelm III. wurde Heines König und dieser preußischer Untertan.

Unruhig war auch Harry Heines erwachender Geist. Die Lehre aus den politischen Wechselfällen und Wenden war, dass die Ordnung von Staaten und Gesellschaften nicht von Gottes Gnaden geschah. Vielmehr konnten neue selbstbewusste Bürger, vor allem deren Avantgarde, die geistig beweglichen Jungen aus den besseren Ständen, ihr politisches Geschick selbst in die Hand nehmen. Selbst bestimmen konnte man als liberal Aufgeklärter wohl auch die Religion, weshalb Heine sich im Juni 1825 protestantisch taufen ließ, als Christian Johann Heinrich. Diskret, weil er weder als Verräter noch als opportunistischer Überläufer gelten wollte. Der vielleicht besseren beruflichen Chancen wegen. Taufe als „Entre Billet zur Europäischen Kultur", wie er notierte.

Jung und frech

Am Tuchhändler-Dasein aus dem (schmalen) Erbe des Vaters, an Bankiers-Geschäften nach dem Beispiel seines wohlhabenden Hamburger Onkels Salomon fand Heine, zuerst in Frankfurt am Main, später in Hamburg, kein Gefallen, mehr schon an einer unglücklichen, unerwiderten Liebe zu seiner Cousine Amalie – das Unerfüllte konnte poetisch werden – und noch mehr am Schreiben. Es störte ihn auch nicht das Wort seines Onkels: „Hätt' er gelernt was Rechtes, müsst er nicht schreiben Bücher." Erstens, weil ihn der Onkel Salomon bis zum Tod 1844 dennoch finanziell unterstützte, zweitens, weil er dann doch in Bonn, Göttingen, Berlin und wieder Göttingen Jura studierte und in diesem Fach auch promoviert wurde. Und drittens, weil er dann doch mit dem Schreiben Geld verdiente.

Jung und frech war er, der Heine, geistreich im Witz und immer treffender im Ausdruck, ja genial in der Sprache, natürlich hochintelligent und deshalb stolz. Er war persönlich unbemittelt und konnte nicht gut mit Geld umgehen; rasch hatte er eine geschäftliche Pleite hingelegt. Doch durch die Zuwendungen des Onkels konnte er sich unabhängig fühlen, nicht den Zwängen eines Broterwerbs ausgeliefert, nicht zu Katzbuckeln gegen Vorgesetzte oder Kompromissen in der rauen Wirklichkeit gehalten. Er musste sich nicht einschmiegen in eine Karriere, nicht aus aufgeladener Verantwortung oder (ein)gebildeter Überzeugung ein System stützen, sei es ein staatliches, philosophisches oder ein kirchliches.

Er konnte oder wollte es sich leisten, um einer Pointe willen, einer gelungenen Formulierung wegen alles in Frage zu stellen, Bindungen, Freundschaft, Liebe, Vaterland, Religiöses, all die Werte, die anderen wichtig und teuer waren, zu verraten.

Aus den erhofften Vorteilen der christlichen Taufe wurde nichts: „Ich bereue sehr", schrieb er, „daß ich mich getauft hab; ich seh noch gar nicht ein daß es mir seitdem besser gegangen sey, im Gegentheil, ich habe seitdem nichts als Unglück." Keine interessante Anstellung als Advokat, keine Professur der Rechtswissenschaften in München.

Er beschloss daher, freier Schriftsteller zu werden. Oder sagen wir es
treffender: Es fügte sich so, da seine immense Sprachbegabung ihm
empfahl, sich als „Schreiberling" durchzuschlagen, und wenig anderes
übrig blieb,.

Das junge, neue, reformwillige Deutschland

Mit dem Schreiben über das Normale hinaus hatte Heine früh an-
gefangen, im Düsseldorfer Lyzeum, als Teenager. Zehn Jahre später,
in Berlin, als Student, schaffte er es, gedruckt zu werden. 1821/22
erschienen in der Maurerschen Buchhandlung „Gedichte", 1823 bei
Dümmler Tragödien, nebst dem lyrischen Intermezzo, vom Publikum
teil freundlich, teils ablehnend, teils gar nicht aufgenommen. Auf
wessen Seite er stand, war eindeutig, auf jener des jungen, neuen, re-
formwilligen Deutschland, das geistige und politische Veränderungen
anstrebte, das Throne, Altäre und Katheder umstürzen wollte. Dafür
gab es Gesinnungsgenossen. In der Frankfurter Freimaurerloge etwa,
zusammen mit dem Vater, in literarischen Zirkeln, wie dem der Rahel
Varnhagen in Berlin.
Aber erst einmal war Heine unruhig und neugierig auf die Welt. Er
reiste und schrieb, er beobachtete und schrieb, er fühlte und schrieb,
er dachte scharf nach und schrieb noch schärfer. Deshalb wurde nun,
nach 1822, seine Biographie zur Bibliographie. Alles fand seinen
Niederschlag in den 1836 verbotenen Büchern, über Frankreich und
Deutschland sowie in den „Reisebildern". Es ist kein Zufall, dass
Heine immer wieder auf das große Thema kommt, das ihn umtreibt,
Gott, Religion, Christentum und Kirche. Er kann diese Themen,
die ihm am Wegerand im urdeutschen Harz oder im italienischen
Lucca begegnen, nicht anders als ohne Respekt behandeln. Deshalb
habe ich die Auswahl daraus „Lästerliche Schriften" genannt. Er läs-
tert, weil ihm die damalige Religion so erscheint, doch nicht ohne
Hoffnung, es möge noch etwas übrig bleiben nach dem boshaften
Schmähen.

Eine ganze Epoche verspottet

Die Wirklichkeit, die politischen und geistigen Zustände konnten es
ihm nicht recht machen. Seine spitze Kritik trug ihm die Zensur ein,
und dieser Heines prophetische Entgegnung: „Dort wo man Bücher
verbrennt, verbrennt man auch am Ende Menschen." Er wurde immer
berühmter durch seine Gedichte, etwa durch „Die Loreley". Doch
Heine traut und vertraut auch nicht mehr seinen Gefühlen – „Ich
weiß nicht, was soll es bedeuten, daß ich so traurig bin …" – und trifft
damit wohl eine geistige Grundströmung der Gesellschaft, die langsam
der Romantik überdrüssig wurde oder sie nur noch in gebrochener
Ironie, mit versteckter Teilnahme akzeptieren konnte. Heine vermag
in acht Zeilen eine ganze Epoche, auch seine eigene, eine Schöpfungs-
und Liebe-Gott-Träumerei zu verspotten und zu zerstören.

Das Fräulein stand am Meere
Und seufzte lang und bang.
Es rührte sie so sehre
der Sonnenuntergang.

Mein Fräulein! Sein sie munter,
Das ist ein altes Stück;
Hier vorne geht sie unter
Und kehrt von hinten zurück.

(aus „Neue Gedichte, 1844)

Die Romantik war zugleich ein Verbündeter von Kirche und Katholizismus, von dem einen menschlichen Gefühl konnte man zum religiösen hinübergleiten . Schon 1823 wagt Heine in Deutschland ein
Gedicht, mit dem er den schönen Glauben gleichsam liquidiert. In der
geheimen Hoffnung auf Besserung?:

Ich glaub' nicht an den Himmel,
Wovon das Pfäfflein spricht;

Ich glaub' nur an dein Auge,
Das ist mein Himmelslicht.

Ich glaub' nicht an den Herrgott,
Wovon das Pfäfflein spricht;
Ich glaub' nur an dein Herze,
'nen andern Gott hab' ich nicht.

Ich glaub' nicht an den Bösen,
An Höll' und Höllenschmerz;
Ich glaub' nur an dein Auge,
Und an dein böses Herz.

(aus Lyrisches Intermezzo)

„Ich glaub' nicht"

Schließlich war Heinrich Heine die kleinlichen Verhältnisse in Deutschland leid und er „entlief" 1831 nach Paris. Ob er der politischen Zensur entkommen wollte, denen alle seine Werke unterworfen waren, oder ob er in Frankreich nur mehr Ausländer sein und sein Jüdischsein abschütteln konnte, wie der Literaturkritiker Marcel Reich-Ranicki meinte, darüber wird gestritten. Vielleicht bestand auch die Aussicht auf eine Korrespondentenstelle. Das würde mir als langjährigem Korrespondenten einleuchten. Denn wenige Monate nach dem Beginn seines Exils veröffentlichte die berühmte „Allgemeine Zeitung" Heinrich Heines Artikel aus Paris.

Korrespondent der „Allgemeinen Zeitung"

Das war nun etwas anderes, Publikums-wirksameres, als verstreute Gedichte und Reiseberichte, mochten sie auch witzig und geistreich geschrieben sein. Hier gab Deutschlands führende intellektuelle Zeitung dem nun inzwischen 35 Jahre alten Dichter und Schriftsteller ein journalistisches Forum. Nun konnte Heine als Feuilletonist und außergewöhnlicher Essayist erst recht brillieren. Als Korrespondent trug Heine nun nicht irgendwelche kuriosen Ideen vor, wie man sie von den Philosophen des deutschen Idealismus gewohnt war, sondern er berichtete mit der Autorität des Kundigen von einem Land und von einem Volk, in denen diese Ideen über Religion, Christentum und Kirche Wirklichkeit waren. Zugleich hielt Heine den deutschen Lesern den Pariser Spiegel vor, wie sie in Frankreich wahrgenommen würden.

Die „Allgemeine Zeitung" war 1798 von Johann Friedrich Cotta, dem bekannten Verleger der deutschen Klassiker, in Tübingen gegründet worden. Sie erschien von 1807 bis 1882 in Augsburg – was ihr den Zusatznamen eintrug. Ein Jahrhundert lang begleitete und beeinflusste sie ganz entscheidend Politik und Kultur in Deutschland. Kirchenpolitisch bedeutend wurde sie auch während des Ersten Vatikanischen Konzils (1869/70), als sie dem Dogma von der päpstlichen Unfehlbarkeit wenig abgewinnen konnte. Als Korrespondent der „Allgemeinen Zeitung" war Heine auch in Frankreich aufgewertet; er wurde um Mitarbeit in französischen Publikationen gebeten. Diese wiederum wurden in Rom gelesen, wo kaum jemand der deutschen Sprache mächtig war oder man die deutschen Widrigkeiten wegschob. Dies Indifferenz konnte sich die römische Kirchenführung für das französische Geistesleben, entscheidend für Europa, nicht leisten.

Heine etikettierte sich einmal als „entlaufenen Romantiker". Bleibt man da nicht trotzdem noch romantisch? Er war auch ein entlaufener Jude, dann ein nach Paris entlaufener Deutscher, schließlich ein entlaufener Christ. Er ist wohl alles geblieben, Romantiker, Jude, Deutscher, Christ. Oder auch nicht. Scharfer Intellekt, Universalist, über-nationaler Weltbürger, Heide mit eigenen Göttern. Heine musste mit dieser Zerrissenheit leben und sein Werk schaffen. Er fand Gleichgesinnte.

Sarkasmus und Ironie, Spott und Hohn

Aber mehr noch schuf er sich durch Sarkasmus und Ironie, Spott und Hohn, durch offene Bosheit und kaum verhüllte Anspielungen Feinde. Der Dichter August von Platen, wegen seiner Homosexualität von Heine bloßgestellt, damals(!), nannte ihn: „des sterblichen Geschlechts der Menschen Allerunverschämtester". Das könnte man auch als literarisches Kompliment verstehen, war aber bitterbös gemeint. Als Heinrich Heine von Paris aus „allerunverschämtest" und dazu noch wortgenial über alles herzog, was damals wert und heilig war, sannen die Kräfte der Restauration in Europa, allen voran Fürst Metternich, der Kanzler der kaiserlichen Zentral-Großmacht Österreich, auf Abhilfe.

1833 werden in Preußen und 1835 in allen Mitgliedsstaaten des Deutschen Bundes auf Beschluss des Frankfurter Bundestages Heines Werke verboten. Zusammen mit denen anderer Schriftsteller und Dichter des „Jungen Deutschland". Im Beschluss des Bundestages hieß es etwas allgemein, die Mitglieder und Sympathisanten dieser Gruppe legten es darauf an, „in belletristischen, für alle Classen von Lesern zugänglichen Schriften die christliche Religion auf die frechste Weise anzugreifen, die bestehenden socialen Verhältnisse herabzuwürdigen und alle Zucht und Sittlichkeit zu zerstören". Wie es dazu kam, ob Metternich allein die treibende Kraft war oder die österreichische Diplomatie (und Geheimpolizei) mit den Päpstlichen, die fast automatisch konservativ waren, zusammenarbeitete, ist in dem Buch, H. Wolf, W. Schopf, „Die Macht der Zensur" (1998) ausführlich dargestellt. (Eigentlich wird darin auch die Ohnmacht von Zensur und Verbot deutlich.) Entscheidend war, dass die Kräfte des Alten alles zusammen und zugleich bedroht sahen, die Religion, die politischen und sozialen Verhältnisse und die Moral der Bürger. Die Monarchen und ihre Helfer waren ebenso eine Stütze der Religion wie der Römische Papst ein Garant der alten politischen Ordnung. Und Heine beider Feind.

III. Teil

Politisch-religiöse Großwetterlage

„Schlimm ist die Zeit für den Glauben", seufzte Gregor XVI., der Papst, in dessen Regierungszeit von 1831 bis 1846 die Verurteilungen gegen Heine fielen. In der Enzyklika „Mirari vos" („Ihr fragt euch verwundert", an die katholischen Bischöfe gerichtet) vom 15. August 1832, verbreitet er sich über „die Verwirrungen in Kirche und Staat", und liefert damit eine tiefer gehende und anspruchsvollere Urteilsbegründung, als die Konsultoren der Index-Kongregation 1836 und 1845 vorlegten. (Heine hielt ohnehin die Zensoren für Dummköpfe und sorgte mit einer meisterhaften Idee – einem angeblich zensierten Schriftstück – dafür, dass sie auch so wahrgenommen wurden; siehe Buch Le Grand.)

Eine Begründung aus päpstlicher Sicht. Damals, in der ersten Hälfte des 19. Jahrhunderts, war es gewiss eine schlimme Zeit für alte Throne, Altäre und Katheder, für Kaiser und Könige mit ihrem ganzen Adelsschweif, für die päpstliche Kirche mit einem überheblichen Klerus und für überholte Wissenschaften. Aber man müsste von der anderen Seite her dagegenhalten: eine gute für neue Staatsformen, gereinigte Altäre und erfrischte Universitäts-Katheder. Heine hielt dagegen.

Es kann in dieser Hinführung zu Heines „Lästerlichen Schriften" nicht einmal ansatzweise eine politisch-religiöse Großwetterlage jener Epoche der Revolutionen und der Restauration gezeichnet werden. Es passierte einfach zu viel in jener Zeit zwischen … Da kann man viele Daten zur Markierung nennen. 1740, das Jahr der Thronwechsel in Preußen (von Friedrich Wilhelm I. auf Friedrich II. den Großen), in Rom (von Papst Klemens XII. auf Benedikt XIV.), in Russland und Österreich (von Karl VI. auf Maria Theresia), und 1848, das Jahr der Revolutionen in ganz Europa, in Paris ebenso wie im päpstlichen Rom unter Pius IX. Oder 1769, für Napoleons Geburt und die Einführung

der industriell nutzbaren Dampfmaschine in England und Preußen,
und 1869 für den Beginn des Ersten Vatikanischen Konzils in Rom
mit dem Dogma von der Unfehlbarkeit – nicht der Naturgesetze,
sondern – des Papstes. Oder 1749, Goethes Geburtsjahr, und 1856,
Heines Todesjahr.

Unabhängigkeitserklärung als Anleitung zur Revolution

Und erst dazwischen! Am 4. Juli 1776 die Unabhängigkeitserklärung
der Vereinigten Staaten von Amerika mit dem Donnerschlag der Prä-
ambel, die von nun an überall als neue politische Religion Menschen
und Völker bestimmte. Zuerst als Ideal: „Wir halten diese Wahrheiten
für ausgemacht, dass alle Menschen gleich erschaffen wurden, dass sie
von ihrem Schöpfer mit gewissen unveräußerlichen Rechten begabt
wurden, worunter Leben, Freiheit und das Streben nach Glückseligkeit sind."

Dann in der politischen Praxis, als Anleitung zur Revolution: „Dass
zur Versicherung dieser Rechte Regierungen unter den Menschen
eingeführt worden sind, welche ihre gerechte Gewalt von der Ein-
willigung der Regierten herleiten; dass sobald eine Regierungsform
diesen Endzwecken verderblich wird, es das Recht des Volkes ist, sie
zu verändern oder abzuschaffen, und eine neue Regierung einzusetzen,
die auf solche Grundsätze gegründet, und deren Macht und Gewalt
solchergestalt gebildet wird, als ihnen zur Erhaltung ihrer Sicherheit
und Glückseligkeit am schicklichsten zu seyn dünket."

„Zwar gebietet Klugheit, daß von langer Zeit her eingeführte Regierungen nicht um leichter und vergänglicher Ursachen willen verändert
werden sollen; und demnach hat die Erfahrung von jeher gezeigt, daß
Menschen, so lang das Uebel noch zu ertragen ist, lieber leiden und
dulden wollen, als sich durch Umstoßung solcher Regierungsformen,
zu denen sie gewöhnt sind, selbst Recht und Hülfe verschaffen. Wenn
aber eine lange Reihe von Mißhandlungen und gewaltsamen Eingriffen auf einen und eben den Gegenstand unabläßig gerichtet, einen
Anschlag an den Tag legt, sie unter unumschränkte Herrschaft zu brin-

gen, so ist es ihr Recht, ja ihre Pflicht, solche Regierung abzuwerfen, und sich für ihre künftige Sicherheit neue Gewähren zu verschaffen." (Deutsche Übersetzung nach der Zeitung Pennsylvanischer Staatsbote vom 5. Juli 1776)

Weil alles nach Reformen und Erneuerung schrie.

Das waren die politischen Maximen für die nächste Zeit. Schon drei Jahre später wurden sie in Europa umgesetzt, in der Französischen Revolution 1789 und ihren Folgen. Als 1793 in Paris König Ludwig XVI. und Marie Antoinette hingerichtet wurden, war es nicht nur mit dem Ancien Regime in Frankreich vorbei. Das Alte Regime in der Verbindung von Thron und Altar, von der weltlichen Macht aus Gottes Gnade und der kirchlich-christlichen Herrschaft mit weltlichem Schutz, war in den Grundfesten erschüttert und wankte. Sein Sturz schien nur eine Frage der Zeit. Als Heine 1797 geboren wurde, hatte schon Napoleon die Bühne Frankreichs und Europas betreten und die Hauptrolle an sich gerissen, gegen jene Mächte, die noch im Alten standhielten. Heine erlebte zuerst, dass nicht das Volk die Revolution betrieb, sondern Napoleon. Lange war niemand dem Kaiser der Franzosen und seinem Veränderungsdrang gewachsen. Wohl weil alles nach Reformen und Erneuerung schrie.

Das Heilige Römische Reich Deutscher Nation lag im Sterben und wurde von Napoleon 1806 beendet. Die katholische Kirche wurde mit der gigantischen Aktion der „Säkularisation" – der vielleicht größten Vermögenskonfiszierung der Geschichte gemäß dem „Reichsdeputationshauptschluss" von 1803 – enteignet, die geistlichen Reichsstände von weltlichen vereinnahmt. Das Papsttum schien am Ende. Pius VI. (1775 bis 1799) und Pius VII. (1800 bis 1823) wurden von den Wirren der Französischen Revolution und den Machtlaunen Napoleons hin und her geworfen, gepeinigt und gedemütigt. Das Neue in Politik und Religion schien auf der ganzen Linie zu siegen.

Aber dann überdehnte Napoleon seine Macht. Das zeigte sich an dem Russlandfeldzug, dessen katastrophale Folgen Heine mit 15 Jahren in Düsseldorf erlebte. Vielleicht hatte sich auch vom Alten, was gesund, stark und nun jung war, wieder erholt. Österreich, Preußen, Russland und Großbritannien schlossen die – mit dem Segen des Papstes nicht zufällig so genannte – „Heilige Allianz" und besiegten nach der Völkerschlacht von Leipzig Napoleon und Frankreich ein zweites Mal, in Waterloo („Belle-Alliance") und auf dem Wiener Kongress (1814/15). Dort bestimmte der Außenminister und spätere Kanzler des Kaisertums Österreich, Fürst von Metternich, die Neuordnung Europas und der deutschen Landen, politisch, geistig und religiös.

Restauration und Beruhigung der Geister

„Restauration" hat man Metternichs Politik nach dem Sieg über Napoleon genannt. Zu Recht. Hatte Metternich in Heines Jugend noch für, wie er in einem Memorandum schrieb, „Lavieren, Ausweichen, Schmeicheln" gegenüber dem französischen Kaiser plädiert, dafür, „unsere Kraft auf bessere Zeiten aufzuheben bis zum Tage der allgemeinen Erlösung", so trat er nun für das monarchische Prinzip und die unbedingte Geltung des Christentums ein. Was bedeutete, dass er mit vielen Mitteln alle liberalen Regungen und alle national-deutschen demokratischen Bewegungen bekämpfte.

Im Hinblick auf Heinrich Heine wollte Metternich des unruhigen Geistes, dem es vor allem an Respekt vor dem politisch Alten und Reverenz vor dem Religiös-Christlichen fehlte.

Zwischen 1822 und 1836, zwischen Heines Autor-Debüt und seiner Indizierung ändert sich alles, bei Heinrich Heine und bei den Päpsten. Aus dem Studenten mit literarischen Ambitionen in Deutschland wird der berühmte Dichter, der bekannte Korrespondent, der politische Schriftsteller, der Repräsentant des „Jungen Deutschland" im Pariser Exil und auf dem Index.

Pius VII. (1800 bis 1823), den es nach Pius VI. – „dem Letzten", nach Ansicht der revolutionären Kräfte – gar nicht hätte geben dürfen, verleiht dem römischen Papsttum wieder Achtung und eine neue Machtstellung. Die Nachfolger, Leo XII. (1823 bis 1829) und Pius

VIII. (1828/29) schwanken, wie weit sie sich auf die Partei ihrer Wähler, der jeweiligen Mehrheit der Kardinäle, der Zelanti (Eiferer) oder der Politicanti (der politisch Klugen), schlagen sollen. Ob sie mehr die Festigkeit, die Festungsstärke der „Einen, Heiligen, Katholischen und Apostolischen Kirche", so das trutzige Glaubensbekenntnis, herausstellen sollen; deren klare Hierarchie unter dem römischen Papst bekräftigen; mit religiösem Eifer die Probleme beklagen, doch verdrängen. Oder die Verständigung mit dem Neuen suchen, der modernen Welt und deren wahrhaft revolutionären, umwälzenden Ideen suchen.

Dem reißenden Strom des Zeitgeistes entgegen

Im Pariser Exil wird Heine von der politischen und religiösen Entwicklung bestätigt. Gregor XVI. (1831 bis 1846) in Rom hingegen stellt sich dem reißenden Strom des Zeitgeistes entgegen: „Ehrwürdige Brüder", so schreibt der Papst 1832 in der Enzyklika, mit Tränen in den Augen, „Wir sprechen von Dingen, die Ihr mit eigenen Augen sehen könnt und die wir gemeinsam beweinen. Unrechte, dreiste Wissenschaften und zügellose Freiheit erringen freche Siege, die Heiligkeit gottgeweihter Dinge wird verachtet, die hoheitliche Gottesverehrung, welche in alten Zeiten so große Macht und Einfluß besaß, wird von nichtswürdigen Menschen verschmäht, geschändet und verhöhnt. Aus diesem Grund wird die wahre Lehre in eine andere Richtung gelenkt und Irrtümern aller Art der Vorzug gegeben. Nichts ist vor der Frechheit dieser Leute sicher, deren Mund nur Unrecht spricht. Weder vor den Gesetzen über heilige Dinge, Rechten, Einrichtungen oder heiligsten Geboten aus alter Zeit machen sie halt."

Dann geht Gregor ins Detail: „In Hoch- und Mittelschulen finden sich ungeheuerliche Irrtümer, die den katholischen Glauben nicht nur insgeheim und heimtückisch angreifen, sondern diesem auch öffentlich und mit lauten Worten einen schrecklichen und unerbittlichen Krieg ankündigen. Der Geist der Jugend wurde durch Schulordnungen und durch das Beispiel der Lehrer verdorben, was zu einem beträchtlichen Niedergang des Glaubens führte und die Sitten auf entsetzliche Weise verderben ließ. In der Folge wurden die Zügel des heiligen Glaubens vollständig verworfen, durch den sich die Reiche behaupten und jede Herrschaft ihre Kraft und Stärke erhält. Wir sehen heute den Untergang der öffentlichen Ordnung, den Fall der Obrigkeit und den Umsturz jeder gesetzlichen Macht immer näher rücken. Diese Flut von Übeln und Verschwörungen sind den geheimen Gesellschaften zuzuschreiben, in denen, gleich wie in einem Schmutzkanal, alles zusammenströmte, was in den Irrlehren und verderblichen Sekten gottesräuberisches und gotteslästerliches zu finden war…"

Hässliche Verschwörung gegen Christliches

Dann wendet sich der Papst gegen jene, die im Innern der Kirche auf Reformen dringen auf eine Verständigung dringen, wie sie in Frankreich etwa der Priester und Philosoph Felicité de Lamennais anregte und sich damit ärgeren päpstlichen Widerspruch zuzog: „Deshalb wäre es völlig widersinnig und für die Kirche höchst beleidigend, von einer Erneuerung und Wiederbelebung zu sprechen, die notwendig wäre …"

Gregor beklagt eine „hässliche Verschwörung" gegen die Ehelosigkeit der Geistlichen und gegen die christliche Ehe, die man zum Ziel von Spott und Karikaturen mache. Er wendet sich gegen die Toleranz von Konfessionen und Religionen als „Gleichgültigkeit in Glaubenssachen, auch Indifferentismus genannt", mit der Warnung: „Mögen alle in Furcht geraten, die behaupten, das Bekenntnis jedes beliebigen Glaubens würde den Zugang zum Hafen der Seligkeit öffnen. Ohne Zweifel werden sie für immer verloren gehen, wenn sie nicht den katholischen Glauben haben und diesen unversehrt und unverletzt bewahren."

Dann geht es Schlag auf Schlag gegen alle Freiheiten, die des Gewissens, der Meinung, der Rede, der Buchdruckerkunst, der Presse: „Aus dieser modrigen Quelle der Gleichgültigkeit, die den Glauben betrifft, fließt jene törichte und falsche Ansicht, die man besser als Wahnsinn bezeichnet, für jeden die Gewissensfreiheit zu fordern und zu verteidigen. Der Wegbereiter für diesen überaus verderblichen Irrtum ist diese vollkommen übermäßige Meinungsfreiheit, die auf weiten Gebieten zum Verderben der Kirche und des Staates verbreitet ist. Einige behaupten hierbei mit großer Unverschämtheit, daß sich daraus Vorteile für die Religion ergeben. Die Erfahrung bezeugt, was seit ältester Zeit bekannt ist. Staaten, die durch Reichtum, Macht und Ruhm aufblühten, sind an diesem einem Übel zugrunde gegangen, das sich in der übermäßigen Meinungsfreiheit, der Redefreiheit und der Sucht nach Neuerungen äußert."

Flut an Irrtümern

Weiter: „Hierher gehört auch die von Grund auf schlechte, niemals ausreichend verurteilte abscheuliche Freiheit der Buchdruckerkunst, um alle möglichen Schriften unter das Volk zu bringen. Diese Freiheit wird von vielen eifrig und mit lauter Stimme gefordert und gefördert. Entsetzt müssen Wir sehen, mit welchen Ungeheuern von Lehrern, besser ausgedrückt, mit welchen Schreckgestalten von Irrtümern wir überschüttet werden. Überall wird eine gewaltige Menge an Büchern, Schriften und Broschüren verbreitet, deren Umfang zwar klein ist, die Bosheit jedoch übergroß daraus hervorgeht, aus denen Wir mit tränenden Augen den Fluch sehen müssen, der sich über die gesamte Erde ausbreitet. Bedauerlicherweise gibt es Leute, die sich von ihrer Unverschämtheit so weit fortreißen lassen, daß sie starrsinnig behaupten, die aus der Pressefreiheit hervorgehende Flut an Irrtümern würde in ausreichender Weise durch irgendein Buch aufgewogen werden, das in diesem großen Sturm von Schlechtigkeiten zur Verteidigung der Religion und der Wahrheit herausgegeben wird. In Wirklichkeit ist es frevelhaft und gegen jedes Recht, absichtlich ein offenkundiges und größeres Übel zu vollbringen, in der Hoffnung, daß daraus etwas Gutes entstehen könnte. Welcher vernünftige Mensch würde behaupten, daß Gifte frei verbreitet sowie öffentlich verkauft und angeboten, ja sogar getrunken werden dürfen, weil damit ein Heilmittel zur Verfügung steht, durch dessen Gebrauch gelegentlich jemand vor dem Untergang gerettet werden könnte?" – Heine also ein Giftmischer!?

Gegen die Freiheit des gedruckten Wortes, so der Papst, hilft nur der Scheiterhaufen: „Das Vorgehen der Kirche wies jedoch in eine andere Richtung, wenn es sich darum handelte, die Ausrottung der verseuchten, schlechten Bücher zu bekämpfen, das bereits auf die Zeiten der Apostel zurückreicht. Wir lesen darüber, daß diese eine große Anzahl Bücher öffentlich verbrannten."

„Wenn nicht die Bücher in den Flammen verbrennen"

Das mindeste ist jedoch der Index: „Es ist ausreichend, die Gesetze zu studieren, welche das V. Laterankonzil in dieser Hinsicht erlassen hat, sowie in den Verordnungen zu lesen, die danach durch Unseren Vorgänger seligen Andenkens, Leo X., herausgegeben wurden. Was zur Vermehrung des Glaubens und zur Verbreitung der guten Künste an Erfindungen gemacht wurde, sollte nicht ins Gegenteil gekehrt werden, um dadurch dem Heil der Christgläubigen Schaden zu bringen. Das war auch die große Sorge der Väter des Konzils von Trient, die als Heilmittel gegen dieses große Übel den unbeschreiblich heilsamen Entschluß erlassen haben, Verzeichnisse über jene Bücher zu erstellen, in denen die schlechten Lehren enthalten sind. Unser Vorgänger seligen Andenkens, Clemens XIII., erklärt in seinem Rundschreiben über das Verbot von schädlichen Büchern: Es heißt energisch kämpfen, so wie es die Lage erfordert, und mit allen Kräften das todbringende Verderben so vieler Bücher auszurotten. Das Gift des Irrtums wird nie vernichtet werden, wenn nicht alle verderblichen Grundlagen des Übels in den Flammen verbrennen."

Ausdrücklich verteidigt Gregor den Index der verbotenen Bücher: „Aus dieser beständigen Sorge seit alter Zeit, mit welcher Unser Apostolischer Stuhl immer bemüht war, verdächtige und schädliche Bücher zu verurteilen und aus den Händen der Menschen zu entreißen, geht eindeutig hervor, wie falsch, verwegen und ungerecht gegen den Apostolischen Stuhl, und wie furchtbar verderbenbringend für das christliche Volk die Lehre jener ist, die eine Bücherzensur nicht nur als zu lästig und unter zu großem Druck stehend verwerfen, sondern auch noch in ihrer Bosheit verkünden, dies würde gegen die Grundsätze des Rechtes und der Vernunft verstoßen. Dabei wagen sie es, der Kirche das Recht zu verweigern, ein solches Verzeichnis aufzustellen und zu besitzen."

Gregor XVI. und Fürst Metternich

„Wir haben erfahren", so spielt Gregor auf die enge Verbindung zu Fürst Metternich und der österreichischen Diplomatie an, „daß Schriften unter dem Volk verteilt werden und dadurch gewisse Lehren Verbreitung finden, welche die schuldige Treue und Gehorsamspflicht gegenüber den Regierenden ins Wanken bringen und überall die Fackel des Aufruhrs entzünden." Dabei hätte der Papst in seinem eigenen italienischen Kirchenstaat erfahren können, dass nicht blinder Freiheitsdrang Revolutionäre hervorbringt, sondern politische Missstände nach Veränderung schreien. Der Papst-Staat war dafür berüchtigt in Europa. Lieber nahmen die kirchlichen Herren die Pocken als Strafe Gottes hin, als dass sie die Leiden der Menschen durch die Schutzimpfung zu lindern bereit waren. Sie verhinderten zivilisatorischen Fortschritt, weil er ihnen gegen den Willen Gottes gerichtet schien. Da rebellierte Heine.

Selten hat sich auch ein Papst der neueren Zeit in beleidigendem Zorn so fortreißen lassen: „Herrliche Beispiele, die von der unerschütterlichen Treue gegenüber den Herrschern zeugen. Notwendigerweise ergab sich diese Treue aus den heiligen Vorschriften der christlichen Religion, welche die abscheuliche Frechheit und Bosheit derjenigen verurteilt, die in zügelloser Gier nach ungehemmter Freiheit davon überzeugt sind, alle Rechte der Obrigkeiten ins Wanken zu bringen und zu zerstören. Unter dem Vorwand der Freiheit bringen sie jedoch den Völkern die Knechtschaft. Um dieses Ziel zu erreichen, verschworen sich die schändlichen Verrücktheiten und Machenschaften der Waldenser, Beguarden, die Anhänger Wiclefs und anderer Belialssöhne, welche Schmutz- und Schandflecken innerhalb des Menschengeschlechtes waren, und daher rechtmäßig vom Apostolischen Stuhl mit dem Bann bestraft wurden. Diese verderblichen Menschen richten ihre Kräfte auf nichts anderes, als auf die Freiheit, um sich mit Luther bejubeln zu lassen. Jedes verbrecherische Mittel ist ihnen recht, um mit allergrößter Kühnheit ihr Ziel zu erreichen." Thron und Altar gehören nach Ansicht des Papstes zusammen: „Ebenso unerfreuliche Dinge können wir von den Leuten erwarten, die Kirche und Staat trennen, sowie die gegenseitige Einigkeit zwischen der weltlichen Macht und der geistlichen Obrigkeit zerstören möchten. Es ist bekannt, daß diese Eintracht von den Anhängern der überaus schändlichen und unverschämten Freiheit sehr gefürchtet wird, da sich diese sowohl im kirchlichen, als auch im staatlichen Bereich zu jeder Zeit als segenbringend und heilsam erwiesen hat."

Das war die offizielle Linie der höchsten Autorität in der katholischen Kirche, die kirchenpolitische Richtlinie der Index-Kongregation. Damals, 1832. Dass drei Werke Heinrich Heines vier Jahre später in den Index aufgenommen wurden, und gleichsam als unvermeidlicher Nachschlag 1845, noch unter Gregor XVI., ein weiteres, „Neue Gedichte", verwundert nicht.

IV. Teil

Dreist, frech, unverschämt, blasphemisch, obszön

Es verwundert uns nicht mehr. Auf dem Hintergrund der Entwicklungen in Politik und Kultur zwischen den Jahrhundertmitten um 1750 und 1850, nach der Kapuziner-Predigt des Papstes in der Enzyklika gegen die vorherrschenden Meinungen der Gebildeten und Fortschrittlichen in Europa tritt der Antagonismus zwischen Heines Äußerungen zu Religion und Katholizismus einerseits und der Römischen Kirche andererseits klar zu Tage. Dabei fällt auf, dass Heine bei aller Spottlust die katholische Kirche, ihr weltgeschichtliches „System", wie er es nennt, durchaus ernst nimmt. Wie auch Rom diesen Gegner nicht auf die leichte Schulter nahm. Nicht jedem intellektuellen Kritiker wurde die Ehre des Index zuteil. Aber als wirklicher oder vermeintlicher Führer des „Jungen Deutschlands", als politischer Korrespondent der führenden deutschen Zeitung, als populärer Schriftsteller und Dichter wunderbarer Strophen, die im ganzen Volk kursierten, ist Heine zu wichtig.

Es geht hier nicht darum, die Meinungen der Index-Zensoren oder die Zensuren des Papstes nachzuvollziehen, ins Richtige oder Falsche. All die Adjektive, dreist, frech, unverschämt, blasphemisch, obszön, haben wenig mit Wahrheit zu tun, sondern mit politischer, kirchenpolitischer Bewertung. Sie zeigen mehr den Abstand der Positionen voneinander, mehr den Wunsch, lästige Stimmen zum Schweigen zu bringen, als ein gemeinsames Anliegen, um Wahrheit zu ringen. So wie heute noch die chinesische Staats- und Parteiführung oder politisierte Muslime die Verbreitung von Freiheitsideen und Menschenrechten, die Forderungen nach Demokratie und Toleranz, wirkliche Diskussionen oder vermeintlich lästerliche Karikaturen über Religion zu hintertreiben suchen.

Sebastian Brant und Baruch Spinoza, Voltaire und Victor Hugo

Dabei war Heinrich Heines Kritik an Religion, Christentum und Kirche keineswegs originell. Sie war nur genial formuliert. Heine stellte sich auf die Schultern der Riesen vor ihm, wie er es als historisierender Journalist beschrieben hatte. So nahm er auch jene Autoren auf, die in dieser „Bibliothek der verbotenen Bücher als letzte vorgestellt wurden: Sebastian Brant (1457 bis 1521) mit seinem „Narrenschiff" vor dem Ausbruch der Reformation, Spinoza (1632 bis 1677) mit der „Ethik" und dem „Tractatus theologico-politicus", Voltaire (1694 bis 1778) mit „Candide" und den französischen Groß-Schriftsteller Victor Hugo (1802 bis 1885) mit „Notre Dame in Paris", einen nur wenig jüngeren Zeitgenossen.

Ob er vom „Gott des Pfäfflein" sprach, „das alte Entsagungslied, das Eiapopeia vom Himmel" persiflierte, oder wusste, „sie tranken heimlich Wein und predigten öffentlich Wasser". Das könnte bei Sebastian Brant abgeschrieben sein – was Heine nicht nötig hatte – und repräsentiert einen Allgemeinplatz der Kirchenkritik. Die Diener der Kirche, Gottes persönliche Beamte – so der ewige Vorwurf, seitdem die Christen aus den Katakomben herauskamen und das kirchliche Christentum zur Staatsreligion in Europa wurde – leben nicht so, wie sie es nach den Worten der Bibel und der Lehre des Jesus müssten. Liederlichkeit und Verschwendung, Macht und Reichtum der Prälaten und Klöster gaben Anstoß: „Verschlemmen soll nicht der faule Bauch, was fleißige Hände erwarben", meint Heine dazu. Die beamteten Vertreter Gottes waren oft ein starkes Argument gegen Religion und Kirche. Das Unwesen, das sie trieben, sprach gegen das heilige Wesen Gottes; das schien der guten Botschaft des milden Jesus Hohn zu sprechen. Am Unwillen über das unchristliche Treiben der Päpstlichen nimmt die Reformation Martin Luthers im 16. Jahrhundert ihren Ausgang. Damit verspielten Papst und Bischöfe ihre geistliche Autorität.

Karl Marx und Friedrich Engels

Mit Baruch-Benedikt Spinoza verbindet Heinrich Heine viel. Nicht nur die Kenntnis des Hebräischen. Unverzichtbar, um die Heiligen Schriften der Juden und Christen genau zu studieren. Notwendig, um die kirchliche Herrschaft über das Wort zu hinterfragen und die Bibel auf neue Weise zu verstehen, nicht mehr gestützt auf Wunderwesen und Aberglauben. Mit wissenschaftlicher Bibelkritik wollte Spinoza Ordnung in die ethischen Fragen des Menschen und der Menschheit bringen und geriet doch in Konflikt sowohl mit dem Judentum als auch mit der Römischen Kirche. Der Philosoph des 17. Jahrhunderts wollte nicht, dass die Herren von Staat und Kirche das Volk für dumm verkaufen. Die neu gewonnene Freiheit der reformierten Kirchen sollte nicht verschleudert werden. Die christliche Theologie gab den Weg frei für den mündigen politischen Bürger. Heine übersetzte das für die

Bedürfnisse des 19. Jahrhunderts. Karl Marx (1818-1883) und Friedrich Engels (1820-1895) schärften den Sinn für die neue Soziale Frage. Das Leben in Paris forderte ganz andere geistige Verhaltensregeln und Lebensmaximen, als die Kirche sie bis dahin zu bieten hatte. Spott untergräbt jede Autorität, jegliches Ansehen von Göttern und Fürsten. Er mindert und zerstört schließlich Respekt und Reverenz, die Stützen jeder Herrschaft. Voltaire war ein Großmeister des Spotts in französischer Sprache, Heine in deutscher. Voltaire war nach Berlin und Potsdam gezogen, weil der preußische König, Friedrich II. der Große (1712 geboren, 1740 Regierungsantritt, 1786 gestorben), schon aufgeklärter war als sein Kollege in Versailles und es mit der Religion schon nicht mehr so genau nahm und auch nicht nehmen musste wie im katholischen Frankreich; der Alte Fritz hatte wenig dagegen, wenn anderer Autorität verhöhnt wurde. Heine emigrierte vor den Preußen nach Paris, weil nun den Franzosen wenig (Deutsches) mehr heilig schien. In Frankreich konnte sich Heines Begabung fürs Kritische, Polemische, Spöttische, Sarkastische, Satirische, sein gnadenloser Blick für die Schwächen der anderen austoben. Die Missstände des geschwächten, wackligen Absolutismus und der Feudalherrschaft in Deutschland, der neue Wettbewerb der Philosophien und Weltanschauungen mit den christlichen Lehren und Kirchen boten ihm ein weites Feld. Seine Waffen waren wie die Voltaires das treffende, in den Kopf dringende Wort und ein verständlicher, das Herz anfüllender Stil, noch mehr Spott und Hohn, Sarkasmus und Ironie.

Gefährlicher und verführerisch

Als Heinrich Heine 1831 nach Paris ins Exil ging, wurde Victor Hugo, fünf Jahre jünger, mit seinem Roman „Notre Dame de Paris" immer berühmter – und 1834 damit auf den Index gesetzt. Nicht weil der Roman eine lange philosophisch-theologische Auseinandersetzung mit der katholischen Glaubens- und Sittenlehre bot, sondern eine phantastische Geschichte. Und weil er deshalb ein Bestseller war, vom breiten Publikum gelesen. Für Hugo galt, was der römische Zensor

Bighi zu Heines „De l' Allemagne" fast anerkennend anmerkt: „Das Werk ist überaus lebendig und geistreich geschrieben, ... könnte gar nicht energischer sein. – Aber gerade dies ist ein weiterer Grund, der es noch gefährlicher macht, und verführerisch." Die römische Index-Kongregation hatte es bei Victor Hugo wie Heinrich Heine mit Verfassern von Weltliteratur zu tun.

Die Frage bleibt: War das, was Heine an Religion und Christentum kritisierte, an der Katholischen Kirche und am System des Katholizismus insgesamt, war das genuin katholisch. Ist es katholisch? Muss so katholisch sein? Dies lässt sich erst nach der Lektüre der inkriminierten Schriften beantworten.

Ludwig Feuerbachs Religionsphilosophie

Ein letzter Hinweis: Ich schloss meine philosophischen Studien mit einer Arbeit über Ludwig Feuerbach (1804 bis 1872) ab. Schon damals fand ich Heines Zusammenfassungen der Religions- und Philosophiegeschichte in Deutschland meisterhaft. Feuerbach war ein Zeit- und (in manchem) Gesinnungsgenosse Heines. Das Thema meiner Promotions lautete: „Die Auflösung des Begriffes der Offenbarung bei Ludwig Feuerbach als Negation deutscher Religionsphilosophie". Mich faszinierte dabei die religionsphilosophische Annäherung an eine göttliche Offenbarung – oder Abkehr davon; kurz: die menschliche Vernunft vor einer „Selbstmitteilung" Gottes. Eine Frage, die zu allen Zeiten Juden und Christen, mit der Bibel in der Hand, bewegt hat. Die besten Theologen und Philosophen haben versucht, darauf eine Antwort zu geben. Konzentriert hat sich die Frage mit dem Aufkommen der Naturwissenschaften und der präzisen Geisteswissenschaften (Historie und Philologie); da begannen Galileo Galilei (1564 bis 1642), ein Spinoza ihr Werk. Und verschärft in der Aufklärung; Gotthold Ephraim Lessing (1729 bis 1781), Immanuel Kant (1724 bis 1804) und Johann Gottlieb Fichte (1762 bis 1814) führten es – nicht nur in meiner Arbeit – thematisch weiter. Mit dem Ergebnis, dass es die aufgeklärte Vernunft so oder so mit einer Offenburg aushalten kann, in Annäherung oder Abkehr.

Aber irgendwie muss und wird sie reagieren. Denn die Klarheit darüber war entscheidend für die Kultur Europas. Es ist von brennender Aktualität, wie der Islam mit dem Koran des Propheten Mohammed darauf antwortet. Mit religiöser Radikalität oder mit jener aufgeklärten Vernunft und abgeklärten Religion, die allein das friedliche Zusammenleben der Menschen garantieren.

„Überzeugung bedenklich geändert"

Heinrich Heine schrieb in der Vorrede zur 1852 veröffentlichten 2. Auflage seines Deutschland-Buchs: „Es haben sich nämlich seit dem Erscheinen desselben (1834) meine Ansichten über manche Dinge, besonders über göttliche Dinge, bedenklich geändert, und manches, was ich behauptete, widerspricht jetzt meiner bessern Überzeugung." Er hatte den Gott der Philosophen gesucht und den Gott Abraham, Isaaks und Jakobs gefunden. Wie er fortfährt: „Ich verdanke meine Erleuchtung ganz einfach der Lektüre eines Buches – Eines Buches? Ja, und es ist ein altes, schlichtes Buch, bescheiden wie die Natur, auch natürlich wie diese; ein Buch, das werkeltägig und anspruchslos aussieht, wie die Sonne, die uns wärmt, wie das Brot, das uns nährt; ein Buch, das so traulich, so segnend gütig uns anblickt wie eine alte Großmutter, die auch täglich in dem Buche liest, mit den lieben, bebenden Lippen und mit der Brille auf der Nase – und dieses Buch heißt auch ganz kurzweg das Buch, die Bibel. Mit Fug nennt man diese auch die Heilige Schrift; wer seinen Gott verloren hat, der kann ihn in diesem Buche wiederfinden, und wer ihn nie gekannt, dem weht hier entgegen der Odem des göttlichen Wortes."
Vier Jahre später, vier qualvolle Jahre todkrank in der „Matratzengruft", stirbt Heinrich Heine am 17. Februar 1856 in Paris. Er findet seine letzte Ruhestätte auf dem Friedhof von Montmartre. Eine weiße Marmorbüste, auf einem Sockel hoch aufragend, weist zu seinem Grab den Weg.

HEINRICH HEINE

Lebensdaten und Werke*	Historische Daten
	1775 – 1799 Papst Pius VI.
	1776, 4. Juli – Unabhängigkeitserklärung der Vereinigten Staaten von Amerika und Verkündung der unveräußerlichen Menschenrechte
	1789, 14 Juli – Sturm auf die Bastille in Paris, Ausbruch der Französischen Revolution; in der Folge Bauernbefreiung und Erklärung der Menschenrechte 1791 Bürgerrecht für die Juden in Frankreich
	1795 Französische Truppen besetzen Düsseldorf
1797, 13.Dezember – Geburt von Harry Heine in Düsseldorf	
	1799 Staatsstreich Napoleons (1. Konsul)
	1800 – 1823 Papst Pius VII.
	1803 Reichsdeputationshauptschluss – Säkularisierung der Kirchengüter in Deutschland
1804 Schulbeginn	1804 Code civil von Napoléon erlassen; garantiert Freiheit und Rechtsgleichheit; Pressezensur und Geheimpolizei – Kaiserkrönung Napoleons I. MIT Papst Pius VII.
	1805 Kurfürst Maximilian Joseph (1. König von Bayern) tritt das Herzogtum Berg (mit Düsseldorf) an Napoleon ab.

* nach Erscheinungsjahr in Buchform

	1806 Ende des Heiligen Römischen Reiches Deutscher Nation Franz II. legt die deutsche Kaiserkrone nieder und wird Kaiser von Österreich
1807 – 1814 Lyzeum (später Gymnasium); Ende der Schulzeit ohne Reifezeugnis.	1806 – 1808 Joachim Murat, Schwager Napoleons, Großherzog von Berg.
	1808 Napoleon beschränkt wieder die Rechte der Juden; jedoch ohne Geltung im Großherzogtum Berg.
	1808 Napoleon übernimmt für seinen minderjährigen Neffen, Napoleon Ludwig, das Großherzogtum Berg; zieht am 3. November 1811 in Düsseldorf ein
	1812 Judenemanzipation in Preußen; ihre Rechte werden bald wieder eingeschränkt Russlandfeldzug Napoleons
	1813 Die geschlagenen französischen Truppen kehren zurück. Frankreichs Regentschaft in Düsseldorf endet; Auflösung des Rheinbunds
	1814 Abdankung Napoleons; Verbannung auf die Mittelmeerinsel Elba. Rückkehr der Bourbonen auf den französischen Thron – Ludwig XVIII.
	1814/1815 Wiener Kongress
1815 – 1819 kaufmännische Lehre in Frankfurt und Hamburg; Bankrott seines vom Onkel Salomon eingerichteten Geschäfts Harry Heine & Co. in Hamburg	März – Juni 1815 Rückkehr Napoleons; Niederlage bei Waterloo (Belle-Alliance) gegen Koalitionsarmee (England und Preußen); Verbannung auf der Antlantikinsel Sankt Helena
	1815 Gründung des Deutschen Bundes; 39 Mitgliedsstaaten; ein ständiger Gesandtenkongress tagt in Frankfurt am Main als Bundestag
	1815 Das Bergische Land zu Preußen unter Friedrich Wilhelm III.; die französischen Gesetze bleiben in Geltung

1816 Liebe zur Cousine Amalie in Hamburg	
	1817 Wartburgfest für ein einiges Deutschland, unter schwarz-rot-goldenen Fahnen; "undeutsche Bücher" verbrannt.
1819/1820 Jura-Studium in Bonn.	1819 Antijüdische Ausschreitungen in deutschen Städten Karlsbader Beschlüsse des Deutschen Bundes: Zensur, Freiheitsbeschränkungen, „Demagogenverfolgung"
1820/1821 an der Universität Göttingen; Duellforderung	
1821 – 1823 Studium in Berlin.	1821 Tod Napoleons auf Sankt Helena.
1821: Gedichte	1821 – 1829 Griechischer Freiheitskampf gegen die Türken
1822 Mitarbeit im »Verein für Cultur und Wissenschaft der Juden«. 1822 Reise nach Polen	1822 In Preußen Ausschluss der Juden von akademischen Lehr- und Schulämtern; später auch vom Staatsdienst und der Offizierslaufbahn (erst 1869 Aufhebung dieser Beschränkungen)
1823: Tragödien nebst einem lyrischen Intermezzo (darin William Ratcliff, Almansor und Lyrisches Intermezzo)	1823 – 1829 Leo XII.
1824: Dreiunddreißig Gedichte	1824 – 1830 Karl X. in Frankreich
1824 Studium in Göttingen. Wanderung durch den Harz.	
1825, 28. Juni protestantische Taufe auf den Namen Christian Johann Heinrich.	
1825, 20. Juli juristisches Examen und Promotion.	
1825 – 1827 in Hamburg	
1826: Reisebilder. Erster Teil (darin Die Harzreise, Die Heimkehr, Die Nordsee. Erste Abteilung sowie verschiedene Gedichte)	

1827 Reise nach England.	
1827: Buch der Lieder sowie Reisebilder. Zweiter Teil (darin Die Nordsee. Zweite und dritte Abteilung, Ideen. Das Buch Le Grand und Briefe aus Berlin)	
1827/1828 München, Redakteur der »Neuen Allgemeinen Politischen Annalen« – Reise nach Italien	
1829 – 1831 Hamburg, Berlin, Hamburg, mit Aufenthalten auf Helgoland.	1829/30 Pius VIII. 1829 Katholikenemanzipation in Großbritannien.
1830: Reisebilder. Dritter Teil (darin Die Reise von München nach Genua und Die Bäder von Lucca)	1830 Juli-Revolution in Frankreich. Louis Philippe »Bürgerkönig« (bis 1848).
	1830/1831 Aufstand in Polen, von Russland mit preußischer Unterstützung niedergeschlagen
	1830/1831 Abspaltung Belgiens aus den Vereinigten Niederlanden, König Leopold I., liberale belgische Verfassung mit Grundrechten und Volkssouveränität; Emanzipation der belgischen Juden
1831 Beginn des Exils in Paris; Arbeiten für die „Allgemeine Zeitung« in Augsburg und französische Journale 1831: Reisebilder. Vierter Teil (darin Die Stadt Lucca und Englische Fragmente)	1831 – 1846 Papst Gregor XVI.
März/April 1832 Pflege des an Cholera erkrankten Vetters Carl	1832 März/April Cholera-Epidemie in Paris
1833: Der Salon. Dritter Teil	1832 Mai Hambacher Fest, für bürgerliche Freiheiten und nationale Einheit Juni/Juli 1832 neue Zensurbestimmungen, Verbot von politischen Versammlungen und Vereinen im Deutschen Bund.
1834: Der Salon. Erster Teil	1834 Gründung des Deutschen Zollvereins.

1835: Der Salon. Zweiter Teil (darin Zur Geschichte der Religion und Philosophie in Deutschland und der Gedichtzyklus Neuer Frühling)	1835, 10. Dezember – die Werke der Autoren des „Jungen Deutschland", darunter Heines, werden durch Bundestagsbeschluss in Deutschland verboten; ausgenommen preußisch zensierte Schriften
1836: Der Salon. Dritter Teil Die romantische Schule	1836 und 1840 Putschversuche von Louis Napoleon gegen Louis Philippe I.
1836, 3. Oktober Dekret der römischen Kongregation: De la France, Reisebilder und De l' Allemagne auf dem Index	
1838: Der Schwabenspiegel	
1844: Neue Gedichte (darin Deutschland. Ein Wintermärchen)	1844, Juni Weberaufstand in Schlesien, blutige Niederschlagung durch preußische Truppen
1844 Reise nach Hamburg 23. Dezember Tod des Onkels Salomon, Erbschaftsstreit mit dem Vetter Carl bis 1847	
1845 Heine entgeht der Ausweisung aus Frankreich (unter französischer Herrschaft geboren)	1845 Ausweisung der»Vorwärts!«-Mitarbeiter – darunter Karl Marx – aus Paris auf preußisches Verlangen
1845, 8. August – Dekret der römischen Kongregation: Neue Gedichte auf dem Index	
1847: Atta Troll – Ein Sommernachtstraum	1846 – 1878 Papst Pius IX.
ab 1848 kann Heine durch die»Rückenmarksschwindsucht« das Haus nicht mehr verlassen; Beginn der „Matratzengruft"	1848, 22.-24. Februar Februarrevolution in Paris; Louis Philippe, der Bürgerkönig, dankt ab Zweite Republik.
	1848, März Aufstand in Berlin. Friedrich Wilhelm IV. bleibt König; „oktroyierte" Verfassung in Preußen; Schwarz-Rot-Gold wird Bundesfahne
	1848, März Aufstand in Wien. Metternich tritt zurück; Demokratie und Pressefreiheit; im November deren Rücknahme

	1848, Juni Schließung der Nationalwerk-stätten in Frankreich; blutige Nieder-schlagung des Pariser Aufstands.
	1848, Dezember Louis Napoleon wird in Paris zum Präsidenten gewählt.
	1849, März Auflösung der Verfassungs-gebenden Nationalversammlung in Frankfurt; oktroyierte Verfassung in Österreich, die 1851 durch Kaiser Franz Joseph bereits wieder aufgehoben wird.
	Mai/Juni 1849 Zerschlagung demo-kratischer Strukturen in Baden durch preußische Truppen; Standgerichte und Massenerschießungen.
1851: Romanzero und Der Doktor Faust. Ein Tanzpoem	1852 Zweites Kaiserreich in Frankreich unter Napoleon III. bis 1870
1854: Vermischte Schriften, 3 Bände (darin Geständnisse, Die Götter im Exil, Die Göttin Diana, Ludwig Marcus, Gedichte 1853 und 1854, Lutetia. Erster Teil und Lutetia. Zweiter Teil)	
1856, 17. Februar Heinrich Heine stirbt in Paris; sein Grab auf dem Friedhof von Montmartre	

Der Rabbi von Bacherach

(1840)

Erstes Kapitel

Unterhalb des Rheingaus, wo die Ufer des Stromes ihre lachende Miene verlieren, Berg und Felsen, mit ihren abenteuerlichen Burgruinen, sich trotziger gebärden, und eine wildere, ernstere Herrlichkeit emporsteigt, dort liegt, wie eine schaurige Sage der Vorzeit, die finstre, uralte Stadt Bacherach. Nicht immer waren so morsch und verfallen diese Mauern mit ihren zahnlosen Zinnen und blinden Warttürmchen, in deren Luken der Wind pfeift und die Spatzen nisten; in diesen armselig häßlichen Lehmgassen, die man durch das zerrissene Tor erblickt, herrschte nicht immer jene öde Stille, die nur dann und wann unterbrochen wird von schreienden Kindern, keifenden Weibern und brüllenden Kühen. Diese Mauern waren einst stolz und stark, und in diesen Gassen bewegte sich frisches, freies Leben, Macht und Pracht, Lust und Leid, viel Liebe und viel Haß.

Bacherach gehörte einst zu jenen Munizipien, welche von den Römern während ihrer Herrschaft am Rhein gegründet worden, und die Einwohner, obgleich die folgenden Zeiten sehr stürmisch und obgleich sie späterhin unter Hohenstaufischer, und zuletzt unter Wittelsbacher Oberherrschaft gerieten, wußten dennoch, nach dem Beispiel andrer rheinischen Städte, ein ziemlich freies Gemeinwesen zu erhalten. Dieses bestand aus einer Verbindung einzelner Körperschaften, wovon die der patrizischen Altbürger und die der Zünfte, welche sich wieder nach ihren verschiedenen Gewerken unterabteilten, beiderseitig nach der Alleinmacht rangen: so daß sie sämtlich nach außen, zu Schutz und Trutz gegen den nachbarlichen Raubadel, fest verbunden standen, nach innen aber, wegen streitender Interessen, in beständiger Spaltung verharrten; und daher unter ihnen wenig Zusammenleben, viel Mißtrauen, oft sogar tätliche Ausbrüche der Leidenschaft. Der herrschaftliche Vogt saß auf der hohen Burg Sareck, und wie sein Falke schoß er herab wenn man ihn rief und auch manchmal ungerufen.

Die Geistlichkeit herrschte im Dunkeln durch die Verdunkelung des Geistes. Eine am meisten vereinzelte, ohnmächtige und vom Bürgerrechte allmählig verdrängte Körperschaft war die kleine Judengemeinde, die schon zur Römerzeit in Bacherach sich niedergelassen und späterhin, während der großen Judenverfolgung, ganze Scharen flüchtiger Glaubensbrüder in sich aufgenommen hatte.

Die große Judenverfolgung begann mit den Kreuzzügen und wütete am grimmigsten um die Mitte des vierzehnten Jahrhunderts, am Ende der großen Pest, die, wie jedes andre öffentliche Unglück, durch die Juden entstanden sein sollte, indem man behauptete, sie hätten den Zorn Gottes herabgeflucht und mit Hülfe der Aussätzigen die Brunnen vergiftet. Der gereizte Pöbel, besonders die Horden der Flagellanten, halbnackte Männer und Weiber, die zur Buße sich selbst geißelnd und ein tolles Marienlied singend, die Rheingegend und das übrige Süddeutschland durchzogen, ermordeten damals viele tausend Juden, oder marterten sie, oder tauften sie gewaltsam. Eine andre Beschuldigung, die ihnen schon in früherer Zeit, das ganze Mittelalter hindurch bis Anfang des vorigen Jahrhunderts, viel Blut und Angst kostete, das war das läppische, in Chroniken und Legenden bis zum Ekel oft wiederholte Märchen: daß die Juden geweihte Hostien stählen, die sie mit Messern durchstächen bis das Blut herausfließe, und daß sie an ihrem Paschafeste Christenkinder schlachteten, um das Blut derselben bei ihrem nächtlichen Gottesdienste zu gebrauchen.

Die Juden, hinlänglich verhaßt wegen ihres Glaubens, ihres Reichtums, und ihrer Schuldbücher, waren an jenem Festtage ganz in den Händen ihrer Feinde, die ihr Verderben nur gar zu leicht bewirken konnten, wenn sie das Gerücht eines solchen Kindermords verbreiteten, vielleicht gar einen blutigen Kinderleichnam in das verfemte Haus eines Juden heimlich hineinschwärzten, und dort nächtlich die betende Judenfamilie überfielen; wo alsdann gemordet, geplündert und getauft wurde, und große Wunder geschahen durch das vorgefundne tote Kind, welches die Kirche am Ende gar kanonisierte.

Sankt Werner ist ein solcher Heiliger, und ihm zu Ehren ward zu Oberwesel jene prächtige Abtei gestiftet, die jetzt am Rhein eine der schönsten Ruinen bildet, und mit der gotischen Herrlichkeit ihrer langen spitzbögigen Fenster, stolz emporschießender Pfeiler und Steinschnitzeleien uns so sehr entzückt, wenn wir an einem heitergrünen

Sommertage vorbeifahren und ihren Ursprung nicht kennen. Zu Ehren dieses Heiligen wurden am Rhein noch drei andre große Kirchen errichtet, und unzählige Juden getötet oder mißhandelt. Dies geschah im Jahr 1287, und auch zu Bacherach, wo eine von diesen Sankt-Wernerskirchen gebaut wurde, erging damals über die Juden viel Drangsal und Elend. Doch zwei Jahrhunderte seitdem blieben sie verschont von solchen Anfällen der Volkswut, obgleich sie noch immer hinlänglich angefeindet und bedroht wurden.

Je mehr aber der Haß sie von außen bedrängte, desto inniger und traulicher wurde das häusliche Zusammenleben, desto tiefer wurzelte die Frömmigkeit und Gottesfurcht der Juden von Bacherach. Ein Muster gottgefälligen Wandels war der dortige Rabbiner, genannt Rabbi Abraham, ein noch jugendlicher Mann, der aber weit und breit wegen seiner Gelahrtheit berühmt war. Er war geboren in dieser Stadt, und sein Vater, der dort ebenfalls Rabbiner gewesen, hatte ihm in seinem letzten Willen befohlen, sich demselben Amt zu widmen und Bacherach nie zu verlassen, es sei denn wegen Lebensgefahr. Dieser Befehl und ein Schrank mit seltenen Büchern war alles was sein Vater, der bloß in Armut und Schriftgelahrtheit lebte, ihm hinterließ. Dennoch war Rabbi Abraham ein sehr reicher Mann; verheuratet mit der einzigen Tochter seines verstorbenen Vaterbruders, welcher den Juwelenhandel getrieben, erbte er dessen große Reichtümer. Einige Fuchsbärte in der Gemeinde deuteten darauf hin, als wenn der Rabbi eben des Geldes wegen seine Frau geheuratet habe. Aber sämtliche Weiber widersprachen und wußten alte Geschichten zu erzählen: wie der Rabbi, schon vor seiner Reise nach Spanien, verliebt gewesen in Sara – man hieß sie eigentlich die schöne Sara – und wie Sara sieben Jahre warten mußte, bis der Rabbi aus Spanien zurückkehrte, indem er sie gegen den Willen ihres Vaters und selbst gegen ihre eigne Zustimmung durch den Trauring geheuratet hatte.

Jedweder Jude nämlich kann ein jüdisches Mädchen zu seinem rechtmäßigen Eheweibe machen, wenn es ihm gelang ihr einen Ring an den Finger zu stecken und dabei die Worte zu sprechen: »Ich nehme dich zu meinem Weibe nach den Sitten von Moses und Israel!« Bei der Erwähnung Spaniens pflegten die Fuchsbärte auf eine ganz eigne Weise zu lächeln; und das geschah wohl wegen eines dunkeln Gerüchts, daß Rabbi Abraham auf der hohen Schule zu Toledo zwar emsig genug das Studium des göttlichen Gesetzes getrieben, aber auch christliche Gebräuche nachgeahmt und freigeistige Denkungsart eingesogen habe, gleich jenen spanischen Juden, die damals auf einer außerordentlichen Höhe der Bildung standen. Im Innern ihrer Seele aber glaubten jene Fuchsbärte sehr wenig an der Wahrheit des angedeuteten Gerüchts.

Denn überaus rein, fromm und ernst war seit seiner Rückkehr aus Spanien die Lebensweise des Rabbi, die kleinlichsten Glaubensgebräuche übte er mit ängstlicher Gewissenhaftigkeit, alle Montag und Donnerstag pflegte er zu fasten, nur am Sabbat oder anderen Feiertagen genoß er Fleisch und Wein, sein Tag verfloß in Gebet und Studium, des Tages erklärte er das göttliche Gesetz im Kreise der Schüler, die der Ruhm seines Namens nach Bacherach gezogen, und des Nachts betrachtete er die Sterne des Himmels oder die Augen der schönen Sara. Kinderlos war die Ehe des Rabbi; dennoch fehlte es nicht um ihn her an Leben und Bewegung.

Der große Saal seines Hauses, welches neben der Synagoge lag, stand offen zum Gebrauche der ganzen Gemeinde: hier ging man aus und ein ohne Umstände, verrichtete schleunige Gebete, oder holte Neuigkeiten, oder hielt Beratung in allgemeiner Not; hier spielten die Kinder am Sabbatmorgen während in der Synagoge der wöchentliche Abschnitt verlesen wurde; hier versammelte man sich bei Hochzeit- und Leichenzügen, und zankte sich und versöhnte sich; hier fand der Frierende einen warmen Ofen und der Hungrige einen gedeckten Tisch. Außerdem bewegten sich um den Rabbi noch eine Menge Verwandte, Brüder und Schwestern, mit ihren Weibern und Kindern, so wie auch seine und seiner Frau gemeinschaftliche Öhme und Muhmen, eine weitläufige Sippschaft, die alle den Rabbi als Familienhaupt betrachteten, im Hause desselben früh und spät verkehrten, und an hohen Festtagen sämtlich dort zu speisen pflegten.

Solche gemeinschaftliche Familienmahle im Rabbinerhause fanden ganz besonders statt bei der jährlichen Feier des Pascha, eines uralten,

wunderbaren Festes, das noch jetzt die Juden in der ganzen Welt, am
Vorabend des vierzehnten Tages im Monat Nissen, zum ewigen Ge-
dächtnisse ihrer Befreiung aus ägyptischer Knechtschaft, folgender-
maßen begehen:

Sobald es Nacht ist, zündet die Hausfrau die Lichter an, spreitet
das Tafeltuch über den Tisch, legt in der Mitte desselben drei von
den platten ungesäuerten Bröten, verdeckt sie mit einer Serviette und
stellt auf diesen erhöhten Platz sechs kleine Schüsseln, worin symbo-
lische Speisen enthalten, nämlich ein Ei, Lattig, Mairettigwurzel, ein
Lammknochen, und eine braune Mischung von Rosinen, Zimmet und
Nüssen. An diesen Tisch setzt sich der Hausvater mit allen Verwandten
und Genossen und liest ihnen vor aus einem abenteuerlichen Buche,
das die Agade heißt, und dessen Inhalt eine seltsame Mischung ist
von Sagen der Vorfahren, Wundergeschichten aus Ägypten, kuriosen
Erzählungen, Streitfragen, Gebeten und Festliedern.

Eine große Abendmahlzeit wird in die Mitte dieser Feier eingescho-
ben, und sogar während des Vorlesens wird zu bestimmten Zeiten
etwas von den symbolischen Gerichten gekostet, so wie alsdann auch
Stückchen von dem ungesäuerten Brote gegessen und vier Becher roten
Weines getrunken werden. Wehmütig heiter, ernsthaft spielend und
märchenhaft geheimnisvoll ist der Charakter dieser Abendfeier, und
der herkömmlich singende Ton, womit die Agade von dem Hausvater
vorgelesen und zuweilen chorartig von den Zuhörern nachgesprochen
wird, klingt so schauervoll innig, so mütterlich einlullend, und zugleich so hastig aufweckend, daß selbst diejenigen Juden, die längst
von dem Glauben ihrer Väter abgefallen und fremden Freuden und
Ehren nachgesagt sind, im tiefsten Herzen erschüttert werden, wenn
ihnen die alten, wohlbekannten Paschaklänge zufällig ins Ohr dringen.

Im großen Saale seines Hauses saß einst Rabbi Abraham, und mit
seinen Anverwandten, Schülern und übrigen Gästen beging er die
Abendfeier des Paschafestes. Im Saale war alles mehr als gewöhnlich
blank; über den Tisch zog sich die buntgestickte Seidendecke, deren
Goldfranzen bis auf die Erde hingen; traulich schimmerten die Teller-
chen mit den symbolischen Speisen, so wie auch die hohen weingefüll-

ten Becher, woran als Zierat lauter heilige Geschichten von getriebner Arbeit; die Männer saßen in ihren Schwarzmänteln und schwarzen Platthüten und weißen Halsbergen; die Frauen, in ihren wunderlich glitzernden Kleidern von lombardischen Stoffen, trugen um Haupt und Hals ihr Gold- und Perlengeschmeide; und die silberne Sabbatlampe goß ihr festlichstes Licht über die andächtig vergnügten Gesichter der Alten und Jungen.

Auf den purpurnen Sammetkissen eines mehr als die übrigen erhabenen Sessels und angelehnt, wie es der Gebrauch heischt, saß Rabbi Abraham und las und sang die Agade, und der bunte Chor stimmte ein oder antwortete bei den vorgeschriebenen Stellen. Der Rabbi trug ebenfalls sein schwarzes Festkleid, seine edelgeformten, etwas strengen Züge waren milder denn gewöhnlich, die Lippen lächelten hervor aus dem braunen Barte, als wenn sie viel Holdes erzählen wollten, und in seinen Augen schwamm es wie selige Erinnerung und Ahnung.

Die schöne Sara, die auf einem ebenfalls erhabenen Sammetsessel an seiner Seite saß, trug als Wirtin nichts von ihrem Geschmeide, nur weißes Linnen umschloß ihren schlanken Leib und ihr frommes Antlitz. Dieses Antlitz war rührend schön, wie denn überhaupt die Schönheit der Jüdinnen von eigentümlich rührender Art ist; das Bewußtsein des tiefen Elends, der bittern Schmach und der schlimmen Fahrnisse, worinnen ihre Verwandten und Freunde leben, verbreitet über ihre holden Gesichtszüge eine gewisse leidende Innigkeit und beobachtende Liebesangst, die unsere Herzen sonderbar bezaubern.

So saß heute die schöne Sara und sah beständig nach den Augen ihres Mannes; dann und wann schaute sie auch nach der vor ihr liegenden Agade, dem hübschen, in Gold und Samt gebundenen Pergamentbuche, einem alten Erbstück mit verjährten Weinflecken aus den Zeiten ihres Großvaters, und worin so viele keck und bunt gemalten Bilder, die sie schon als kleines Mädchen, am Pascha-Abend, so gerne betrachtete, und die allerlei biblische Geschichten darstellten, als da sind: wie Abraham die steinernen Götzen seines Vaters mit dem Hammer entzweiklopft, wie die Engel zu ihm kommen, wie Moses den Mizri totschlägt, wie Pharao prächtig auf dem Throne sitzt, wie ihm die

Frösche sogar bei Tisch keine Ruhe lassen, wie er Gott sei Dank versäuft, wie die Kinder Israel vorsichtig durch das Rote Meer gehen, wie sie offnen Maules, mit ihren Schafen, Kühen und Ochsen vor dem Berge Sinai stehen, dann auch wie der fromme König David die Harfe spielt, und endlich wie Jerusalem mit den Türmen und Zinnen seines Tempels bestrahlt wird vom Glanze der Sonne!

Der zweite Becher war schon eingeschenkt, die Gesichter und Stimmen wurden immer heller, und der Rabbi, indem er eins der ungesäuerten Osterbröte ergriff und heiter grüßend emporhielt, las er folgende Worte aus der Agade: »Siehe! das ist die Kost, die unsere Väter in Ägypten genossen! Jeglicher, den es hungert, er komme und genieße! Jeglicher, der da traurig, er komme und teile unsre Paschafreude! Gegenwärtigen Jahres feiern wir hier das Fest, aber zum kommenden Jahre im Lande Israels! Gegenwärtigen Jahres feiern wir es noch als Knechte, aber zum kommenden Jahre als Söhne der Freiheit!«

Da öffnete sich die Saaltüre, und hereintraten zwei große blasse Männer, in sehr weiten Mänteln gehüllt, und der eine sprach: »Friede sei mit Euch, wir sind reisende Glaubensgenossen und wünschen das Paschafest mit Euch zu feiern.« Und der Rabbi antwortete rasch und freundlich: »Mit Euch sei Frieden, setzt Euch nieder in meiner Nähe.« Die beiden Fremdlinge setzten sich alsbald zu Tische, und der Rabbi fuhr fort im Vorlesen. Manchmal, während die übrigen noch im Zuge des Nachsprechens waren, warf er kosende Worte nach seinem Weibe, und anspielend auf den alten Scherz, daß ein jüdischer Hausvater sich an diesem Abend für einen König hält, sagte er zu ihr: »Freue dich, meine Königin!« Sie aber antwortete, wehmütig lächelnd »es fehlt uns ja der Prinz!« und damit meinte sie den Sohn des Hauses, der, wie eine Stelle in der Agade es verlangt, mit vorgeschriebenen Worten seinen Vater um die Bedeutung des Festes befragen soll.

Der Rabbi erwiderte nichts und zeigte bloß mit dem Finger nach einem eben aufgeschlagenen Bilde in der Agade, wo überaus anmutig zu schauen war: wie die drei Engel zu Abraham kommen, um zu verkünden, daß ihm ein Sohn geboren werde von seiner Gattin Sara, welche unterdessen weiblich pfiffig hinter der Zelttüre steht um die

Unterredung zu belauschen. Dieser leise Wink goß dreifaches Rot
über die Wangen der schönen Frau, sie schlug die Augen nieder, und
sah dann wieder freundlich empor nach ihrem Manne, der singend
fortfuhr im Vorlesen der wunderbaren Geschichte: wie Rabbi Jesua,
Rabbi Elieser, Rabbi Asaria, Rabbi Akiba und Rabbi Tarphen in Bo-
na-Brak angelehnt saßen und sich die ganze Nacht vom Auszuge der
Kinder Israel aus Ägypten unterhielten, bis ihre Schüler kamen und
ihnen zuriefen, es sei Tag und in der Synagoge verlese man schon das
große Morgengebet.

————

Derweilen nun die schöne Sara andächtig zuhörte, und ihren Mann
beständig ansah, bemerkte sie wie plötzlich sein Antlitz in grausiger
Verzerrung erstarrte, das Blut aus seinen Wangen und Lippen verschwand, und seine Augen wie Eiszapfen hervorglotzten; – aber fast
im selben Augenblicke sah sie, wie seine Züge wieder die vorige Ruhe
und Heiterkeit annahmen, wie seine Lippen und Wangen sich wieder
röteten, seine Augen munter umherkreisten, ja, wie sogar eine ihm
sonst ganz fremde tolle Laune sein ganzes Wesen ergriff.
Die schöne Sara erschrak wie sie noch nie in ihrem Leben erschrocken war, und ein inneres Grauen stieg kältend in ihr auf, weniger wegen der Zeichen von starrem Entsetzen, die sie einen Moment lang im
Gesichte ihres Mannes erblickt hatte, als wegen seiner jetzigen Fröh-
lichkeit, die allmählig in jauchzende Ausgelassenheit überging. Der
Rabbi schob sein Barett spielend von einem Ohre nach dem andern,
zupfte und kräuselte possierlich seine Bartlocken, sang den Agadetext
nach der Weise eines Gassenhauers, und bei der Aufzählung der ägyptischen Plagen, wo man mehrmals den Zeigefinger in den vollen Becher
eintunkt und den anhängenden Weintropfen zur Erde wirft, bespritzte
der Rabbi die jüngern Mädchen mit Rotwein, und es gab großes Klagen über verdorbene Halskrausen, und schallendes Gelächter.
Immer unheimlicher ward es der schönen Sara bei dieser krampfhaft
sprudelnden Lustigkeit ihres Mannes, und beklommen von namen-
loser Bangigkeit, schaute sie in das summende Gewimmel der bunt-

beleuchteten Menschen, die sich behaglich breit hin und her schau-
kelten, an den dünnen Paschabröten knoperten, oder Wein schlurften,
oder mit einander schwatzten, oder laut sangen, überaus vergnügt.

Da kam die Zeit wo die Abendmahlzeit gehalten wird, alle standen
auf um sich zu waschen, und die schöne Sara holte das große, silberne, mit getriebenen Goldfiguren reichverzierte Waschbecken, das sie
jedem der Gäste vorhielt, während ihm Wasser über die Hände gegossen wurde. Als sie auch dem Rabbi diesen Dienst erwies, blinzelte
ihr dieser bedeutsam mit den Augen, und schlich zur Türe hinaus.

Die schöne Sara folgte ihm auf dem Fuße; hastig ergriff der Rabbi die
Hand seines Weibes, eilig zog er sie fort, durch die dunkelen Gassen
Bacherachs, eilig zum Tor hinaus, auf die Landstraße, die den Rhein
entlang, nach Bingen führt.

Es war eine jener Frühlingsnächte, die zwar lau genug und hell-
gestirnt sind, aber doch die Seele mit seltsamen Schauern erfüllen.
Leichenhaft dufteten die Blumen; schadenfroh und zugleich selbst-
beängstigt zwitscherten die Vögel; der Mond warf heimtückisch gelbe
Streiflichter über den dunkel hinmurmelnden Strom; die hohen Fel-
senmassen des Ufers schienen bedrohlich wackelnde Riesenhäupter;
der Turmwächter auf Burg Strahleck blies eine melancholische Weise;
und dazwischen läutete, eifrig gellend, das Sterbeglöckchen der Sankt-
Wernerskirche. Die schöne Sara trug in der rechten Hand das silberne
Waschbecken, ihre linke hielt der Rabbi noch immer gefaßt, und sie
fühlte wie seine Finger eiskalt waren und wie sein Arm zitterte; aber sie
folgte schweigend, vielleicht weil sie von jeher gewohnt, ihrem Manne
blindlings und fragenlos zu gehorchen, vielleicht auch weil ihre Lippen
vor innerer Angst verschlossen waren.

Unterhalb der Burg Sonneck, Lorch gegenüber, ungefähr wo jetzt
das Dörfchen Niederrheinbach liegt, erhebt sich eine Felsenplatte,
die bogenartig aber das Rheinufer hinaushängt. Diese erstieg Rabbi Abraham mit seinem Weibe, schaute sich um nach allen Seiten,
und starrte hinauf nach den Sternen. Zitternd und von Todesängsten
durchfröstelt stand neben ihm die schöne Sara, und betrachtete sein
blasses Gesicht, das der Mond gespenstisch beleuchtete, und worauf es

hin und her zuckte, wie Schmerz, Furcht, Andacht und Wut. Als aber
der Rabbi plötzlich das silberne Waschbecken ihr aus der Hand riß und
es schollernd hinabwarf in den Rhein: da konnte sie das grausenhafte
Angstgefühl nicht länger ertragen, und mit dem Ausrufe:»Schaddai
voller Genade!« stürzte sie zu den Füßen des Mannes und beschwor
ihn das dunkle Rätsel endlich zu enthüllen.

Der Rabbi, des Sprechens ohnmächtig, bewegte mehrmals lautlos
die Lippen, und endlich rief er:»Siehst du den Engel des Todes? Dort
unten schwebt er über Bacherach! Wir aber sind seinem Schwerte
entronnen. Gelobt sei der Herr!« Und mit einer Stimme, die noch vor
innerem Entsetzen bebte, erzählte er: wie er wohlgemut die Agade
hinsingend und angelehnt saß, und zufällig unter den Tisch schaute,
habe er dort, zu seinen Füßen, den blutigen Leichnam eines Kindes
erblickt.»Da merkte ich« – setzte der Rabbi hinzu –»daß unsre zwei
späte Gäste nicht von der Gemeinde Israels waren, sondern von der
Versammlung der Gottlosen, die sich beraten hatten jenen Leichnam
heimlich in unser Haus zu schaffen, um uns des Kindermordes zu beschuldigen und das Volk aufzureizen uns zu plündern und zu ermor-
den. Ich durfte nicht merken lassen, daß ich das Werk der Finsternis
durchschaut; ich hätte dadurch nur mein Verderben beschleunigt,
und nur die List hat uns beide gerettet. Gelobt sei der Herr! Ängstige
dich nicht, schöne Sara; auch unsre Freunde und Verwandte werden
gerettet sein. Nur nach meinem Blute lechzten die Ruchlosen; ich bin
ihnen entronnen und sie begnügen sich mit meinem Silber und Golde.
Komm mit mir, schöne Sara, nach einem anderen Lande, wir wollen
das Unglück hinter uns lassen, und damit uns das Unglück nicht
verfolge, habe ich ihm das Letzte meiner Habe, das silberne Becken,
zur Versöhnung hingeworfen. Der Gott unserer Väter wird uns nicht
verlassen. – Komm herab, du bist müde; dort unten steht bei seinem
Kahne der stille Wilhelm; er fährt uns den Rhein hinauf.«

Lautlos und wie mit gebrochenen Gliedern war die schöne Sara in
die Arme des Rabbi hingesunken, und langsam trug er sie hinab nach
dem Ufer. Hier stand der stille Wilhelm, ein taubstummer aber bild-
schöner Knabe, der zum Unterhalt seiner alten Pflegemutter, einer

Nachbarin des Rabbi, den Fischfang trieb und hier seinen Kahn angelegt hatte. Es war aber als erriete er schon gleich die Absicht des Rabbi,
ja es schien als habe er eben auf ihn gewartet, um seine geschlossenen
Lippen zog sich das lieblichste Mitleid, bedeutungstief ruhten seine
großen blauen Augen auf der schöne Sara, und sorgsam trug er sie in
den Kahn.

Der Blick des stummen Knaben weckte die schöne Sara aus ihrer
Betäubung, sie fühlte auf einmal, daß alles was ihr Mann ihr erzählt,
kein bloßer Traum sei, und Ströme bitterer Tränen ergossen sich über
ihre Wangen, die jetzt so weiß wie ihr Gewand. Da saß sie nun in der
Mitte des Kahns, ein weinendes Marmorbild; neben ihr saßen ihr
Mann und der stille Wilhelm, welche emsig ruderten.

Sei es nun durch den einförmigen Ruderschlag, oder durch das
Schaukeln des Fahrzeugs, oder durch den Duft jener Bergesufer, worauf die Freude wächst, immer geschieht es, daß auch der Betrübteste
seltsam beruhigt wird, wenn er in der Frühlingsnacht, in einem leich-
ten Kahne, leicht dahin fährt auf dem lieben, klaren Rheinstrom.
Wahrlich, der alte, gutherzige Vater Rhein kann's nicht leiden, wenn
seine Kinder weinen; tränenstillend wiegt er sie auf seinen treuen
Armen, und erzählt ihnen seine schönsten Märchen und verspricht
ihnen seine goldigsten Schätze, vielleicht gar den uralt versunkenen
Niblungshort. Auch die Tränen der schönen Sara flossen immer milder und milder, ihre gewaltigsten Schmerzen wurden fortgespielt von
den flüsternden Wellen, die Nacht verlor ihr finstres Grauen, und die
heimatlichen Berge grüßten wie zum zärtlichsten Lebewohl.

Vor allen aber grüßte traulich ihr Lieblingsberg, der Kedrich, und in
seiner seltsamen Mondbeleuchtung schien es, als stände wieder oben
ein Fräulein mit ängstlich ausgestreckten Armen, als kröchen die flin-
ken Zwerglein wimmelnd aus ihren Felsenspalten, und als käme ein
Reuter den Berg hinaufgesprengt in vollem Galopp; und der schönen
Sara war zu Mute, als sei sie wieder ein kleines Mädchen und säße
wieder auf dem Schoße ihrer Muhme aus Lorch, und diese erzähle ihr
die hübsche Geschichte von dem kecken Reuter, der das arme, von den
Zwergen geraubte Fräulein befreite, und noch andre wahre Geschich-

ten, vom wunderlichen Wispertale drüben, wo die Vögel ganz vernünftig sprechen, und vom Pfefferkuchenland, wohin die folgsamen
Kinder kommen, und von verwünschten Prinzessinnen, singenden
Bäumen, gläsernen Schlössern, goldenen Brücken, lachenden Nixen...
Aber zwischen all diesen hübschen Märchen, die klingend und
leuchtend zu leben begannen, hörte die schöne Sara die Stimme ihres
Vaters, der ärgerlich die arme Muhme ausschalt, daß sie dem Kinde so
viel Torheiten in den Kopf schwatze! Alsbald kam's ihr vor, als setzte
man sie auf das kleine Bänkchen, vor dem Sammetsessel ihres Vaters,
der mit weicher Hand ihr langes Haar streichelte, gar vergnügt mit
den Augen lachte, und sich behaglich hin- und herwiegte in seinem
weiten, blauseidenen Sabbatschlafrock...

Es mußte wohl Sabbat sein, denn die geblümte Decke war über den
Tisch gespreitet, alle Geräte im Zimmer leuchteten spiegelblank ge-
scheuert, der weißbärtige Gemeindediener saß an der Seite des Vaters
und kaute Rosinen und sprach Hebräisch, auch der kleine Abraham
kam herein mit einem allmächtig großen Buche, und bat bescheident-
lich seinen Oheim um die Erlaubnis einen Abschnitt der Heiligen
Schrift erklären zu dürfen, damit der Oheim sich selber überzeuge,
daß er in der verflossenen Woche viel gelernt habe und viel Lob und
Kuchen verdiene... Nun legte der kleine Bursche das Buch auf die
breite Armlehne des Sessels, und erklärte die Geschichte von Jakob und
Rahel, wie Jakob seine Stimme erhoben und laut geweint, als er sein
Mühmchen Rahel zuerst erblickte, wie er so traulich am Brunnen mit
ihr gesprochen, wie er sieben Jahr um Rahel dienen mußte, und wie sie
ihm so schnell verflossen, und wie er die Rahel geheuratet und immer
und immer geliebt hat... Auf einmal erinnerte sich auch die schöne
Sara, daß ihr Vater damals mit lustigem Tone ausrief:»willst du nicht
eben so dein Mühmchen Sara heuraten?« worauf der kleine Abraham
ernsthaft antwortete:»das will ich, und sie soll sieben Jahr warten.«

Dämmernd zogen diese Bilder durch die Seele der schönen Frau, sie
sah, wie sie und ihr kleiner Vetter, der jetzt so groß und ihr Mann geworden, kindisch mit einander in der Lauberhütte spielten, wie sie sich
dort ergötzten an den bunten Tapeten, Blumen, Spiegeln und vergol-

deten Äpfeln, wie der kleine Abraham immer zärtlich mit ihr koste, bis
er allmählig größer und mürrisch wurde, und endlich ganz groß und
ganz mürrisch… Und endlich sitzt sie zu Hause allein in ihrer Kammer
eines Samstags Abend, der Mond scheint hell durchs Fenster, und die
Tür fliegt auf, und hastig stürmt herein ihr Vetter Abraham, in Reise-
kleidern und blaß wie der Tod, und er greift ihre Hand, steckt einen
goldnen Ring an ihren Finger und spricht feierlich: »ich nehme dich
hiermit zu meinem Weibe, nach den Gesetzen von Moses und Israel!«
»Jetzt aber« – setzt er bebend hinzu – »jetzt muß ich fort nach Spanien. Lebewohl, sieben Jahr sollst du auf mich warten!« Und er stürzt
fort, und weinend erzählt die schöne Sara das alles ihrem Vater… Der
tobt und wütet »schneid ab dein Haar, denn du bist ein verheuratetes
Weib!« – und er will dem Abraham nachreuten um einen Scheidebrief
von ihm zu erzwingen; – aber der ist schon über alle Berge, der Vater
kehrt schweigend nach Haus zurück, und wie die schöne Sara ihm die
Reitstiefel ausziehen hilft und besänftigend äußert, daß der Abraham
nach sieben Jahr zurückkehre, da flucht der Vater: »Sieben Jahr sollt
ihr betteln gehn!« und bald stirbt er.

So zogen der schönen Sara die alten Geschichten durch den Sinn,
wie ein hastiges Schattenspiel; die Bilder vermischten sich auch wunderlich, und zwischendurch schauten halb bekannte, halb fremde bärtige Gesichter und große Blumen mit fabelhaft breitem Blattwerk. Es
war auch als murmelte der Rhein die Melodien der Agade, und die
Bilder derselben stiegen daraus hervor, lebensgroß und verzerrt, tolle
Bilder: der Erzvater Abraham zerschlägt ängstlich die Götzengestalten,
die sich immer hastig wieder von selbst zusammensetzen; der Mizri
wehrt sich furchtbar gegen den ergrimmten Moses; der Berg Sinai
blitzt und flammt; der König Pharao schwimmt im Roten Meere, mit
den Zähnen im Maule die zackige Goldkrone festhaltend; Frösche mit
Menschenantlitz schwimmen hintendrein, und die Wellen schäumen
und brausen, und eine dunkle Riesenhand taucht drohend daraus
hervor.

Das war Hattos Mäuseturm und der Kahn schoß eben durch den
Binger Strudel. Die schöne Sara ward dadurch etwas aus ihren Träu-

mereien gerüttelt, und schaute nach den Bergen des Ufers, auf deren
Spitzen die Schloßlichter flimmerten, und an deren Fuß die mond-
beleuchteten Nachtnebel sich hinzogen. Plötzlich aber glaubte sie dort
ihre Freunde und Verwandte zu sehen, wie sie mit Leichengesichtern
und in weißwallenden Totenhemden schreckenhastig vorüberliefen,
den Rhein entlang… es ward ihr schwarz vor den Augen, ein Eisstrom
ergoß sich in ihre Seele, und wie im Schlafe hörte sie nur noch, daß
ihr der Rabbi das Nachtgebet vorbetete, langsam ängstlich, wie es bei
todkranken Leuten geschieht, und träumerisch stammelte sie noch
die Worte: »Zehntausend zur Rechten, zehntausend zur Linken; den
König zu schützen vor nächtlichem Grauen…«

Da verzog sich plötzlich all das eindringende Dunkel und Grausen,
der düstere Vorhang ward vom Himmel fortgerissen, es zeigte sich
oben die heilige Stadt Jerusalem, mit ihren Türmen und Toren; in
goldner Pracht leuchtete der Tempel; auf dem Vorhofe desselben erblickte die schöne Sara ihren Vater, in seinem gelben Sabbatschlafrock
und vergnügt mit den Augen lachend; aus den runden Tempelfenstern
grüßten fröhlich alle ihre Freunde und Verwandte; im Allerheiligsten
kniete der fromme König David, mit Purpurmantel und funkelnder
Krone, und lieblich ertönte sein Gesang und Saitenspiel, – und selig
lächelnd entschlief die schöne Sara.

Zweites Kapitel

Als die schöne Sara die Augen aufschlug, ward sie fast geblendet von
den Strahlen der Sonne. Die hohen Türme einer großen Stadt erhoben sich, und der stumme Wilhelm stand mit der Hakenstange
aufrecht im Kahne und leitete denselben durch das lustige Gewühl
vieler buntbewimpelten Schiffe, deren Mannschaft entweder müßig
hinabschaute auf die Vorbeifahrenden, oder vielhändig beschäftigt war
mit dem Ausladen von Kisten, Ballen und Fässern, die auf kleineren
Fahrzeugen ans Land gebracht wurden; wobei ein betäubender Lärm,
das beständige Hallorufen der Barkenführer, das Geschrei der Kaufleute vom Ufer her, und das Keifen der Zöllner, die, in ihren roten

Röcken mit weißen Stäbchen und weißen Gesichtern, von Schiff zu Schiff hüpften.

»Ja, schöne Sara« sagte der Rabbi zu seiner Frau, heiter lächelnd – »das ist hier die weltberühmte freie Reichs- und Handelsstadt Frankfurt am Main, und das ist eben der Mainfluß worauf wir jetzt fahren. Da drüben die lachenden Häuser, umgeben von grünen Hügeln, das ist das Sachsenhausen, woher uns der lahme Gumpertz, zur Zeit des Lauberhüttenfestes, die schönen Myrrhen holt. Hier siehst du auch die starke Mainbrücke mit ihren dreizehn Bögen, und gar viel Volk, Wagen und Pferde, geht sicher darüberhin, und in der Mitte steht das Häuschen, wovon die Mühmele Täubchen erzählt hat, daß ein getaufter Jude darin wohnt, der jedem, der ihm eine tote Ratte bringt, sechs Heller auszahlt für Rechnung der jüdischen Gemeinde, die dem Stadtrate jährlich fünftausend Rattenschwänze abliefern soll!«

Über diesen Krieg, den die Frankfurter Juden mit den Ratten zu führen haben, mußte die schöne Sara laut lachen; das klare Sonnenlicht und die neue bunte Welt, die vor ihr auftauchte, hatte alles Grauen und Entsetzen der vorigen Nacht aus ihrer Seele verscheucht, und als sie, aus dem landenden Kahne, von ihrem Manne und dem stummen Wilhelm aufs Ufer gehoben worden, fühlte sie sich wie durchdrungen von freudiger Sicherheit. Der stumme Wilhelm aber, mit seinen schönen, tiefblauen Augen, sah ihr lange ins Gesicht, halb schmerzlich, halb heiter, dann warf er noch einen bedeutenden Blick nach dem Rabbi, sprang zurück in seinen Kahn, und bald war er damit verschwunden.

»Der stumme Wilhelm hat doch viele Ähnlichkeit mit meinem verstorbenen Bruder« – bemerkte die schöne Sara. »Die Engel sehen sich alle ähnlich« – erwiderte leichthin der Rabbi, und sein Weib bei der Hand ergreifend, führte er sie durch das Menschengewimmel des Ufers, wo jetzt, weil es die Zeit der Ostermesse, eine Menge hölzerner Krambuden aufgebaut standen. Als sie, durch das dunkle Maintor, in die Stadt gelangten, fanden sie nicht minder lärmigen Verkehr. Hier, in einer engen Straße, erhob sich ein Kaufmannsladen neben dem andern, und die Häuser, wie überall in Frankfurt, waren ganz besonders zum Handel eingerichtet: im Erdgeschosse keine Fenster, sondern lauter offne Bogentüren, so daß man tief hineinschauen und jeder Vorübergehende die ausgestellten Waren deutlich betrachten konnte. Wie staunte die schöne Sara ob der Masse kostbarer Sachen und ihrer niegesehenen Pracht! Da standen Venezianer, die allen Luxus des Morgenlands und Italiens feil boten, und die schöne Sara war wie festgebannt beim Anblick der aufgeschichteten Putzsachen und Kleinodien, der bunten Mützen und Mieder, der güldnen Armspangen und Halsbänder, des ganzen Flitterkrams, das die Frauen sehr gern bewundern und womit sie sich noch lieber schmücken.

Die reichgestickten Samt- und Seidenstoffe schienen mit der schönen Sara sprechen und ihr allerlei Wunderliches ins Gedächtnis zurückfunkeln zu wollen, und es war ihr wirklich zu Mute, als wäre sie wieder ein kleines Mädchen und Mühmele Täubchen habe ihr Versprechen erfüllt, und sie nach der Frankfurter Messe geführt, und jetzt eben stehe sie vor den hübschen Kleidern, wovon ihr so viel erzählt worden. Mit heimlicher Freude überlegte sie schon was sie nach Bacherach mitbringen wolle, welchem von ihren beiden Bäschen, dem kleinen Blümchen oder dem kleinen Vögelchen, der blauseidne Gürtel am besten gefallen würde, ob auch die grünen Höschen dem kleinen Gottschalk passen mögen, – doch plötzlich sagte sie zu sich selber: ach Gott! die sind ja unterdessen großgewachsen und gestern umgebracht worden! Sie schrak heftig zusammen und die Bilder der Nacht wollten schon mit all ihrem Entsetzen wieder in ihr aufsteigen; doch die goldgestickten Kleider blinzelten nach ihr wie mit tausend Schelmenaugen, und redeten ihr alles Dunkle aus dem Sinn, und wie sie hinaufsah nach dem Antlitz ihres Mannes, so war dieses unumwölkt, und trug seine gewöhnliche ernste Milde.»Mach die Augen zu, schöne Sara« – sagte der Rabbi, und führte seine Frau weiter durch das Menschengedränge.

Welch ein buntes Treiben! Zumeist waren es Handelsleute, die laut mit einander feilschten, oder auch mit sich selber sprechend an den Fingern rechneten, oder auch von einigen hochbepackten Markthelfern, die im kurzen Hundetrapp hinter ihnen herliefen, ihre Einkäufe nach der Herberge schleppen ließen. Andre Gesichter ließen merken, daß bloß die Neugier sie herbeigezogen. Am roten Mantel und der goldnen Halskette erkannte man den breiten Ratsherrn. Das schwarze, wohlhabend bauschichte Wams verriet den ehrsamen stolzen Altbürger. Die eiserne Pickelhaube, das gelbliederne Wams und die klirrenden Pfundsporen verkündigten den schweren Reutersknecht. Unterm schwarzen Sammethäubchen, das in einer Spitze auf der Stirne zusammenlief, barg sich ein rosiges Mädchengesicht, und die jungen Gesellen, die gleich witternden Jagdhunden hintendrein sprangen, zeigten sich als vollkommene Stutzer durch ihre keckbefiederten Barette, ihre klingelnden Schnabelschuhe und ihre seidnen Kleider von geteilter Farbe, wo die rechte Seite grün, die linke Seite rot, oder die eine regenbogenartig gestreift, die andre buntscheckig gewürfelt war, so daß die närrischen Burschen aussahen, als wären sie in der Mitte gespalten.

Von der Menschenströmung fortgezogen, gelangte der Rabbi mit seinem Weibe nach dem Römer. Dieses ist der große mit hohen Giebelhäusern umgebene Marktplatz der Stadt, seinen Namen führend von einem ungeheuren Hause das »Zum Römer« hieß und vom Magistrate angekauft und zu einem Rathause geweiht wurde. In diesem Gebäude wählte man Deutschlands Kaiser und vor demselben wurden oft edle Ritterspiele gehalten. Der König Maximilian, der dergleichen leidenschaftlich liebte, war damals in Frankfurt anwesend, und Tags zuvor hatte man ihm zu Ehren, vor dem Römer, ein großes Stechen veranstaltet. An den hölzernen Schranken, die jetzt von den Zimmerleuten abgebrochen wurden, standen noch viele Müßiggänger und erzählten sich, wie gestern der Herzog von Braunschweig und der Markgraf von Brandenburg unter Pauken- und Trompetenschall gegen einander gerannt, wie Herr Walter der Lump den Bärenritter so gewaltig aus dem Sattel gestoßen, daß die Lanzensplitter in die Luft flogen, und wie der lange blonde König Max, im Kreise seines Hofgesindes, auf dem Balkone stand und sich vor Freude die Hände rieb. Die Decken von goldnen Stoffen lagen noch auf der Lehne des Balkons und der spitzbögigen Rathausfenster.

Auch die übrigen Häuser des Marktplatzes waren noch festlich geschmückt und mit Wappenschilden verziert, besonders das Haus Limburg, auf dessen Banner eine Jungfrau gemalt war, die einen Sperber auf der Hand trägt, während ihr ein Affe einen Spiegel vorhält. Auf dem Balkone dieses Hauses standen viele Ritter und Damen, in lächelnder Unterhaltung hinabblickend auf das Volk, das unten in tollen Gruppen und Aufzügen hin und her wogte. Welche Menge Müßiggänger von jedem Stande und Alter drängte sich hier, um ihre Schaulust zu befriedigen! Hier wurde gelacht, gegreint, gestohlen, in die Lenden gekniffen, gejubelt, und zwischendrein schmetterte gellend die Trompete des Arztes, der im roten Mantel, mit seinem Hanswurst und Affen, auf einem hohen Gerüste stand, seine eigne Kunstfertigkeit recht eigentlich ausposaunte, seine Tinkturen und Wundersalben anpries, oder ernsthaft das Uringlas betrachtete, das ihm irgend ein altes Weib vorhielt, oder sich anschickte einem armen Bauer den Backzahn auszureißen. Zwei Fechtmeister, in bunten Bändern einherflatternd, ihre Rappiere schwingend, begegneten sich hier wie zufällig und stießen mit Scheinzorn auf einander; nach langem Gefechte erklärten sie sich wechselseitig für unüberwindlich und sammelten einige Pfennige. Mit Trommler und Pfeifer marschierte jetzt vorbei die neu errichtete Schützengilde.

Hierauf folgte, angeführt von dem Stöcker, der eine rote Fahne trug, ein Rudel fahrender Fräulein, die aus dem Frauenhause »Zum Esel« von Würzburg herkamen und nach dem Rosentale hinzogen, wo die hochlöbliche Obrigkeit ihnen für die Meßzeit ihr Quartier angewiesen. »Mach die Augen zu, schöne Sara!« – sagte der Rabbi. Denn jene phantastisch und allzu knapp bekleideten Weibsbilder, worunter einige sehr hübsche, gebärdeten auf die unzüchtigste Weise, entblößtem ihren weißen, frechen Busen, neckten die Vorübergehenden mit schamlosen Worten, schwangen ihre langen Wanderstöcke, und indem sie auf letzteren, wie auf Steckenpferden, die Sankt-Katharinen-Pforte hinabritten, sangen sie mit gellender Stimme das Hexenlied:

>»Wo ist der Bock, das Höllentier?
>Wo ist der Bock? Und fehlt der Bock,
>So reiten wir, so reiten wir,
>So reiten wir auf dem Stock!«

Dieser Singsang, den man noch in der Ferne hören konnte, verlor sich
am Ende in den kirchlich langgezogenen Tönen einer herannahenden
Prozession. Das war ein trauriger Zug von kahlköpfigen und barfüßi-
gen Mönchen, welche brennende Wachslichter oder Fahnen mit Heil-
genbildern, oder auch große silberne Kruzifixe trugen. An ihrer Spitze
gingen rot- und weiß-geröckte Knaben mit dampfenden Weihrauch-
kesseln. In der Mitte des Zuges unter einem prächtigen Baldachin, sah
man Geistliche in weißen Chorhemden von kostbaren Spitzen oder in
buntseidnen Stolen, und einer derselben trug in der Hand ein sonnen-
artig goldnes Gefäß, das er, bei einer Heiligennische der Marktecke
anlangend, hoch emporhob, während er lateinische Worte halb rief,
halb sang… Zugleich erklingelte ein kleines Glöckchen und alles Volk
ringsum verstummte, fiel auf die Knie und bekreuzte sich. Der Rabbi
aber sprach zu seinem Weibe: »mach die Augen zu, schöne Sara!« – und
hastig zog er sie von hinnen, nach einem schmalen Nebengäßchen,
durch ein Labyrinth von engen und krummen Straßen, und endlich
über den unbewohnten, wüsten Platz, der das neue Judenquartier von
der übrigen Stadt trennte.

Vor jener Zeit wohnten die Juden zwischen dem Dom und dem
Mainufer, nämlich von der Brücke bis zum Lumpenbrunnen und von
der Mehlwage bis zu Sankt Bartholomäi. Aber die katholischen Priester
erlangten eine päpstliche Bulle, die den Juden verwehrte in solcher
Nähe der Hauptkirche zu wohnen, und der Magistrat gab ihnen einen
Platz auf dem Wollgraben, wo sie das heutige Judenquartier erbauten.
Dieses war mit starken Mauern versehen, auch mit eisernen Ketten vor
den Toren, um sie gegen Pöbelandrang zu sperren. Denn hier lebten
die Juden ebenfalls in Druck und Angst, und mehr als heut zu Tage
in der Erinnerung früherer Nöten. Im Jahr 1240 hatte das entzügelte
Volk ein großes Blutbad unter ihnen angerichtet, welches man die erste
Judenschlacht nannte, und im Jahr 1349, als die Geißler, bei ihrem
Durchzuge, die Stadt anzündeten und die Juden des Brandstiftens
anklagten, wurden diese von dem aufgereizten Volke zum größten
Teil ermordet oder sie fanden den Tod in den Flammen ihrer eignen
Häuser, welches man die zweite Judenschlacht nannte.

Später bedrohte man die Juden noch oft mit dergleichen Schlachten, und bei innern Unruhen Frankfurts, besonders bei einem Streite des Rates mit den Zünften, stand der Christenpöbel oft im Begriff das Judenquartier zu stürmen. Letzteres hatte zwei Tore, die an katholischen Feiertagen von außen, an jüdischen Feiertagen von innen geschlossen wurden, und vor jedem Tor befand sich ein Wachthaus mit Stadtsoldaten.

Als der Rabbi mit seinem Weibe an das Tor des Judenquartiers gelangte, lagen die Landsknechte, wie man durch die offnen Fenster sehen konnte, auf der Pritsche ihrer Wachtstube, und draußen, vor der Türe, im vollen Sonnenschein, saß der Trommelschläger und phantasierte auf seiner großen Trommel. Das war eine schwere dicke Gestalt; Wams und Hosen von feuergelbem Tuch, an Armen und Lenden weit aufgepufft, und als wenn unzählige Menschenzungen daraus hervorleckten, von oben bis unten besät mit kleinen eingenähten roten Wülstchen; Brust und Rücken gepanzert mit schwarzen Tuchpolstern, woran die Trommel hing; auf dem Kopfe eine platte runde schwarze Kappe; das Gesicht eben so platt und rund, auch orangengelb und mit roten Schwärchen gespickt, und verzogen zu einem gähnenden Lächeln. So saß der Kerl und trommelte die Melodie des Liedes, das einst die Geißler bei der Judenschlacht gesungen, und mit seinem rauhen Biertone gurgelte er die Worte:

> »Unsre liebe Fraue,
> Die ging im Morgentaue,
> Kyrie Eleison!«

»Hans, das ist eine schlechte Melodie« – rief eine Stimme hinter dem verschlossenen Tore des Judenquartiers – »Hans, auch ein schlecht Lied, paßt nicht für die Trommel, paßt gar nicht, und bei Leibe nicht in der Messe und am Ostermorgen, schlecht Lied, gefährlich Lied, Hans, Hänschen, klein Trommelhänschen, ich bin ein einzelner Mensch, und wenn du mich lieb hast, wenn du den Stern lieb hast, den langen Stern, den langen Nasenstern, so hör auf!«

Diese Worte wurden von dem ungesehenen Sprecher, teils angstvoll hastig, teils aufseufzend langsam hervorgestoßen, in einem Tone
worin das ziehend Weiche und das heiser Harte schroff abwechselte,
wie man ihn bei Schwindsüchtigen findet; Der Trommelschläger
blieb unbewegt, und in der vorigen Melodie forttrommelnd sang
er weiter:

>»Da kam ein kleiner Junge,
Sein Bart war ihm entsprungen,
Halleluja!«

»Hans« – rief wieder die Stimme des obenerwähnten Sprechers –
»Hans, ich bin ein einzelner Mensch, und es ist ein gefährlich Lied,
und ich hör' es nicht gern, und ich hab' meine Gründe, und wenn
du mich lieb hast, singst du was anders, und morgen trinken wir…«

Bei dem Wort »Trinken« hielt der Hans inne mit seinem Trommeln
und Singen, und biedern Tones sprach er: »Der Teufel hole die Juden,
aber du, lieber Nasenstern, bist mein Freund, ich beschütz' dich, und
wenn wir noch oft zusammen trinken, werde ich dich auch bekehren.
Ich will dein Pate sein, wenn du getauft wirst, wirst du selig, und wenn
du Genie hast und fleißig bei mir lernst, kannst du sogar noch Trommelschläger werden. Ja, Nasenstern, du kannst es noch weit bringen,
ich will dir den ganzen Katechismus vortrommeln, wenn wir morgen
zusammen trinken – aber jetzt mach mal das Tor auf, da stehen zwei
Fremde und begehren Einlaß.«
    »Das Tor auf?« – schrie der Nasenstern und die Stimme versagte ihm
fast. »Das geht nicht so schnell, lieber Hans, man kann nicht wissen,
man kann gar nicht wissen, und ich bin ein einzelner Mensch. Der
Veitel Rindskopf hat den Schlüssel und steht jetzt still in der Ecke und
brümmelt sein Achtzehn-Gebet; da darf man sich nicht unterbrechen
lassen. Jäkel der Narr ist auch hier, aber er schlägt jetzt sein Wasser ab.
Ich bin ein einzelner Mensch!«

»Der Teufel hole die Juden!« – rief der Trommelhans, und über diesen eignen Witz laut lachend, trollte er sich nach der Wachtstube und legte sich ebenfalls auf die Pritsche.

Während nun der Rabbi mit seinem Weibe jetzt ganz allein vor dem großen verschlossenen Tore stand, erhub sich hinter demselben eine schnurrende, näselnde, etwas spöttisch gezogene Stimme:»Sternchen, dröhnle nicht so lange, nimm die Schlüssel aus Rindsköpfchens Rocktasche, oder nimm deine Nase, und schließe damit das Tor auf. Die Leute stehen schon lange und warten.«

»Die Leute?« – schrie ängstlich die Stimme des Mannes, den man den Nasenstern nannte –»ich glaubte es wäre nur einer, und ich bitte dich, Narr, lieber Jäkel Narr, guck mal heraus wer da ist?«

Da öffnete sich im Tore ein kleines, wohlvergittertes Fensterlein, und zum Vorschein kam eine gelbe, zweihörnige Mütze und darunter das drollig verschnörkelte Lustigmachergesicht Jäkels des Narren. In demselben Augenblicke schloß sich wieder die Fensterluke und ärgerlich schnarrte es:»Mach auf, mach auf, draußen ist nur ein Mann und ein Weib.«

»Ein Mann und ein Weib!« – ächzte der Nasenstern –»Und wenn das Tor aufgemacht wird, wirft das Weib den Rock ab und es ist auch ein Mann, und es sind dann zwei Männer, und wir sind nur unserer Drei!«

»Sei kein Hase« – erwiderte Jäkel der Narr –»und sei herzhaft und zeige Courage!«

»Courage!« – rief der Nasenstern und lachte mit verdrießlicher Bitterkeit –»Hase! Hase ist ein schlechter Vergleich, Hase ist ein unreines Tier. Courage! Man hat mich nicht der Courage wegen hierhergestellt, sondern der Vorsicht halber. Wenn zu viele kommen soll ich schreien. Aber ich selbst kann sie nicht zurückhalten. Mein Arm ist schwach, ich trage eine Fontenelle und ich bin ein einzelner Mensch. Wenn man auf mich schießt bin ich tot. Dann sitzt der reiche Mendel Reiß am Sabbat bei Tische, und wischt sich vom Maul die Rosinensauce, und streichelt sich den Bauch, und sagt vielleicht: Das lange Nasensternchen war doch ein braves Kerlchen, wär' Es nicht gewesen, so hätten sie das Tor gesprengt, Es hat sich doch für uns totschießen lassen, Es war ein braves Kerlchen, schade daß es tot ist –«

Die Stimme wurde hier allmählig weich und weinerlich, aber plötzlich schlug sie über in einen hastigen, fast erbitterten Ton: »Courage! Und damit der reiche Mendel Reiß sich die Rosinensauce vom Maul abwischen, und sich den Bauch streicheln, und mich braves Kerlchen nennen möge, soll ich mich totschießen lassen? Courage! Herzhaft! Der kleine Strauß war herzhaftig, und hat gestern auf dem Römer dem Stechen zugesehen, und hat geglaubt man kenne ihn nicht, weil er einen violetten Rock trug, von Samt, drei Gulden die Elle, mit Fuchsschwänzchen, ganz goldgestickt, ganz prächtig – und sie haben ihm den violetten Rock so lange geklopft bis er abfärbte und auch sein Rücken violett geworden ist und nicht mehr menschenähnlich sieht. Courage! Der krumme Leser war herzhaftig, nannte unseren lumpigen Schultheiß einen Lump, und sie haben ihn an den Füßen aufgehängt, zwischen zwei Hunden, und der Trommelhans trommelte. Courage! Sei kein Hase! Unter den vielen Hunden ist der Hase verloren, ich bin ein einzelner Mensch, und ich habe wirklich Furcht!«

»Schwör mal!« – rief Jäkel der Narr.

»Ich habe wirklich Furcht!« – wiederholte seufzend der Nasenstern – »ich weiß die Furcht liegt im Geblüt und ich habe es von meiner seligen Mutter –«

»Ja, ja!« – unterbrach ihn Jäkel der Narr – »und deine Mutter hatte es von ihrem Vater, und der hatte es wieder von dem seinigen, und so hatten es deine Voreltern einer vom andern, bis auf deinen Stammvater, welcher unter König Saul gegen die Philister zu Felde zog und der erste war welcher Reißaus nahm. – Aber sich mal, Rindsköpfchen ist gleich fertig, er hat sich bereits zum viertenmal gebückt, schon hüpft er wie ein Floh bei dem dreimaligen Worte Heilig, und jetzt greift er vorsichtig in die Tasche…«

In der Tat, die Schlüssel rasselten, knarrend öffnete sich ein Flügel des Tores, und der Rabbi und sein Weib traten in die ganz menschenleere Judengasse. Der Aufschließer aber, ein kleiner Mann mit gutmütig sauerm Gesicht, nickte träumerisch wie einer, der in seinen

Gedanken nicht gern gestört sein möchte, und nachdem er das Tor
wieder sorgsam verschlossen, schlappte er, ohne ein Wort zu reden,
nach einem Winkel hinter dem Tore, beständig Gebete vor sich hinmurmelnd. Minder schweigsam war Jäkel der Narr, ein untersetzter,
etwas krummbeiniger Gesell, mit einem lachend vollroten Antlitz und
einer unmenschlich großen Fleischhand, die er, aus den weiten Ärmeln
seiner buntscheckigen Jacke, zum Willkomm hervorstreckte. Hinter
ihm zeigte oder vielmehr barg sich eine lange, magere Gestalt, der
schmale Hals weißbefiedert von einer feinen batistnen Krause, und das
dünne, blasse Gesicht gar wundersam geziert mit einer fast unglaublich
langen Nase, die sich neugierig angstvoll hin und her bewegte.

»Gott willkommen! Zum guten Festtag!« – rief Jäkel der Narr –
»wundert Euch nicht daß jetzt die Gasse so leer und still ist. Alle unsere
Leute sind jetzt in der Synagoge und Ihr kommt eben zur rechten Zeit
um dort die Geschichte von der Opferung Isaaks vorlesen zu hören.
Ich kenne sie, es ist eine interessante Geschichte, und wenn ich sie
nicht schon dreiunddreißigmal angehört hätte, so würde ich sie gern
dies Jahr noch einmal hören. Und es ist eine wichtige Geschichte, denn
wenn Abraham den Isaak wirklich geschlachtet hätte, und nicht den
Ziegenbock, so wären jetzt mehr Ziegenböcke und weniger Juden auf
der Welt.« – Und mit wahnsinnig lustiger Grimasse fing der Jäkel an
folgendes Lied aus der Agade zu singen:

»Ein Böcklein, ein Böcklein, das gekauft Väterlein, er gab dafür zwei
Suslein; ein Böcklein! ein Böcklein!

»Es kam ein Kätzlein, und aß das Böcklein, das gekauft Väterlein, er
gab dafür zwei Suslein; ein Böcklein, ein Böcklein!

»Es kam ein Hündlein, und biß das Kätzlein, das gefressen das Böcklein, das gekauft Väterlein, er gab dafür zwei Suslein; ein Böcklein, ein
Böcklein!

»Es kam ein Stöcklein und schlug das Hündlein, das gebissen das
Kätzlein, das gefressen das Böcklein, das gekauft Väterlein, er gab dafür
zwei Suslein; ein Böcklein, ein Böcklein!

»Es kam ein Feuerlein und verbrannte das Stöcklein, das geschlagen
das Hündlein, das gebissen das Kätzlein, das gefressen das Böcklein,

das gekauft Väterlein, er gab dafür zwei Suslein; ein Böcklein, ein Böcklein!

»Es kam ein Wässerlein und löschte das Feuerlein, das verbrannt das Stöcklein, das geschlagen das Hündlein, das gebissen das Kätzlein, das gefressen das Böcklein, das gekauft Väterlein, er gab dafür zwei Suslein; ein Böcklein, ein Böcklein!

»Es kam ein Öchslein und soff das Wässerlein, das gelöscht das Feuerlein, das verbrannt das Stöcklein, das geschlagen das Hündlein, das gebissen das Kätzlein, das gefressen das Böcklein, das gekauft Väterlein, er gab dafür zwei Suslein; ein Böcklein, ein Böcklein!

»Es kam ein Schlächterlein und schlachtete das Öchslein, das gesoffen das Wässerlein, das gelöscht das Feuerlein, das verbrannt das Stöcklein, das geschlagen das Hündlein, das gebissen das Kätzlein, das gefressen das Böcklein, das gekauft Väterlein, er gab dafür zwei Suslein; ein Böcklein, ein Böcklein!

»Es kam ein Todesenglein und schlachtete das Schlächterlein, das geschlachtet das Öchslein, das gesoffen das Wässerlein, das gelöscht das Feuerlein, das verbrannt das Stöcklein, das geschlagen das Hündlein, das gebissen das Kätzlein, das gefressen das Böcklein, das gekauft Väterlein, er gab dafür zwei Suslein; ein Böcklein, ein Böcklein!«

»Ja, schöne Frau« – fügte der Sänger hinzu – »einst kommt der Tag, wo der Engel des Todes den Schlächter schlachten wird, und all unser Blut kommt über Edom; denn Gott ist ein rächender Gott - - -«

Aber plötzlich den Ernst, der ihn unwillkürlich beschlichen, gewaltsam abstreifend, stürzte sich Jäkel der Narr wieder in seine Possenreißerei und fuhr fort mit schnarrendem Lustigmachertone: »Fürchtet Euch nicht, schöne Frau, der Nasenstern tut Euch nichts zu Leid. Nur für die alte Schnapper-Elle ist er gefährlich. Sie hat sich in seine Nase verliebt, aber die verdient es auch. Sie ist schön wie der Turm der gen Damaskus schaut und erhaben wie die Ceder des Libanons. Auswendig glänzt sie wie Glimmgold und Sirop, und inwendig ist lauter Musik und Lieblichkeit. Im Sommer blüht sie, im Winter ist sie zugefroren, und Sommer und Winter wird sie gehätschelt von Schnapper-Elles weißen Händen. Ja, die Schnapper-Elle

ist verliebt in ihn, ganz vernarrt. Sie pflegt ihn, sie füttert ihn, und
sobald er fett genug ist, wird sie ihn heuraten, und für ihr Alter ist
sie noch jung genug, und wer mal nach dreihundert Jahren hierher
nach Frankfurt kömmt, wird den Himmel nicht sehen können vor
lauter Nasensternen!«

»Ihr seid Jäkel der Narr« – rief lachend der Rabbi – »ich merk' es an
Euren Worten. Ich habe oft von Euch sprechen gehört.«

»Ja, ja« – erwiderte jener mit drolliger Bescheidenheit – »ja, ja, das
macht der Ruhm. Man ist oft weit und breit für einen größeren Narren
bekannt als man selbst weiß. Doch ich gebe mir viele Mühe ein Narr
zu sein und springe und schüttle mich, damit die Schellen klingeln.
Andere haben's leichter… Aber sagt mir, Rabbi, warum reiset Ihr am
Feiertage?«

»Meine Rechtfertigung« – versetzte der Befragte – »steht im Talmud,
und es heißt: Gefahr vertreibt den Sabbat.«

»Gefahr!« – schrie plötzlich der lange Nasenstern und gebärdete
sich wie in Todesangst – »Gefahr! Gefahr! Trommelhans trommel',
trommle, Gefahr! Gefahr! Trommelhans…«

Draußen aber rief der Trommelhans mit seiner dicken Bierstimme:
»Tausend Donner Sakrament! Der Teufel hole die Juden! Das ist schon
das drittemal, daß du mich heute aus dem Schlafe weckst, Nasenstern!
Mach mich nicht rasend! Wenn ich rase, werde ich wie der leibhaftige
Satanas, und dann, so wahr ich ein Christ bin, dann schieße ich mit
der Büchse durch die Gitterluke des Tores, und dann hüte jeder seine
Nase!«

»Schieß nicht! schieß nicht! ich bin ein einzelner Mensch« – wimmerte angstvoll der Nasenstern und drückte sein Gesicht fest an die
nächste Mauer, und in dieser Stellung verharrte er zitternd und leise
betend.

»Sagt, sagt, was ist passiert?« – rief jetzt auch Jäkel der Narr, mit
all jener hastigen Neugier, die schon damals den Frankfurter Juden
eigentümlich war.

Der Rabbi aber riß sich von ihm los und ging mit seinem Weibe
weiter die Judengasse hinauf. »Sieh, schöne Sara« – sprach er seufzend

– »wie schlecht geschützt ist Israel! Falsche Freunde hüten seine Tore von außen, und drinnen sind seine Hüter Narrheit und Furcht!«

Langsam wanderten die beiden durch die lange, leere Straße, wo nur hie und da ein blühender Mädchenkopf zum Fenster hinausguckte, während sich die Sonne in den blanken Scheiben festlich heiter bespiegelte. Damals nämlich waren die Häuser des Judenviertels noch neu und nett, auch niedriger wie jetzt, indem erst späterhin die Juden, als sie in Frankfurt sich sehr vermehrten und doch ihr Quartier nicht erweitern durften, dort immer ein Stockwerk über das andere bauten, sardellenartig zusammenrückten und dadurch an Leib und Seele verkrüppelten. Der Teil des Judenquartiers, der nach dem großen Brande stehen geblieben und den man die Alte Gasse nennt, jene hohen schwarzen Häuser, wo ein grinsendes, feuchtes Volk umherschachert, ist ein schauderhaftes Denkmal des Mittelalters. Die ältere Synagoge existiert nicht mehr; sie war minder geräumig als die jetzige, die später erbaut wurde, nachdem die Nüremberger Vertriebenen in die Gemeinde aufgenommen worden. Sie lag nördlicher. Der Rabbi brauchte ihre Lage nicht erst zu erfragen. Schon aus der Ferne vernahm er die vielen, verworrenen und überaus lauten Stimmen. Im Hofe des Gotteshauses trennte er sich von seinem Weibe. Nachdem er an dem Brunnen, der dort steht, seine Hände gewaschen, trat er in jenen untern Teil der Synagoge, wo die Männer beten; die schöne Sara hingegen erstieg eine Treppe und gelangte oben nach der Abteilung der Weiber.

Diese obere Abteilung war eine Art Galerie mit drei Reihen hölzerner, braunrot angestrichener Sitze, deren Lehne oben mit einem hängenden Brette versehen war, das, um das Gebetbuch darauf zu legen, sehr bequem aufgeklappt werden konnte. Die Frauen saßen hier schwatzend neben einander, oder standen aufrecht, inbrünstig betend; manchmal auch traten sie neugierig an das große Gitter, das sich längs der Morgenseite hinzog und durch dessen dünne grüne Latten man hinabschauen konnte in die untere Abteilung der Synagoge. Dort, hinter hohen Betpulten, standen die Männer in ihren schwarzen Mänteln, die spitzen Bärte herabschießend über die weißen Halskrausen, und die plattbedeckten Köpfe mehr oder minder verhüllt von einem viereckigen, mit den gesetzlichen Schaufäden versehenen Tuche, das aus weißer Wolle oder Seide bestand, mitunter auch mit goldnen Tressen geschmückt war.

Die Wände der Synagoge waren ganz einförmig geweißt, und man sah dort keine andre Zierat als etwa das vergoldete Eisengitter um die viereckige Bühne, wo die Gesetzabschnitte verlesen werden, und die heilige Lade, ein kostbar gearbeiteter Kasten, scheinbar getragen von marmornen Säulen mit üppigen Kapitälern, deren Blumen- und Laubwerk gar lieblich emporrankte, und bedeckt mit einem Vorhang von kornblauem Sammet, worauf mit Goldflittern, Perlen und bunten Steinen eine fromme Inschrift gestickt war. Hier hing die silberne Gedächtnis-Ampel und erhob sich ebenfalls eine vergitterte Bühne, auf deren Geländer sich allerlei heilige Geräte befanden, unter andern der siebenarmige Tempel-Leuchter, und vor demselben, das Antlitz gegen die Lade, stand der Vorsänger, dessen Gesang instrumentenartig begleitet wurde von den Stimmen seiner beiden Gehülfen, des Bassisten und des Diskantsingers.

Die Juden haben nämlich alle wirkliche Instrumentalmusik aus ihrer Kirche verbannt, wähnend, daß der Lobgesang Gottes erbaulicher aufsteige aus der warmen Menschenbrust als aus kalten Orgelpfeifen. Recht kindlich freute sich die schöne Sara, als jetzt der Vorsänger, ein trefflicher Tenor, seine Stimme erhob und die uralten, ernsten Melodien, die sie so gut kannte, in noch nie geahndeter junger Lieblichkeit aufblüheten, während der Bassist, zum Gegensatze, die tiefen, dunkeln Töne hineinbrummte, und in den Zwischenpausen der Diskantsänger fein und süß trillerte. Solchen Gesang hatte die schöne Sara in der Synagoge von Bacherach niemals gehört, denn der Gemeindevorsteher, David Lewi, machte dort den Vorsänger, und wenn dieser schon bejahrte zitternde Mann, mit seiner zerbröckelten, meckernden Stimme wie ein junges Mädchen trillern wollte, und in solch gewaltsamer Anstrengung seinen schlaff herabhängenden Arm fieberhaft schüttelte, so reizte dergleichen wohl mehr zum Lachen als zur Andacht.

Ein frommes Behagen, gemischt mit weiblicher Neugier, zog die
schöne Sara ans Gitter, wo sie hinabschauen konnte in die untere
Abteilung, die sogenannte Männerschule. Sie hatte noch nie eine so
große Anzahl Glaubensgenossen gesehen, wie sie da unten erblickte,
und es ward ihr noch heimlich wohler ums Herz in der Mitte so
vieler Menschen, die ihr so nahe verwandt durch gemeinschaftliche
Abstammung, Denkweise und Leiden. Aber noch viel bewegter wurde die Seele des Weibes, als drei alte Männer ehrfurchtsvoll vor die
heilige Lade traten, den glänzenden Vorhang an die Seite schoben,
den Kasten aufschlossen und sorgsam jenes Buch herausnahmen, das
Gott mit heilig eigner Hand geschrieben und für dessen Erhaltung die
Juden so viel erduldet, so viel Elend und Haß, Schmach und Tod, ein
tausendjähriges Martyrium. Dieses Buch, eine große Pergamentrolle,
war wie ein fürstliches Kind in einem buntgestickten Mäntelchen von
rotem Sammet gehüllt; oben, auf den beiden Rollhölzern, steckten
zwei silberne Gehäuschen, worin allerlei Granaten und Glöckchen sich
zierlich bewegten und klingelten, und vorn, an silbernen Kettchen,
hingen goldne Schilde mit bunten Edelsteinen.

Der Vorsänger nahm das Buch, und als sei es ein wirkliches Kind,
ein Kind um dessentwillen man große Schmerzen erlitten und das
man nur desto mehr liebt, wiegte er es in seinen Armen, tänzelte
damit hin und her, drückte es an seine Brust, und durchschauert von
solcher Berührung, erhub er seine Stimme zu einem so jauchzend
frommen Dankliede, daß es der schönen Sara bedünkte, als ob die
Säulen der heiligen Lade zu blühen begönnen, und die wunderbaren
Blumen und Blätter der Kapitäler immer höher hinaufwüchsen, und
die Töne des Diskanten sich in lauter Nachtigallen verwandelten,
und die Wölbung der Synagoge gesprengt würde von den gewaltigen
Tönen des Bassisten, und die Freudigkeit Gottes herabströmte aus
dem blauen Himmel.

Das war ein schöner Psalm. Die Gemeinde wiederholte chorartig die
Schlußverse, und nach der erhöhten Bühne in der Mitte der Synagoge
schritt langsam der Vorsänger mit dem heiligen Buche, während Männer und Knaben sich hastig hinzudrängten um die Sammethülle des-

selben zu küssen oder auch nur zu berühren. Auf der erwähnten Bühne
zog man von dem heiligen Buche das samtne Mäntelchen, so wie auch
die mit bunten Buchstaben beschriebenen Windeln, womit es umwi-
ckelt war, und aus der geöffneten Pergamentrolle, in jenem singenden
Tone, der am Paschafest noch gar besonders moduliert wird, las der
Vorsänger die erbauliche Geschichte von der Versuchung Abrahams.

Die schöne Sara war bescheiden vom Gitter zurückgewichen, und
eine breite, putzbeladene Frau von mittlerem Alter und gar gespreizt
wohlwollendem Wesen, hatte ihr, mit stummen Nicken, die Mitein-
sicht in ihrem Gebetbuche vergönnt. Diese Frau mochte wohl keine
große Schriftgelehrtin sein; denn als sie die Gebete murmelnd vor
sich hinlas, wie die Weiber, da sie nicht laut mitsingen dürfen, zu tun
pflegen, so bemerkte die schöne Sara, daß sie viele Worte allzusehr nach
Gutdünken aussprach und manche gute Zeile ganz überschlupperte.
Nach einer Weile aber hoben sich schmachtend langsam die wasserkla-
ren Augen der guten Frau, ein flaches Lächeln glitt über das porzellanhaft rot und weiße Gesicht, und mit einem Tone, der so vornehm als
möglich hinschmelzen wollte, sprach sie zur schönen Sara:
»Er singt sehr gut. Aber ich habe doch in Holland noch viel besser
singen hören. Sie sind fremd und wissen vielleicht nicht, daß es der
Vorsänger aus Worms ist, und daß man ihn hier behalten will wenn er
mit jährlichen vierhundert Gulden zufrieden. Es ist ein lieber Mann
und seine Hände sind wie Alabaster. Ich halte viel von einer schönen
Hand. Eine schöne Hand ziert den ganzen Menschen!« – Dabei legte
die gute Frau selbstgefällig ihre Hand, die wirklich noch schön war, auf
die Lehne des Betpultes, und mit einer graziösen Beugung des Hauptes
andeutend, daß sie sich im Sprechen nicht gern unterbrechen lasse,
setzte sie hinzu: »Das Singerchen ist noch ein Kind und sieht sehr ab-
gezehrt aus. Der Baß ist gar zu häßlich und unser Stern hat mal sehr
witzig gesagt: Der Baß ist ein größerer Narr als man von einem Baß
zu verlangen braucht! Alle drei speisen in meiner Garküche, und Sie
wissen vielleicht nicht, daß ich Elle Schnapper bin.«
Die schöne Sara dankte für diese Mitteilung, wogegen wieder die
Schnapper-Elle ihr ausführlich erzählte, wie sie einst in Amsterdam

gewesen, dort wegen ihrer Schönheit gar vielen Nachstellungen unterworfen war, und wie sie drei Tage vor Pfingsten nach Frankfurt gekommen und den Schnapper geheuratet, wie dieser am Ende gestorben, wie er auf dem Todbette die rührendsten Dinge gesprochen, und wie es schwer sei als Vorsteherin einer Garküche die Hände zu konservieren. Manchmal sah sie nach der Seite, mit wegwerfendem Blicke, der wahrscheinlich einigen spöttischen jungen Weibern galt, die ihren Anzug musterten.

Merkwürdig genug war diese Kleidung: ein weitausgebauschter Rock von weißem Atlas, worin alle Tierarten der Arche Noä grellfarbig gestickt, ein Wams von Goldstoff wie ein Küraß, die Ärmel von rotem Samt, gelb geschlitzt, auf dem Haupte eine unmenschlich hohe Mütze, um den Hals eine allmächtige Krause von weißem Steiflinnen, so wie auch eine silberne Kette, woran allerlei Schaupfennige, Kameen und Raritäten, unter andern ein großes Bild der Stadt Amsterdam, bis über den Busen herabhingen. Aber die Kleidung der übrigen Frauen war nicht minder merkwürdig und bestand wohl aus einem Gemische von Moden verschiedener Zeiten, und manches Weiblein, bedeckt mit Gold und Diamanten, glich einem wandelnden Juwelierladen.

Es war freilich den Frankfurter Juden damals eine bestimmte Kleidung gesetzlich vorgeschrieben, und zur Unterscheidung von den Christen, sollten die Männer an ihren Mänteln gelbe Ringe und die Weiber an ihren Mützen hochaufstehende blaugestreifte Schleier tragen. Jedoch im Judenquartier wurde diese obrigkeitliche Verordnung wenig beachtet, und dort, besonders an Festtagen, und zumal in der Synagoge, suchten die Weiber so viel Kleiderpracht als möglich gegen einander auszukramen, teils um sich beneiden zu lassen, teils um den Wohlstand und die Kreditfähigkeit ihrer Eheherrn darzutun.

Während nun unten in der Synagoge die Gesetzabschnitte aus den Büchern Mosis vorgelesen werden, pflegt dort die Andacht etwas nachzulassen. Mancher macht es sich bequem und setzt sich nieder, flüstert auch wohl mit einem Nachbar über weltliche Angelegenheiten, oder geht hinaus auf den Hof, um frische Luft zu schöpfen.

Kleine Knaben nehmen sich unterdessen die Freiheit ihre Mütter
in der Weiberabteilung zu besuchen, und hier hat alsdann die Andacht wohl noch größere Rückschritte gemacht; hier wird geplaudert,
geruddelt, gelacht, und, wie es überall geschieht, die jüngeren Frauen
scherzen über die alten, und diese klagen wieder über Leichtfertigkeit
der Jugend und Verschlechterung der Zeiten. Gleichwie es aber unten
in der Synagoge zu Frankfurt einen Vorsänger gab, so gab es in der
obern Abteilung eine Vorklatscherin. Das war Hündchen Reiß, eine
platte grünliche Frau, die jedes Unglück witterte und immer eine skan-
dalöse Geschichte auf der Zunge trug. Die gewöhnliche Zielscheibe
ihrer Spitzreden war die arme Schnapper-Elle, sie wußte gar drollig die
erzwungen vornehmen Gebärden derselben nachzuäffen, so wie auch
den schmachtenden Anstand womit sie die schalkhaften Huldigungen
der Jugend entgegen nimmt.

»Wißt Ihr wohl« – rief jetzt Hündchen Reiß – »die Schnapper-Elle
hat gestern gesagt: wenn ich nicht schön und klug und geliebt wäre,
so möchte ich nicht auf der Welt sein!«

Da wurde etwas laut gekichert, und die nahstehende Schnapper-Elle, merkend daß es auf ihre Kosten geschah, hob verachtungsvoll ihr
Auge empor, und wie ein stolzes Prachtschiff segelte sie nach einem
entfernteren Platze. Die Vögele Ochs, eine runde, etwas täppische
Frau, bemerkte mitleidig: die Schnapper-Elle sei zwar eitel und be-
schränkt, aber sehr bravmütig, und sie tue sehr viel Gutes an Leute,
die es nötig hätten.

»Besonders an den Nasenstern« – zischte Hündchen Reiß. Und alle
die das zarte Verhältnis kannten, lachten um so lauter.

»Wißt Ihr wohl« – setzte Hündchen hämisch hinzu – »der Nasenstern schläft jetzt auch im Hause der Schnapper-Elle… Aber seht mal
dort unten die Süschen Flörsheim trägt die Halskette die Daniel Fläsch
bei ihrem Manne versetzt hat. Die Fläsch ärgert sich… Jetzt spricht
sie mit der Flörsheim… Wie sie sich so freundlich die Hand drücken!
Und hassen sich doch wie Midian und Moab! Wie sie sich so liebevoll
anlächeln! Freßt Euch nur nicht vor lauter Zärtlichkeit! Ich will mir
das Gespräch anhören.«

Und nun, gleich einem lauernden Tiere, schlich Hündchen Reiß
hinzu und hörte, daß die beiden Frauen teilnehmend einander klag-
ten, wie sehr sie sich verflossene Woche abgearbeitet, um in ihren
Häusern aufzuräumen und das Küchengeschirr zu scheuern, was vor
dem Paschafeste geschehen muß, damit kein einziges Brosämchen
der gesäuerten Bröte daran kleben bleibe. Auch von der Mühseligkeit
beim Backen der ungesäuerten Bröte sprachen die beiden Frauen. Die
Fläsch hatte noch besondere Beklagnisse: im Backhause der Gemeinde
mußte sie viel Ärger erleiden, nach der Entscheidung des Loses konnte
sie dort erst in den letzten Tagen, am Vorabend des Festes, und erst
spät Nachmittags zum Backen gelangen, die alte Hanne hatte den Teig
schlecht geknetet, die Mägde rollten mit ihren Wergelhölzern den Teig
viel zu dünn, die Hälfte der Bröte verbrannte im Ofen, und außerdem
regnete es so stark, daß es durch das bretterne Dach des Backhauses
beständig tröpfelte, und sie mußten sich dort, naß und müde, bis tief
in die Nacht abarbeiten.

»Und daran, liebe Flörsheim« – setzte die Fläsch hinzu mit einer
schonenden Freundlichkeit, die keineswegs echt war – »daran waren
Sie auch ein bischen schuld, weil Sie mir nicht Ihre Leute zur Hülfleis-
tung beim Backen geschickt haben.«

»Ach Verzeihung« – erwiderte die andre – »meine Leute waren zu
sehr beschäftigt, die Meßwaren müssen verpackt werden, wir haben
jetzt so viel zu tun, mein Mann...«

»Ich weiß« – fiel ihr die Fläsch mit schneidend hastigem Tone in
die Rede – »ich weiß, Ihr habt viel zu tun, viel Pfänder, und gute Geschäfte, und Halsketten...«

Eben wollte ein giftiges Wort den Lippen der Sprecherin entgleiten
und die Flörsheim ward schon rot wie ein Krebs, als plötzlich Hündchen Reiß laut aufkreischte: »Um Gottes willen, die fremde Frau liegt
und stirbt... Wasser! Wasser!«

Die schöne Sara lag in Ohnmacht, blaß wie der Tod, und um sie her-
um drängte sich ein Schwarm von Weibern, geschäftig und jammernd.
Die eine hielt ihr den Kopf, eine zweite hielt ihr den Arm; einige alte
Frauen bespritzten sie mit den Wassergläschen, die hinter ihren Bet-

pulten hängen, zum Behufe des Händewaschens, im Fall sie zufällig ihren eignen Leib berührten; andre hielten unter die Nase der Ohnmächtigen eine alte Zitrone, die mit Gewürznägelchen durchstochen, noch vom letzten Fasttage herrührte, wo sie zum nervenstärkenden Anriechen diente.

Ermattet und tief seufzend schlug endlich die schöne Sara die Augen auf, und mit stummen Blicken dankte sie für die gütige Sorgfalt. Doch jetzt ward unten das Achtzehn-Gebet, welches niemand versäumen darf, feierlich angestimmt, und die geschäftigen Weiber eilten zurück nach ihren Plätzen, und verrichteten jenes Gebet, wie es geschehen muß, stehend und das Gesicht gewendet gegen Morgen, welches die Himmelsgegend wo Jerusalem liegt. Vögele Ochs, Schnapper-Elle und Hündchen Reiß verweilten am längsten bei der schönen Sara; die beiden ersteren indem sie ihr eifrigst ihre Dienste anboten, die letztere, nachdem sie sich nochmals bei ihr erkundigte: weshalb sie so plötzlich ohnmächtig geworden?

Die Ohnmacht der schönen Sara hatte aber eine ganz besondere Ursache. Es ist nämlich Gebrauch in der Synagoge, daß jemand, welcher einer großen Gefahr entronnen, nach der Verlesung der Gesetzabschnitte, öffentlich hervortritt und der göttlichen Vorsicht für seine Rettung dankt. Als nun Rabbi Abraham zu solcher Danksagung unten in der Synagoge sich erhob, und die schöne Sara die Stimme ihres Mannes erkannte, merkte sie wie der Ton derselben allmählig in das trübe Gemurmel des Totengebetes überging, sie hörte die Namen ihrer Lieben und Verwandten, und zwar begleitet von jenem segnenden Beiwort, das man den Verstorbenen erteilt… und die letzte Hoffnung schwand aus der Seele der schönen Sara, und ihre Seele ward zerrissen von der Gewißheit, daß ihre Lieben und Verwandte wirklich ermordet worden, daß ihre kleine Nichte tot sei, daß auch ihre Bäschen, Blümchen und Vögelchen, tot seien, auch der kleine Gottschalk tot sei, alle ermordet und tot! Von dem Schmerze dieses Bewußtseins wäre sie schier selber gestorben, hätte sich nicht eine wohltätige Ohnmacht über ihre Sinne ergossen.

Drittes Kapitel

Als die schöne Sara, nach beendigtem Gottesdienste, in den Hof der
Synagoge hinabstieg, stand dort der Rabbi, harrend seines Weibes. Er
nickte ihr mit heiterem Antlitz und geleitete sie hinaus auf die Straße,
wo die frühere Stille ganz verschwunden und ein lärmiges Menschengewimmel zu schauen war. Bärtige Schwarzröcke, wie Ameisenhau-
fen; Weiber, glanzreich hinflatternd, wie Goldkäfer; neugekleidete
Knaben, die den Alten die Gebetbücher nachtrugen; junge Mädchen,
die, weil sie nicht in die Synagoge gehen dürfen, jetzt aus den Häusern ihren Eltern entgegenhüpfen, vor ihnen die Lockenköpfchen
beugen, um den Segen zu empfangen: Alle heiter und freudig, und
die Gasse auf und ab spazierend, im seligen Vorgefühl eines guten
Mittagsmahls, dessen lieblicher Duft schon mundwässernd hervor-
stieg aus den schwarzen, mit Kreide bezeichneten Töpfen, die eben
von den lachenden Mägden aus dem großen Gemeinde-Ofen geholt
worden.

In diesem Gewirre war besonders bemerkbar die Gestalt eines spanischen Ritters, auf dessen jugendlichen Gesichtszügen jene reizende
Blässe lag, welche die Frauen gewöhnlich einer unglücklichen Liebe,
die Männer hingegen einer glücklichen zuschreiben. Sein Gang, ob-
schon gleichgültig hinschlendernd, hatte dennoch eine etwas gesuchte
Zierlichkeit; die Federn seines Barettes bewegten sich mehr durch
das vornehme Wiegen des Hauptes, als durch das Wehen des Win-
des; mehr als eben notwendig klirrten seine goldenen Sporen und das
Wehrgehänge seines Schwertes, welches er im Arme zu tragen schien,
und dessen Griff kostbar hervorblitzte aus dem weißen Reutermantel,
der seine schlanken Glieder scheinbar nachlässig umhüllte und dennoch den sorgfältigsten Faltenwurf verriet.

Hin und wieder, teils mit Neugier, teils mit Kennermiene nahte er
sich den vorüberwandelnden Frauenzimmern, sah ihnen seelenruhig
fest ins Antlitz, verweilte bei solchem Anschaun wenn die Gesichter der Mühe lohnten, sagte auch manchem liebenswürdigen Kinde
einige rasche Schmeichelworte, und schritt sorglos weiter ohne die

Wirkung zu erwarten. Die schöne Sara hatte er schon mehrmals um-
kreist, jedesmal wieder zurückgescheucht von dem gebietenden Blick
derselben oder auch von der rätselhaft lächelnden Miene ihres Mannes,
aber endlich, in stolzem Abstreifen aller scheuen Befangenheit, trat er
beiden keck in den Weg, und mit stutzerhafter Sicherheit und süßlich
galantem Tone hielt er folgende Anrede:

»Sennora, ich schwöre! Hört, Sennora, ich schwöre! Bei den Rosen
beider Kastilien, bei den aragonesischen Hyazinthen und andalusi-
schen Granatblüten! Bei der Sonne die ganz Spanien mit all seinen
Blumen, Zwiebeln, Erbsensuppen, Wäldern, Bergen, Mauleseln,
Ziegenböcken und Alt-Christen beleuchtet! Bei der Himmelsdecke,
woran diese Sonne nur ein goldner Quast ist! Und bei dem Gott, der
auf der Himmelsdecke sitzt, und Tag und Nacht über neue Bildungen
holdseliger Frauengestalten nachsinnt… Ich schwöre, Sennora, Ihr
seid das schönste Weib, das ich in deutschen Landen gesehen habe,
und so Ihr gewillet seid meine Dienste anzunehmen, so bitte ich Euch
um die Gunst, Huld und Erlaubnis mich Euren Ritter nennen zu
dürfen, und in Schimpf und Ernst Eure Farben zu tragen!«

Ein errötender Schmerz glitt über das Antlitz der schönen Sara, und
mit einem Blicke, der um so schneidender wirkt, je sanfter die Augen
sind die ihn versenden, und mit einem Tone, der um so vernichtender
je bebend weicher die Stimme, antwortete die tiefgekränkte Frau:

»Edler Herr! Wenn Ihr mein Ritter sein wollt, so müßt Ihr gegen
ganze Völker kämpfen, und in diesem Kampfe gibt es wenig Dank und
noch weniger Ehre zu gewinnen! Und wenn Ihr gar meine Farben tragen wollt, so müßt Ihr gelbe Ringe auf Euren Mantel nähen oder eine
blaugestreifte Schärpe umbinden: denn dieses sind meine Farben, die
Farben meines Hauses, des Hauses welches Israel heißt, und sehr elend
ist, und auf den Gassen verspottet wird von den Söhnen des Glücks!«

Plötzliche Purpurröte bedeckte die Wangen des Spaniers, eine unendliche Verlegenheit arbeitete in allen seinen Zügen und fast stot-
ternd sprach er:

»Sennora… Ihr habt mich mißverstanden… unschuldiger Scherz…
aber, bei Gott, kein Spott, kein Spott über Israel… Ich stamme selber

aus dem Hause Israel... mein Großvater war ein Jude, vielleicht so
gar mein Vater...«

»Und ganz sicher, Sennor, ist Eur Oheim ein Jude« – fiel ihm der
Rabbi, der dieser Szene ruhig zugesehen, plötzlich in die Rede, und
mit einem fröhlich neckenden Blicke setzte er hinzu: – »und ich will
mich selbst dafür verbürgen, daß Don Isaak Abarbanel, Neffe des
großen Rabbi, dem besten Blute Israels entsprossen ist, wo nicht gar
dem königlichen Geschlechte Davids!«

Da klirrte das Schwertgehänge unter dem Mantel des Spaniers, seine
Wangen erblichen wieder bis zur fahlsten Blässe, auf seiner Oberlippe
zuckte es wie Hohn der mit dem Schmerze ringt, aus seinen Augen
grinste der zornigste Tod, und in einem ganz verwandelten, eiskalten,
scharfgehackten Tone sprach er:

»Sennor Rabbi! Ihr kennt mich. Nun wohlan, so wißt Ihr auch wer
ich bin. Und weiß der Fuchs, daß ich der Brut des Löwen angehöre,
so wird er sich hüten, und seinen Fuchsbart nicht in Lebensgefahr
bringen und meinen Zorn nicht reizen! Wie will der Fuchs den Löwen richten? Nur wer wie der Löwe fühlt, kann seine Schwächen
begreifen...«

»O, ich begreife es wohl« – antwortete der Rabbi und wehmütiger
Ernst zog über seine Stirne – »ich begreife es wohl, wie der stolze Leu
aus Stolz seinen fürstlichen Pelz abwirft und sich in den bunten Schup-
penpanzer des Krokodils verkappt, weil es Mode ist ein greinendes,
schlaues, gefräßiges Krokodil zu sein! Was sollen erst die geringeren
Tiere beginnen, wenn sich der Löwe verleugnet? Aber hüte dich, Don
Isaak, du bist nicht geschaffen für das Element des Krokodils. Das
Wasser – (du weißt wohl wovon ich rede) – ist dein Unglück, und
du wirst untergehn. Nicht im Wasser ist dein Reich; die schwächste
Forelle kann besser darin gedeihen als der König des Waldes. Weißt du
noch, wie dich die Strudel des Tago verschlingen wollten...«

In ein lautes Gelächter ausbrechend, fiel Don Isaak plötzlich dem
Rabbi um den Hals, verschloß seinen Mund mit Küssen, sprang spo-
renklirrend vor Freude in die Höhe, daß die vorbeigehenden Juden
zurückschraken, und in seinem natürlich herzlich heiteren Tone rief er:

»Wahrhaftig, du bist Abraham von Bacherach! Und es war ein guter
Witz und obendrein ein Freundschaftsstück, als du zu Toledo von der
Alkantara-Brücke ins Wasser sprangest und deinen Freund, der besser
trinken als schwimmen konnte, beim Schopf faßtest und aufs Trockene
zogest! Ich war nahe dran, recht gründliche Untersuchungen anzu-
stellen: ob auf dem Grunde des Tago wirklich Goldkörner zu finden,
und ob ihn mit Recht die Römer den goldnen Fluß genannt haben?
Ich sage dir, ich erkälte mich noch heute durch die bloße Erinnerung
an jene Wasserpartie.«

Bei diesen Worten gebärdete sich der Spanier, als wollte er anhän-
gende Wassertropfen von sich abschütteln. Das Antlitz des Rabbi aber
war gänzlich aufgeheitert. Er drückte seinem Freunde wiederholentlich
die Hand und jedesmal sagte er: »Ich freue mich!«

»Und ich freue mich ebenfalls« – sprach der andre – »wir haben uns
seit sieben Jahren nicht gesehen; bei unserem Abschied war ich noch
ein ganz junger Gelbschnabel, und du, du warst schon so gesetzt und
ernsthaft… Was ward aber aus der schönen Donna, die dir damals so
viele Seufzer kostete, wohlgereimte Seufzer, die du mit Lautenklang
begleitet hast…«

»Still, still! die Donna hört uns, sie ist mein Weib, und du selbst hast ihr
heute eine Probe deines Geschmackes und Dichtertalents dargebracht.«

Nicht ohne Nachwirkung der früheren Verlegenheit, begrüßte der
Spanier die schöne Frau, welche mit anmutiger Güte jetzt bedauerte,
daß sie durch Äußerungen des Unmuts einen Freund ihres Mannes
betrübt habe.

»Ach, Sennora« – antwortete Don Isaak – »wer mit täppischer Hand
nach einer Rose griff, darf sich nicht beklagen, daß ihn die Dornen
verletzten! Wenn der Abendstern sich im blauen Strome goldfunkelt
abspiegelt…«

»Ich bitte dich um Gotteswillen« – unterbrach ihn der Rabbi –
»hör auf!… Wenn wir solange warten sollen bis der Abendstern sich
im blauen Strome goldfunkelt abspiegelt, so verhungert meine Frau;
sie hat seit gestern nichts gegessen und seitdem viel Ungemach und
Mühsal erlitten.«

»Nun, so will ich Euch nach der besten Garküche Israels führen« –
rief Don Isaak – »nach dem Hause meiner Freundin Schnapper-Elle,
das hier in der Nähe. Schon rieche ich ihren holden Duft, nämlich der
Garküche. O wüßtest du, Abraham, wie dieser Duft mich anspricht!
Er ist es, der mich, seit ich in dieser Stadt verweile, so oft hinlockt nach
den Zelten Jakobs. Der Verkehr mit dem Volke Gottes ist sonst nicht
meine Liebhaberei, und wahrlich nicht um hier zu beten, sondern um
zu essen besuche ich die Judengasse…«

»Du hast uns nie geliebt, Don Isaak…«

»Ja« – fuhr der Spanier fort – »ich liebe Eure Küche weit mehr als
Euren Glauben; es fehlt ihm die rechte Sauce. Euch selber habe ich
nie ordentlich verdauen können. Selbst in Euren besten Zeiten, selbst
unter der Regierung meines Ahnherrn Davids, welcher König war über
Juda und Israel, hätte ich es nicht unter Euch aushalten können, und
ich wäre gewiß eines frühen Morgens aus der Burg Sion entsprungen
und nach Phönizien emigriert, oder nach Babylon, wo die Lebenslust
schäumte im Tempel der Götter…«

»Du lästerst, Isaak, den einzigen Gott« – murmelte finster der Rabbi – »du bist weit schlimmer als ein Christ, du bist ein Heide, ein
Götzendiener…«

»Ja, ich bin ein Heide, und eben so zuwider wie die dürren, freudlo-
sen Hebräer sind mir die trüben, qualsüchtigen Nazarener. Unsre liebe
Frau von Sidon, die heilige Astarte, mag es mir verzeihen, daß ich vor
der schmerzenreichen Mutter des Gekreuzigten niederknie und bete…
Nur mein Knie und meine Zunge huldigt dem Tode, mein Herz blieb
treu dem Leben!…«

»Aber schau nicht so sauer« – fuhr der Spanier fort in seiner Rede,
als er sah wie wenig dieselbe den Rabbi zu erbauen schien – »schau
mich nicht an mit Abscheu. Meine Nase ist nicht abtrünnig geworden.
Als mich einst der Zufall, um Mittagszeit, in diese Straße führte, und
aus den Küchen der Juden mir die wohlbekannten Düfte in die Nase
stiegen: da erfaßte mich jene Sehnsucht, die unsere Väter empfanden,
als sie zurückdachten an die Fleischtöpfe Ägyptens; wohlschmeckende
Jugenderinnerungen stiegen in mir auf; ich sah wieder im Geiste die

Karpfen mit brauner Rosinensauce, die meine Tante für den Freitag-
abend so erbaulich zu bereiten wußte; ich sah wieder das gedämpfte
Hammelfleisch mit Knoblauch und Mairettig, womit man die Toten
erwecken kann, und die Suppe mit schwärmerisch schwimmenden
Klößchen… und meine Seele schmolz, wie die Töne einer verliebten
Nachtigall, und seitdem esse ich in der Garküche meiner Freundin
Donna Schnapper-Elle!«

Diese Garküche hatte man unterdessen erreicht; Schnapper-Elle
selbst stand an die Türe ihres Hauses, die Meßfremden, die sich hung-
rig hineindrängten, freundlich begrüßend. Hinter ihr, den Kopf über
ihre Schulter hinauslehnend, stand der lange Nasenstern und musterte
neugierig ängstlich die Ankömmlinge. Mit übertriebener Grandezza
nahte sich Don Isaak unserer Gastwirtin, die seine schalkhaft tiefen
Verbeugungen mit unendlichen Knicksen erwiderte; drauf zog er den
Handschuh ab von seiner rechten Hand, umwickelte sie mit dem Zip-
fel seines Mantels, ergriff damit die Hand der Schnapper-Elle, strich
sie langsam über die Haare seines Stutzbartes und sprach:

»Sennora! Eure Augen wetteifern mit den Gluten der Sonne! Aber
obgleich die Eier, je länger sie gekocht werden, sich desto mehr ver-
härten, so wird dennoch mein Herz nur um so weicher je länger es
von den Flammenstrahlen Eurer Augen gekocht wird! Aus der Dotter
meines Herzens flattert hervor der geflügelte Gott Amor und sucht
ein trauliches Nestchen in Eurem Busen… Diesen Busen, Sennora,
womit soll ich ihn vergleichen? Es gibt in der weiten Schöpfung keine
Blume, keine Frucht, die ihm ähnlich wäre! Dieses Gewächs ist einzig
in seiner Art. Obgleich der Sturm die zartesten Röslein entblättert, so
ist doch Eur Busen eine Winterrose, die allen Winden trotzt! Obgleich
die saure Zitrone, je mehr sie altert, nur desto gelber und runzlichter
wird, so wetteifert dennoch Eur Busen mit der Farbe und Zartheit der
süßesten Ananas! O Sennora, ist auch die Stadt Amsterdam so schön,
wie Ihr mir gestern und vorgestern und alle Tage erzählt habt, so ist
doch der Boden worauf sie ruht noch tausendmal schöner…«

Der Ritter sprach diese letzteren Worte mit erheuchelter Befangenheit und schielte schmachtend nach dem großen Bilde, das an

Schnapper-Elles Halse hing; der Nasenstern schaute von oben herab mit suchenden Augen, und der belobte Busen setzte sich in eine so wogende Bewegung, daß die Stadt Amsterdam hin und her wackelte.

»Ach!« – seufzte die Schnapper-Elle – »Tugend ist mehr wert als Schönheit. Was nützt mir die Schönheit? Meine Jugend geht vorüber, und seit Schnapper tot ist – er hat wenigstens seine Hände gehabt – was hilft mir da die Schönheit?«

Und dabei seufzte sie wieder, und wie ein Echo, fast unhörbar, seufzte hinter ihr der Nasenstern.

»Was Euch die Schönheit nützt?« – rief Don Isaak – »O, Donna Schnapper-Elle, versündigt Euch nicht an der Güte der schaffenden Natur! Schmäht nicht ihre holdesten Gaben! Sie würde sich furchtbar rächen. Diese beseligenden Augen würden blöde verglasen, diese anmutigen Lippen würden sich bis ins Abgeschmackte verplatten, dieser keusche, liebesuchende Leib würde sich in eine schwerfällige Talgtonne verwandeln, die Stadt Amsterdam würde auf einen muffigen Morast zu ruhen kommen –«

Und so schilderte er Stück vor Stück das jetzige Aussehn der Schnapper-Elle, so daß der armen Frau sonderbar beängstigend zu Mute ward, und sie den unheimlichen Reden des Ritters zu entrinnen suchte. In diesem Augenblicke war sie doppelt froh als sie der schönen Sara ansichtig ward und sich angelegentlichst erkundigen konnte, ob sie ganz von ihrer Ohnmacht genesen. Sie stürzte sich dabei in ein lebhaftes Gespräch, worin sie alle ihre falsche Vornehmtuerei und echte Herzensgüte entwickelte, und mit mehr Weitläufigkeit als Klugheit die fatale Geschichte erzählte, wie sie selbst vor Schrecken fast in Ohnmacht gefallen wäre, als sie wildfremd mit der Trekschuite zu Amsterdam ankam, und der spitzbübische Träger ihres Koffers sie nicht in ein ehrbares Wirtshaus, sondern in ein freches Frauenhaus brachte, was sie bald gemerkt an dem vielen Branntweingesöffe und den unsittlichen Zumutungen… und sie wäre, wie gesagt, wirklich in Ohnmacht gefallen, wenn sie es, während den sechs Wochen, die sie in jenem verfänglichen Hause zubrachte, nur einen Augenblick wagen durfte die Augen zu schließen…

»Meiner Tugend wegen« – setzte sie hinzu – »durfte ich es nicht wagen. Und das alles passierte mir wegen meiner Schönheit! Aber Schönheit vergeht und Tugend besteht.«

Don Isaak war schon im Begriff die Einzelheiten dieser Geschichte kritisch zu beleuchten, als glücklicherweise der schele Aron Hirschkuh, von Homburg an der Lahn, mit der weißen Serviette im Maule, aus dem Hause hervorkam, und ärgerlich klagte, daß schon längst die Suppe aufgetragen sei und die Gäste zu Tische säßen und die Wirtin fehle - - - - - -

(Der Schluß und die folgenden Kapitel sind, ohne Verschulden des Autors, verloren gegangen.)

LÄSTERLICHE
SCHRIFTEN

—

AUSWAHL

De la France –
Französische Zustände

Artikel 3

Aber Paris ist eigentlich Frankreich; dieses ist nur die umliegende Gegend von Paris. Abgerechnet die schönen Landschaften und den liebenswürdigen Sinn des Volks im allgemeinen, so ist Frankreich ganz öde, auf jeden Fall ist es geistig öde, alles, was sich in der Provinz auszeichnet, wandert früh nach der Hauptstadt, dem Foyer alles Lichts und alles Glanzes. Frankreich sieht aus wie ein Garten, wo man alle schönsten Blumen gepflückt, um sie zu einem Strauße zu verbinden, und dieser Strauß heißt Paris. Es ist wahr, er duftet jetzt nicht mehr so gewaltig wie nach jenen Blütetagen des Julius, als die Völker von diesem Dufte betäubt wurden. Er ist jedoch noch immer schön genug, um bräutlich zu prangen an dem Busen Europas.

Paris ist nicht bloß die Hauptstadt von Frankreich, sondern der ganzen zivilisierten Welt, und ist ein Sammelplatz ihrer geistigen Notabilitäten. Versammelt ist hier alles, was groß ist durch Liebe oder Haß, durch Fühlen oder Denken, durch Wissen oder Können, durch Glück oder Unglück, durch Zukunft oder Vergangenheit. Betrachtet man den Verein von berühmten oder ausgezeichneten Männern, die hier zusammentreffen, so hält man Paris für ein Pantheon der Lebenden. Eine neue Kunst, eine neue Religion, ein neues Leben wird hier geschaffen, und lustig tummeln sich hier die Schöpfer einer neuen Welt. Die Gewalthaber gebärden sich kleinlich, aber das Volk ist groß und fühlt seine schauerlich erhabene Bestimmung. Die Söhne wollen wetteifern mit den Vätern, die so ruhmvoll und heilig ins Grab gestiegen. Es dämmern gewaltige Taten, und unbekannte Götter wollen sich offenbaren. Und dabei lacht und tanzt man überall,

überall blüht der leichte Scherz, die heiterste Mokerie, und da jetzt Karneval ist, so maskieren sich viele als Doktrinäre und schneiden possierlich-pedantische Gesichter und behaupten, sie hätten Furcht vor den Preußen.

Artikel 4

Sollte sich jedoch das Entsetzliche begeben und Frankreich, das Mutterland der Zivilisation und der Freiheit, ginge verloren durch Leichtsinn und Verrat und die potsdämische Junkersprache schnarrte wieder durch die Straßen von Paris und schmutzige Teutonenstiefel befleckten wieder den heiligen Boden der Boulevards und das Palais Royal röche wieder nach Juchten –

Es war damals eine dunkle Zeit in Deutschland, nichts als Eulen, Zensuredikte, Kerkerduft, Entsagungsromane, Wachtparaden, Frömmelei und Blödsinn –

Artikel 6

Ich darf nicht unerwähnt lassen, daß er, der Bürgerkönig, bei dem allgemeinen Unglücke (einer furchtbaren Cholera-Epidemie; HJF) viel Geld für die armen Bürger hergegeben und sich bürgerlich mitfühlend und edel benommen hat. –

Da ich mal im Zuge bin, will ich auch den Erzbischof von Paris loben, welcher ebenfalls im Hôtel-Dieu, nachdem der Kronprinz und Périer dort ihren Besuch abgestattet, die Kranken zu trösten kam. Er hatte längst prophezeit, daß Gott die Cholera als Strafgericht schicken werde, um ein Volk zu züchtigen, »welches den allerchristlichsten König fortgejagt und das katholische Religionsprivilegium in der Charte abgeschafft hat«. Jetzt, wo der Zorn Gottes die Sünder heimsucht, will Herr von Quelen sein Gebet zum Himmel schicken und Gnade erflehen, wenigstens für die Unschuldigen; denn es sterben auch viele Karlisten. Außerdem hat Herr von Quelen, der Erzbischof, sein Schloß Conflans angeboten zur Errichtung eines Hospitals.

Die Regierung hat aber dieses Anerbieten abgelehnt, da dieses Schloß
in wüstem, zerstörtem Zustande ist und die Reparaturen zuviel kosten
würden. Außerdem hatte der Erzbischof verlangt, daß man ihm in
diesem Hospital freie Hand lassen müsse. Man durfte aber die Seelen
der armen Kranken, deren Leiber schon an einem schrecklichen Übel
litten, nicht den quälenden Rettungsversuchen aussetzen, die der Erzbischof und seine geistlichen Gehülfen beabsichtigten; man wollte
die verstockten Revolutionssünder lieber ohne Mahnung an ewige
Verdammnis und Höllenqual, ohne Beicht und Ölung, an der bloßen
Cholera sterben lassen. Obgleich man behauptet, daß der Katholizismus eine passende Religion sei für so unglückliche Zeiten wie die
jetzigen, so wollen doch die Franzosen sich nicht mehr dazu beque-
men, aus Furcht, sie würden diese Krankheitsreligion alsdann auch in
glücklichen Tagen behalten müssen.

Beilage zu Artikel 6

»Siehe zu, die Grundsuppe des Wuchers, der Dieberei und der Räu-
berei sind unsere Großen und Herren, nehmen alle Kreaturen zum
Eigentum, die Fische im Wasser, die Vögel in der Luft, das Gewächs
auf Erden, alles muß ihr sein. (Jes. V.) Darüber lassen sie denn Gottes
Gebot ausgehen unter die Armen und sprechen: ›Gott hat geboten,
du sollst nicht stehlen‹; es dienet aber ihnen nicht. So sie nun alle
Menschen verursachen, den armen Ackermann, Handwerkmann und
alles, was da lebet, schinden und schaben (Mich. III.), so er sich dann
vergreift an dem Allerheiligsten, so muß er henken. Da sagt dann der
Doktor Lügner Amen. Die Herren machen das selber, daß ihnen der
arme Mann feind wird. Die Ursach des Aufruhrs wollen sie nicht weg-
tun, wie kann es in der Länge gut werden. So ich das sage, werde ich
aufrührisch sein, wohl hin.«

So sprach vor 300 Jahren Thomas Münzer, einer der heldenmü-
tigsten und unglücklichsten Söhne des deutschen Vaterlandes, ein
Prediger des Evangeliums, das nach seiner Meinung nicht bloß die
Seligkeit im Himmel verhieß, sondern auch die Gleichheit und Brü-

derschaft der Menschen auf Erden befehle. Der Doktor Martinus Luther war anderer Meinung und verdammte solche aufrührerische Lehren, wodurch sein eigenes Werk, die Losreißung von Rom und die Begründung des neuen Bekenntnisses, gefährdet wurde; und vielleicht mehr aus Weltklugheit denn aus bösem Eifer schrieb er das unrühmliche Buch gegen die unglücklichen Bauern. Pietisten und servile Duckmäuser haben in jüngster Zeit dieses Buch wieder ins Leben gerufen und die neuen Abdrücke ins Land herum verbreitet, einerseits um den hohen Protektoren zu zeigen, wie die reine lutherische Lehre den Absolutismus unterstütze, andererseits um durch Luthers Autorität den Freiheitsenthusiasmus in Deutschland niederzudrücken. Aber ein heiligeres Zeugnis, das aus dem Evangelium hervorblutet, widerspricht der knechtischen Ausdeutung und vernichtet die irrige Autorität;

Christus, der für die Gleichheit und Brüderschaft der Menschen gestorben ist, hat sein Wort nicht als Werkzeug des Absolutismus offenbart, und Luther hatte unrecht, und Thomas Münzer hatte recht. Er wurde enthauptet zu Mödlin. Seine Gefährten hatten ebenfalls recht, und sie wurden teils mit dem Schwerte hingerichtet, teils mit dem Stricke gehängt, je nachdem sie adeliger oder bürgerlicher Abkunft waren. Markgraf Casimir von Ansbach hat noch außer solchen Hinrichtungen auch fünfundachtzig Bauern die Augen ausstechen lassen, die nachher im Lande herumbettelten und ebenfalls recht hatten. Wie es in Oberöstreich und Schwaben den armen Bauern erging, wie überhaupt in Deutschland viele hunderttausend Bauern, die nichts als Menschenrechte und christliche Milde verlangten, abgeschlachtet und gewürgt wurden von ihren geistlichen und weltlichen Herren, ist männiglich bekannt. Aber auch letztere hatten recht, denn sie waren noch in der Fülle ihrer Kraft, und die Bauern wurden manchmal irre an sich selber durch die Autoritäten eines Luthers und anderer Geistlichen, die es mit den Weltlichen hielten, und durch unzeitige Kontroverse über zweideutige Bibelstellen, und weil sie manchmal Psalmen sangen, statt zu fechten.

Im Jahre der Gnade 1789 begann in Frankreich derselbe Kampf um Gleichheit und Brüderschaft, aus denselben Gründen, gegen dieselben Gewalthaber, nur daß diese durch die Zeit ihre Kraft verloren und das Volk an Kraft gewonnen und nicht mehr aus dem Evangelium, sondern aus der Philosophie seine Rechtsansprüche geschöpft hatte. Die feudalistischen und hierarchischen Institutionen, die Karl der Große in seinem großen Reiche begründet, und die sich in den daraus hervorgegangenen Ländern mannigfaltig entwickelt, diese hatten in Frankreich ihre mächtigen Wurzeln geschlagen, jahrhundertelang kräftig geblüht und, wie alles in der Welt, endlich ihre Kraft verloren.

Die Könige von Frankreich, verdrießlich ob ihrer Abhängigkeit von dem Adel und von der Geistlichkeit, welche erstere sich ihnen gleich dünkte und welche letztere mehr als sie selbst das Volk beherrschte, hatten allmählich die Selbständigkeit jener beiden Mächte zu vernichten gewußt, und unter Ludwig XIV. war dieses stolze Werk vollendet. Statt eines kriegerischen Feudaladels, der die Könige einst beherrschte und schützte, kroch jetzt um die Stufen des Thrones ein schwächlicher Hofadel, dem nur die Zahl seiner Ahnen, nicht seiner Burgen und Mannen, Bedeutung verlieh; statt starrer, ultramontanischer Priester, die mit Beicht und Bann die Könige schreckten, aber auch das Volk im Zaume hielten, gab es jetzt eine gallikanische, sozusagen mediatisierte Kirche, deren Ämter man in Œil de bœuf von Versailles oder im Boudoir der Mätressen erschlich, und deren Oberhäupter zu denselben Adligen gehörten, die als Hofdomestiken paradierten, so daß Abt- und Bischofskostüm, Pallium und Mitra, als eine andre Art von Hoflivree betrachtet werden konnte; – und ohngeachtet dieser Umwandlung behielt der Adel die Vorrechte, die er einst über das Volk ausgeübt; ja sein Hochmut gegen letzteres stieg, je mehr er gegen seinen königlichen Herren in Demut versank; er usurpierte nach wie vor alle Genüsse, drückte und beleidigte nach wie vor; und dasselbe tat jene Geistlichkeit, die ihre Macht über die Geister längst verloren, aber ihr Zehnten, ihr Dreigöttermonopol, ihre Privilegien der Geistesunterdrückung der kirchlichen Tücken noch bewahrt hatte.

Was einst im Bauernkrieg die Lehrer des Evangeliums versucht, das taten die Philosophen jetzt in Frankreich, und mit besserem Erfolg; sie demonstrierten dem Volke die Usurpationen des Adels und der Kirche ; sie zeigten ihm, daß beide kraftlos geworden; – und das Volk jubelte auf, und als am 14. Junius 1789 das Wetter sehr günstig war, begann das Volk das Werk seiner Befreiung, und wer am 14. Junius 1790 den Platz besuchte, wo die alte, dumpfe, mürrisch unangenehme Bastille gestanden hatte, fand dort statt dieser ein luftig lustiges Gebäude mit der lachenden Aufschrift: »Ici on danse.«

Seit siebzehn Jahren sind viele Schriftsteller in Europa unablässig bemüht, die Gelehrten Frankreichs von dem Vorwurf zu befreien, als hätten sie den Ausbruch der französischen Revolution ganz besonders verursacht. Die jetzigen Gelehrten wollten wieder bei den Großen zu Gnaden aufgenommen werden, sie suchten wieder ihr weiches Plätzchen zu den Füßen der Macht und gebärdeten sich dabei so servil unschuldig, daß man sie nicht mehr für Schlangen ansah, sondern für gewöhnliches Gewürme.

Ich kann aber nicht umhin, der Wahrheit wegen zu gestehen, daß eben die Gelehrten des vorigen Jahrhunderts den Ausbruch der Revolution am meisten befördert und deren Charakter bestimmt haben. Ich rühme sie deshalb, wie man den Arzt rühmt, der eine schnelle Krisis herbeigeführt und die Natur der Krankheit, die tödlich werden konnte, durch seine Kunst gemildert hat. Ohne das Wort der Gelehrten hätte der hinsiechende Zustand Frankreichs noch unerquicklich länger gedauert; und die Revolution, die doch am Ende ausbrechen mußte, hätte sich minder edel gestaltet; sie wäre gemein und grausam geworden, statt daß sie jetzt nur tragisch und blutig ward; ja, was noch schlimmer ist, sie wäre vielleicht ins Lächerliche und Dumme ausgeartet, wenn nicht die materiellen Nöten einen idealen Ausdruck gewonnen hätten; – wie es leider nicht der Fall ist in jenen Ländern, wo nicht die Schriftsteller das Volk verleitet haben, eine Erklärung der Menschenrechte zu verlangen, und wo man eine Revolution macht, um keine Torsperre zu bezahlen, oder um eine fürstliche Mätresse loszuwerden usw.

Artikel 9

Wie sehr den Freunden der Freiheit jenes Bündnis der Noblesse und des Pöbels gefährlich ist, zeigt sich am widerwärtigsten auf der Pyrenäischen Halbinsel. Hier, wie auch in einigen Provinzen von Westfrankreich und Süddeutschland, segnet die katholische Priesterschaft diese heilige Allianz.

Auch die Priester der protestantischen Kirche sind überall bemüht, das schöne Verhältnis zwischen dem Volk und den Machthabern (d. h. zwischen dem Pöbel und der Aristokratie) zu befördern, damit die Gottlosen (die Liberalen) nicht die Obergewalt gewinnen. Denn sie urteilen sehr richtig: wer sich frevelhaft seiner Vernunft bedient und die Vorrechte der adeligen Geburt leugnet, der zweifelt am Ende auch an den heiligsten Lehren der Religion und glaubt nicht mehr an die Erbsünde, an den Satan, an die Erlösung, an die Himmelfahrt, er geht nicht mehr nach dem Tisch des Herrn und gibt dann auch den Dienern des Herrn keine Abendmahlstrinkgelder oder sonstige Gebühr, wovon ihre Subsistenz und also das Heil der Welt abhängt.

Die Aristokraten aber haben ihrerseits eingesehen, daß das Christentum eine sehr nützliche Religion ist, daß derjenige, der an die Erbsünde glaubt, auch die Erbprivilegien nicht leugnen wird, daß die Hölle eine sehr gute Anstalt ist, die Menschen in Furcht zu halten, und daß jemand, der seinen Gott frißt, sehr viel vertragen kann.

Diese vornehmen Leute waren freilich einst selbst sehr gottlos und haben durch die Auflösung der Sitten den Umsturz des alten Regimes befördert. Aber sie haben sich gebessert, und wenigstens sehen sie ein, daß man dem Volke ein gutes Beispiel geben muß. Nachdem die alte Orgie ein so schlechtes Ende genommen und auf den süßesten Sündenrausch die bitterste Not gefolgt war, haben die edlen Herren ihre schlüpfrigen Romane mit Erbauungsbüchern vertauscht, und sie sind sehr devot geworden und keusch, und sie wollen dem Volk ein gutes Beispiel geben. Auch die edlen Damen haben sich mit verwischter Röte auf den Wangen von dem Boden der Sünde wieder erhoben und bringen ihre zerzausten Frisuren und ihre zerknitterten Röcke wieder in Ordnung und predigen Tugend und Anständigkeit und Christentum und wollen dem Volke ein gutes Beispiel geben.

(Ich habe hier einige Stücke ausscheiden müssen, die allzusehr jenem Moderantismus huldigten, der in dieser Zeit der Reaktion nicht mehr rühmlich und passend ist.)

Vielleicht habe ich hier beiläufig die Ursache angedeutet, weshalb jetzt so wenig große Reputationen in Frankreich hervorragen: sie sind zum größten Teil schon zugrunde gerichtet. Von den allerhöchsten Personen bis zu den allerniedrigsten gibt es hier keine Autoritäten mehr… Aber nicht bloß der Glaube an Personen ist hier vernichtet, sondern auch der Glaube an alles, was existiert. Ja, in den meisten Fällen zweifelt man nicht einmal; denn der Zweifel selbst setzt ja einen Glauben voraus.

Es gibt hier keine Atheisten; man hat für den lieben Gott nicht einmal so viel Achtung übrig, daß man sich die Mühe gäbe, ihn zu leugnen. Die alte Religion ist gründlich tot, sie ist bereits in Verwesung übergegangen, »die Mehrheit der Franzosen« will von diesem Leichnam nichts mehr wissen und hält das Schnupftuch vor der Nase, wenn vom Katholizismus die Rede ist.

Die alte Moral ist ebenfalls tot, oder vielmehr sie ist nur noch ein Gespenst, das nicht einmal des Nachts erscheint. Wahrlich, wenn ich dieses Volk betrachte, wie es zuweilen hervorstürmt und auf dem Tische, den man Altar nennt, die heiligen Puppen zerschlägt und von dem Stuhl, den man Thron nennt, den roten Sammet abreißt und neues Brot und neue Spiele verlangt und seine Lust daran hat, aus den eigenen Herzwunden das freche Lebensblut sprudeln zu sehen: dann will es mich bedünken, dieses Volk glaube nicht einmal an den Tod.

Bei solchen Ungläubigen wurzelt das Königtum nur noch in den kleinen Bedürfnissen der Eitelkeit, eine größere Gewalt aber treibt sie wider ihren Willen zur Republik. Diese Menschen, deren Bedürfnissen von Auszeichnung und Prunk nur die monarchische Regierungsform entspricht, sind dennoch durch die Unvereinbarkeit ihres Wesens mit den Bedingnissen des Royalismus zur Republik verdammt.

Die Deutschen aber sind noch nicht in diesem Falle, der Glaube an Autoritäten ist noch nicht bei ihnen erloschen, und nichts Wesentliches drängt sie zur republikanischen Regierungsform. Sie sind dem Royalismus nicht entwachsen, die Ehrfurcht vor den Fürsten ist bei ihnen nicht gewaltsam gestört, sie haben nicht das Unglück eines 21. Januarii erlebt, sie glauben noch an Personen, sie glauben an Autoritäten, an eine hohe Obrigkeit, an die Polizei, an die Heilige Dreifaltigkeit, an die »Hallesche Literaturzeitung«, an Löschpapier und Packpapier, am meisten aber an Pergament. Armer Wirth! du hast die Rechnung ohne die Gäste gemacht!

Der Schriftsteller, welcher eine soziale Revolution befördern will, darf immerhin seiner Zeit um ein Jahrhundert vorauseilen; der Tribun hingegen, welcher eine politische Revolution beabsichtigt, darf sich nicht allzu weit von den Massen entfernen. Überhaupt in der Politik wie im Leben muß man nur das Erreichbare wünschen.

Reisebilder

Erster Teil

Die Harzreise

… Jene Zeit, wo es anders war, trat mir bei meinem Eintritt in Clausthal wieder recht lebhaft ins Gedächtnis. In dieses nette Bergstädtchen, welches man nicht früher erblickt, als bis man davorsteht, gelangte ich, als eben die Glocke zwölf schlug und die Kinder jubelnd aus der Schule kamen. Die lieben Knaben, fast alle rotbäckig, blauäugig und flachshaarig, sprangen und jauchzten, und weckten in mir die wehmütig heitere Erinnerung, wie ich einst selbst, als ein kleines Bübchen, in einer dumpfkatholischen Klosterschule zu Düsseldorf den ganzen lieben Vormittag von der hölzernen Bank nicht aufstehen durfte, und so viel Latein, Prügel und Geographie ausstehen mußte, und dann ebenfalls unmäßig jauchzte und jubelte, wenn die alte Franziskanerglocke endlich zwölf schlug. Die Kinder sahen an meinem Ranzen, daß ich ein Fremder sei, und grüßten mich recht gastfreundlich.

Einer der Knaben erzählte mir, sie hätten eben Religionsunterricht gehabt, und er zeigte mir den Königl. Hannöv. Katechismus, nach welchem man ihnen das Christentum abfragt. Dieses Büchlein war sehr schlecht gedruckt, und ich fürchte, die Glaubenslehren machen dadurch schon gleich einen unerfreulich löschpapierigen Eindruck auf die Gemüter der Kinder; wie es mir denn auch erschrecklich mißfiel, daß das Einmaleins, welches doch mit der heiligen Dreiheitslehre bedenklich kollidiert, im Katechismus selbst, und zwar auf dem letzten Blatte desselben, abgedruckt ist, und die Kinder dadurch schon frühzeitig zu sündhaften Zweifeln verleitet werden können. Da sind wir im Preußischen viel klüger, und bei unserem Eifer zur Bekehrung jener Leute, die sich so gut aufs Rechnen verstehen, hüten wir uns wohl, das Einmaleins hinter dem Katechismus abdrucken zu lassen…

Tannenbaum, mit grünen Fingern,
Pocht ans niedre Fensterlein,
Und der Mond, der gelbe Lauscher,
Wirft sein süßes Licht herein.

Vater, Mutter schnarchen leise
In dem nahen Schlafgemach,
Doch wir beide, selig schwatzend,
Halten uns einander wach.

»Daß du gar zu oft gebetet,
Das zu glauben wird mir schwer,
Jenes Zucken deiner Lippen
Kommt wohl nicht vom Beten her.

Jenes böse, kalte Zucken,
Das erschreckt mich jedesmal,
Doch die dunkle Angst beschwichtigt
Deiner Augen frommer Strahl.

Auch bezweifl ich, daß du glaubest,
Was so rechter Glauben heißt,
Glaubst wohl nicht an Gott den Vater,
An den Sohn und Heil'gen Geist?«

Ach, mein Kindchen, schon als Knabe,
Als ich saß auf Mutters Schoß,
Glaubte ich an Gott den Vater,
Der da waltet gut und groß;

Der die schöne Erd erschaffen,
Und die schönen Menschen drauf,
Der den Sonnen, Monden, Sternen,
Vorgezeichnet ihren Lauf.

Als ich größer wurde, Kindchen,
Noch viel mehr begriff ich schon,
Und begriff, und ward vernünftig,
Und ich glaub auch an den Sohn;

An den lieben Sohn, der liebend
Uns die Liebe offenbart,
Und zum Lohne, wie gebräuchlich,
Von dem Volk gekreuzigt ward.

Jetzo, da ich ausgewachsen,
Viel gelesen, viel gereist,
Schwillt mein Herz, und ganz von Herzen
Glaub ich an den Heil'gen Geist.

Dieser tat die größten Wunder,
Und viel größte tut er noch;
Er zerbrach die Zwingherrnburgen,
Und zerbrach des Knechtes Joch.

Alte Todeswunden heilt er,
Und erneut das alte Recht:
Alle Menschen, gleichgeboren,
Sind ein adliches Geschlecht.

Er verscheucht die bösen Nebel,
Und das dunkle Hirngespinst,
Das uns Lieb und Lust verleidet,
Tag und Nacht uns angegrinst.

Tausend Ritter wohl gewappnet,
Hat der Heil'ge Geist erwählt,
Seinen Willen zu erfüllen,
Und er hat sie mutbeseelt.

Ihre teuern Schwerter blitzen,
Ihre guten Banner wehn;
Ei, du möchtest wohl, mein Kindchen,
Solche stolze Ritter sehn?

Nun, so schau mich an, mein Kindchen,
Küsse mich und schaue dreist;
Denn ich selber bin ein solcher
Ritter von dem Heil'gen Geist.

… Ich kann viel vertragen – die Bescheidenheit erlaubt mir nicht, die Bouteillenzahl zu nennen – und ziemlich gut konditioniert gelangte ich nach meinem Schlafzimmer. Der junge Kaufmann lag schon im Bette, mit seiner kreideweißen Nachtmütze und safrangelben Jacke von Gesundheitflanell. Er schlief noch nicht und suchte ein Gespräch mit mir anzuknüpfen. Er war ein Frankfurt-am-Mainer, und folglich sprach er gleich von den Juden, die alles Gefühl für das Schöne und Edle verloren haben, und die englischen Waren 25 Prozent unter dem Fabrikpreise verkaufen. Es ergriff mich die Lust, ihn etwas zu mystifizieren; deshalb sagte ich ihm: ich sei ein Nachtwandler, und müsse im voraus um Entschuldigung bitten, für den Fall, daß ich ihn etwa im Schlafe stören möchte. Der arme Mensch hat deshalb, wie er mir den andern Tag gestand, die ganze Nacht nicht geschlafen, da er die Besorgnis hegte, ich könnte mit meinen Pistolen, die vor meinem Bette lagen, im Nachtwandlerzustande ein Malheur anrichten. Im Grunde war es mir nicht viel besser als ihm gegangen, ich hatte sehr schlecht geschlafen. Wüste, beängstigende Phantasiegebilde. Ein Klavierauszug aus Dantes »Hölle«.

… Das Buch, das neben mir lag, war aber nicht der Koran. Unsinn enthielt es freilich genug. Es war das sogenannte Brockenbuch, worin alle Reisende, die den Berg erstiegen, ihre Namen schreiben, und die meisten noch einige Gedanken, und in Ermangelung derselben, ihre Gefühle hinzunotieren. Viele drücken sich sogar in Versen aus. In diesem Buche sieht man, welche Greuel entstehen, wenn der große Philistertroß bei gebräuchlichen Gelegenheiten, wie hier auf dem Brocken, sich vorgenommen hat, poetisch zu werden…

Ich bin die Prinzessin Ilse,
Und wohne im Ilsenstein;
Komm mit nach meinem Schlosse,
Wir wollen selig sein.

Dein Haupt will ich benetzen
Mit meiner klaren Well,
Du sollst deine Schmerzen vergessen,
Du sorgenkranker Gesell!

In meinen weißen Armen,
An meiner weißen Brust,
Da sollst du liegen und träumen
Von alter Märchenlust.

Ich will dich küssen und herzen,
Wie ich geherzt und geküßt
Den lieben Kaiser Heinrich,
Der nun gestorben ist.

Es bleiben tot die Toten,
Und nur der Lebendige lebt;
Und ich bin schön und blühend,
Mein lachendes Herze bebt.

Unendlich selig ist das Gefühl, wenn die Erscheinungswelt mit unserer Gemütswelt zusammenrinnt, und grüne Bäume, Gedanken, Vögelgesang, Wehmut, Himmelsbläue, Erinnerung und Kräuterduft sich in süßen Arabesken verschlingen. Die Frauen kennen am besten dieses Gefühl, und darum mag auch ein so holdselig ungläubiges Lächeln um ihre Lippen schweben, wenn wir mit Schulstolz unsere logischen Taten rühmen, wie wir alles so hübsch eingeteilt in objektiv und subjektiv, wie wir unsere Köpfe apothekenartig mit tausend Schubladen versehen, wo in der einen Vernunft, in der andern Verstand, in der dritten Witz, in der vierten schlechter Witz, und in der fünften gar nichts, nämlich die Idee, enthalten ist.

… Ich rate aber jedem, der auf der Spitze des Ilsensteins steht, weder an Kaiser und Reich, noch an die schöne Ilse, sondern bloß an seine Füße zu denken. Denn als ich dort stand, in Gedanken verloren, hörte ich plötzlich die unterirdische Musik des Zauberschlosses, und ich sah, wie sich die Berge ringsum auf die Köpfe stellten, und die roten Ziegeldächer zu Ilsenburg anfingen zu tanzen, und die grünen Bäume in der blauen Luft herumflogen, daß es mir blau und grün vor den Augen wurde, und ich sicher, vom Schwindel erfaßt, in den Abgrund gestürzt wäre, wenn ich mich nicht, in meiner Seelennot, ans eiserne Kreuz festgeklammert hätte. Daß ich, in so mißlicher Stellung, dieses letztere getan habe, wird mir gewiß niemand verdenken.

Die Nordsee, Erste Abteilung

III (II) – Sonnenuntergang

Die glühend rote Sonne steigt
Hinab ins weitaufschauernde,
Silbergraue Weltenmeer;
Luftgebilde, rosig angehaucht,
Wallen ihr nach; und gegenüber,
Aus herbstlich dämmernden Wolkenschleiern,
Ein traurig todblasses Antlitz,
Bricht hervor der Mond,
Und hinter ihm, Lichtfünkchen,
Nebelweit, schimmern die Sterne.

Einst am Himmel glänzten,
Ehlich vereint,
Luna, die Göttin, und Sol, der Gott,
Und es wimmelten um sie her die Sterne,
Die kleinen, unschuldigen Kinder.

Doch böse Zungen zischelten Zwiespalt,
Und es trennte sich feindlich
Das hohe, leuchtende Ehpaar.

Jetzt am Tage, in einsamer Pracht,
Ergeht sich dort oben der Sonnengott,
Ob seiner Herrlichkeit
Angebetet und vielbesungen
Von stolzen, glückgehärteten Menschen.
Aber des Nachts,
Am Himmel, wandelt Luna,
Die arme Mutter
Mit ihren verwaisten Sternenkindern,
Und sie glänzt in stiller Wehmut,
Und liebende Mädchen und sanfte Dichter
Weihen ihr Tränen und Lieder.

Die weiche Luna! Weiblich gesinnt,
Liebt sie noch immer den schönen Gemahl.
Gegen Abend, zitternd und bleich,
Lauscht sie hervor aus leichtem Gewölk,
Und schaut nach dem Scheidenden, schmerzlich,
Und möchte ihm ängstlich rufen: »Komm!
Komm! die Kinder verlangen nach dir –«
Aber der trotzige Sonnengott,
Bei dem Anblick der Gattin erglüht er
In doppeltem Purpur,
Vor Zorn und Schmerz,

Und unerbittlich eilt er hinab
In sein flutenkaltes Witwerbett.

*

Böse, zischelnde Zungen
Brachten also Schmerz und Verderben
Selbst über ewige Götter.
Und die armen Götter, oben am Himmel
Wandeln sie, qualvoll,
Trostlos unendliche Bahnen,
Und können nicht sterben,
Und schleppen mit sich
Ihr strahlendes Elend.

Ich aber, der Mensch,
Der niedriggepflanzte, der Tod-beglückte,
Ich klage nicht länger.

XII – Frieden

Hoch am Himmel stand die Sonne,
Von weißen Wolken umwogt,
Das Meer war still,
Und sinnend lag ich am Steuer des Schiffes,
Träumerisch sinnend, – und halb im Wachen
Und halb im Schlummer, schaute ich Christus,
Den Heiland der Welt.
Im wallend weißen Gewande
Wandelt er riesengroß
Über Land und Meer;
Es ragte sein Haupt in den Himmel,
Die Hände streckte er segnend
Über Land und Meer;

Und als ein Herz in der Brust
Trug er die Sonne,
Die rote, flammende Sonne,
Und das rote, flammende Sonnenherz
Goß seine Gnadenstrahlen
Und sein holdes, liebseliges Licht,
Erleuchtend und wärmend,
Über Land und Meer.

Glockenklänge zogen feierlich
Hin und her, zogen wie Schwäne,
An Rosenbändern, das gleitende Schiff,
Und zogen es spielend ans grüne Ufer,
Wo Menschen wohnen, in hochgetürmter,
Ragender Stadt.

O Friedenswunder! Wie still die Stadt!
Es ruhte das dumpfe Geräusch
Der schwatzenden, schwülen Gewerbe,
Und durch die reinen, hallenden Straßen
Wandelten Menschen, weißgekleidete,
Palmzweigtragende,
Und wo sich zwei begegneten,
Sahn sie sich an, verständnisinnig,
Und schauernd, in Liebe und süßer Entsagung,
Küßten sie sich auf die Stirne,
Und schauten hinauf
Nach des Heilands Sonnenherzen,
Das freudig versöhnend sein rotes Blut
Hinunterstrahlte,
Und dreimalselig sprachen sie:
Gelobt sei Jesu Christ!

****

(in einigen Ausgaben und Sammlungen ausgeschieden)

Hättest du doch dies Traumbild ersonnen.
Was gäbest du drum,
Geliebtester!
Der du in Kopf und Lenden so schwach,
Und im Glauben so stark bist,
Und die Dreifaltigkeit ehrest in Einfalt,
Und den Mops und das Kreuz und die Pfote
Der hohen Gönnerin täglich küssest,
Und dich hinaufgefrömmelt hast
Zum Hofrat und dann zum Justizrat,
Und endlich zum Rate bei der Regierung,
In der frommen Stadt,
Wo der Sand und der Glauben blüht,
Und der heiligen Sprea geduldiges Wasser
Die Seelen wäscht und den Tee verdünnt –
Hättest du doch dies Traumbild ersonnen,
Geliebtester!
Du trügest es, höheren Ortes, zu Markt,
Dein weiches, blinzelndes Antlitz
Verschwämme ganz in Andacht und Demut,
Und die Hocherlauchte,
Verzückt und wonnebend,
sänke betend mit dir aufs Knie,
Und ihr Auge, selig strahlend,
Verhieße dir eine Gehaltszulage,
von hunder Talern Preußisch Courant,
Und du stammeltest händefaltend:
Gelobt sei Jesu Christ!

Die Nordsee – Zweite Abteilung

VI – Die Götter Griechenlands

Vollblühender Mond! In deinem Licht,
Wie fließendes Gold, erglänzt das Meer;
Wie Tagesklarheit, doch dämmrig verzaubert,
Liegts über der weiten Strandesfläche;
Und am hellblaun, sternlosen Himmel
Schweben die weißen Wolken,
Wie kolossale Götterbilder
Von leuchtendem Marmor.

Nein, nimmermehr, das sind keine Wolken!
Das sind sie selber, die Götter von Hellas,
Die einst so freudig die Welt beherrschten,
Doch jetzt, verdrängt und verstorben,
Als ungeheure Gespenster dahinziehn
Am mitternächtlichen Himmel.

Staunend, und seltsam geblendet, betracht ich
Das luftige Pantheon,
Die feierlich stummen, graunhaft bewegten
Riesengestalten.
Der dort ist Kronion, der Himmelskönig,
Schneeweiß sind die Locken des Haupts,
Die berühmten, olymposerschütternden Locken.
Er hält in der Hand den erloschenen Blitz,
In seinem Antlitz liegt Unglück und Gram,
Und doch noch immer der alte Stolz.
Das waren bessere Zeiten, o Zeus,
Als du dich himmlisch ergötztest
An Knaben und Nymphen und Hekatomben;
Doch auch die Götter regieren nicht ewig,

Die jungen verdrängen die alten,
Wie du einst selber den greisen Vater
Und deine Titanen-Öhme verdrängt hast,
Jupiter Parricida!
Auch dich erkenn ich, stolze Juno!
Trotz all deiner eifersüchtigen Angst,
Hat doch eine andre das Zepter gewonnen,
Und du bist nicht mehr die Himmelskönigin,
Und dein großes Aug ist erstarrt,
Und deine Liljenarme sind kraftlos,
Und nimmermehr trifft deine Rache
Die gottbefruchtete Jungfrau
Und den wundertätigen Gottessohn.
Auch dich erkenn ich, Pallas Athene!
Mit Schild und Weisheit konntest du nicht
Abwehren das Götterverderben?
Auch dich erkenn ich, Aphrodite,
Einst die goldene! jetzt die silberne!
Zwar schmückt dich noch immer des Gürtels Liebreiz,
Doch graut mir heimlich vor deiner Schönheit,
Und wollt mich beglücken dein gütiger Leib,
Wie andere Helden, ich stürbe vor Angst –
Als Leichengöttin erscheinst du mir,
Venus Libitina!
Nicht mehr mit Liebe blickt nach dir,
Dort, der schreckliche Ares.
Es schaut so traurig Phöbos Apollo,
Der Jüngling. Es schweigt seine Leir,
Die so freudig erklungen beim Göttermahl.
Noch trauriger schaut Hephaistos,
Und wahrlich, der Hinkende! nimmermehr
Fällt er Heben ins Amt,
Und schenkt geschäftig, in der Versammlung,

Den lieblichen Nektar – Und längst ist erloschen
Das unauslöschliche Göttergelächter.

Ich hab euch niemals geliebt, ihr Götter!
Denn widerwärtig sind mir die Griechen,
Und gar die Römer sind mir verhaßt.
Doch heilges Erbarmen und schauriges Mitleid
Durchströmt mein Herz,
Wenn ich euch jetzt da droben schaue,
Verlassene Götter,
Tote, nachtwandelnde Schatten,
Nebelschwache, die der Wind verscheucht –
Und wenn ich bedenke, wie feig und windig
Die Götter sind, die euch besiegten,
Die neuen, herrschenden, tristen Götter,
Die schadenfrohen im Schafspelz der Demut –
O, da faßt mich ein düsterer Groll,
Und brechen möcht ich die neuen Tempel,
Und kämpfen für euch, ihr alten Götter,
Für euch und eur gutes, ambrosisches Recht,
Und vor euren hohen Altären,
Den wiedergebauten, den opferdampfenden,
Möcht ich selber knieen und beten,
Und flehend die Arme erheben –

Denn immerhin, ihr alten Götter,
Habt ihrs auch ehmals, in Kämpfen der Menschen,
Stets mit der Partei der Sieger gehalten,
So ist doch der Mensch großmütger als ihr,
Und in Götterkämpfen halt ich es jetzt
Mit der Partei der besiegten Götter.

*

Also sprach ich, und sichtbar erröteten
Droben die blassen Wolkengestalten,
Und schauten mich an wie Sterbende,
Schmerzenverklärt, und schwanden plötzlich.
Der Mond verbarg sich eben
Unter Gewölk, das dunkler heranzog;
Hochaufrauschte das Meer,
Und siegreich traten hervor am Himmel
Die ewigen Sterne.

VII – Fragen

Am Meer, am wüsten, nächtlichen Meer
Steht ein Jüngling-Mann,
Die Brust voll Wehmut, das Haupt voll Zweifel,
Und mit düstern Lippen fragt er die Wogen:

»O löst mir das Rätsel,
Das qualvoll uralte Rätsel,
Worüber schon manche Häupter gegrübelt,
Häupter in Hieroglyphenmützen,
Häupter in Turban und schwarzem Barett,
Perückenhäupter und tausend andere
Arme schwitzende Menschenhäupter –
Sagt mir, was bedeutet der Mensch?
Woher ist er gekommen? Wo geht er hin?
Wer wohnt dort oben auf goldenen Sternen?«
Es murmeln die Wogen ihr ewges Gemurmel,
Es wehet der Wind, es fliehen die Wolken,
Es blinken die Sterne, gleichgültig und kalt,
Und ein Narr wartet auf Antwort.

Die Nordsee – Dritte Abteilung

… In jenem Zustande der Gedanken- und Gefühlsgleichheit, wie wir ihn bei unseren Insulanern sehen, lebten oft ganze Völker und haben oft ganze Zeitalter gelebt. Die römisch-christliche Kirche im Mittelalter hat vielleicht einen solchen Zustand in den Korporationen des ganzen Europa begründen wollen, und nahm deshalb alle Lebensbeziehungen, alle Kräfte und Erscheinungen, den ganzen physischen und moralischen Menschen unter ihre Vormundschaft. Es läßt sich nicht leugnen, daß viel ruhiges Glück dadurch gegründet ward und das Leben warm-inniger blühte, und die Künste, wie still hervorgewachsene Blumen, jene Herrlichkeit entfalteten, die wir noch jetzt anstaunen, und mit all unserem hastigen Wissen nicht nachahmen können.

Aber der Geist hat seine ewigen Rechte, er läßt sich nicht eindämmen durch Satzungen und nicht einlullen durch Glockengeläute; er zerbrach seinen Kerker und zerriß das eiserne Gängelband, woran ihn die Mutterkirche leitete, und er jagte im Befreiungstaumel über die ganze Erde, erstieg die höchsten Gipfel der Berge, jauchzte vor Übermut, gedachte wieder uralter Zweifel, grübelte über die Wunder des Tages, und zählte die Sterne der Nacht. Wir kennen noch nicht die Zahl der Sterne, die Wunder des Tages haben wir noch nicht enträtselt, die alten Zweifel sind mächtig geworden in unserer Seele – ist jetzt mehr Glück darin, als ehemals? Wir wissen, daß diese Frage, wenn sie den großen Haufen betrifft, nicht leicht bejaht werden kann; aber wir wissen auch, daß ein Glück, das wir der Lüge verdanken, kein wahres Glück ist, und daß wir, in den einzelnen zerrissenen Momenten eines gottgleicheren Zustandes, einer höheren Geisteswürde, mehr Glück empfinden können, als in den lang hinvegetierten Jahren eines dumpfen Köhlerglaubens.

Auf jeden Fall war jene Kirchenherrschaft eine Unterjochung der schlimmsten Art. Wer bürgte uns für die gute Absicht, wie ich sie eben ausgesprochen? Wer kann beweisen, daß sich nicht zuweilen eine schlimme Absicht beimischte? Rom wollte immer herrschen, und als seine Legionen fielen, sandte es Dogmen in die Provinzen. Wie eine Riesenspinne saß Rom im Mittelpunkte der lateinischen Welt und überzog sie mit seinem unendlichen Gewebe. Generationen der Völker lebten darunter ein beruhigtes Leben, indem sie das für einen nahen Himmel hielten, was bloß römisches Gewebe war; nur der höherstrebende Geist, der dieses Gewebe durchschaute, fühlte sich beengt und elend, und wenn er hindurchbrechen wollte, erhaschte ihn leicht die schlaue Weberin, und sog ihm das kühne Blut aus dem Herzen; – und war das Traumglück der blöden Menge nicht zu teuer erkauft für solches Blut? Die Tage der Geistesknechtschaft sind vorüber; alterschwach, zwischen den gebrochenen Pfeilern ihres Colisäums, sitzt die alte Kreuzspinne, und spinnt noch immer das alte Gewebe, aber es ist matt und morsch, und es verfangen sich darin nur Schmetterlinge und Fledermäuse, und nicht mehr die Steinadler des Nordens.

– Es ist doch wirklich belächelnswert, während ich im Begriff bin, mich so recht wohlwollend über die Absichten der römischen Kirche zu verbreiten, erfaßt mich plötzlich der angewöhnte protestantische Eifer, der ihr immer das Schlimmste zumutet; und eben dieser Meinungszwiespalt in mir selbst gibt mir wieder ein Bild von der Zerrissenheit der Denkweise unserer Zeit. Was wir gestern bewundert, hassen wir heute, und morgen vielleicht verspotten wir es mit Gleichgültigkeit…

Ich habe, indem ich das Sittenverderbnis andeutete, womit die Insulaner hier bedroht sind, die geistliche Schutzwehr, ihre Kirche, unerwähnt gelassen. Wie diese eigentlich aussieht, kann ich nicht genau berichten, da ich noch nicht darin gewesen. Gott weiß, daß ich ein guter Christ bin, und oft sogar im Begriff stehe, sein Haus zu besuchen, aber ich werde immer fatalerweise daran verhindert, es findet sich gewöhnlich ein Schwätzer, der mich auf dem Wege festhält, und gelange ich auch einmal bis an die Pforten des Tempels, so erfaßt mich unversehens eine spaßhafte Stimmung, und dann halte ich es für sündhaft, hineinzutreten. Vorigen Sonntag begegnete mir etwas der Art, indem mir vor der Kirchtür die Stelle aus Goethes Faust in den Kopf kam, wo dieser mit dem Mephistopheles bei einem Kreuze vorübergeht und ihn fragt:

Mephisto, hast du Eil?
Was schlägst vorm Kreuz die Augen nieder?

Und worauf Mephistopheles antwortet:

Ich weiß es wohl, es ist ein Vorurteil;
Allein es ist mir mal zuwider.

Diese Verse sind, soviel ich weiß, in keiner Ausgabe des Fausts gedruckt, und bloß der selige Hofrat Moritz, der sie aus Goethes Manu-
skript kannte, teilt sie mit …

Wunderbar! damals schon erregte Goethe eine solche Begeisterung,
und doch ist erst »unser drittes nachwachsendes Geschlecht« imstande,
seine wahre Größe zu begreifen.

Aber dieses Geschlecht hat auch Menschen hervorgebracht, in deren
Herzen nur faules Wasser sintert, und die daher in den Herzen anderer
alle Springquellen eines frischen Blutes verstopfen möchten, Menschen von erloschener Genußfähigkeit, die das Leben verleumden,
und anderen alle Herrlichkeit dieser Welt verleiden wollen, indem
sie solche als die Lockspeisen schildern, die der Böse bloß zu unserer
Versuchung hingestellt habe, gleich wie eine pfiffige Hausfrau die Zu-
ckerdose, mit den gezählten Stückchen Zucker, in ihrer Abwesenheit
offen stehen läßt, um die Enthaltsamkeit der Magd zu prüfen; und
diese Menschen haben einen Tugendpöbel um sich versammelt, und
predigen ihm das Kreuz gegen den großen Heiden und gegen seine
nackten Göttergestalten, die sie gern durch ihre vermummten dummen Teufel ersetzen möchten.

Das Vermummen ist so recht ihr höchstes Ziel, das Nacktgött-
liche ist ihnen fatal, und ein Satyr hat immer seine guten Gründe,
wenn er Hosen anzieht und darauf dringt, daß auch Apollo Hosen
anziehe. Die Leute nennen ihn dann einen sittlichen Mann, und
wissen nicht, daß in dem Clauren-Lächeln eines vermummten Satyrs
mehr Anstößiges liegt, als in der ganzen Nacktheit eines Wolfgang
Apollo …

Der hannövrische Adel ist mit Goethe sehr unzufrieden, und behauptet: er verbreite Irreligiosität, und diese könne leicht auch falsche politische Ansichten hervorbringen, und das Volk müsse doch durch den alten Glauben zur alten Bescheidenheit und Mäßigung zurückgeführt werden…

Mag es immerhin lächerlich klingen, ich kann es dennoch nicht verhehlen, das Mißverhältnis zwischen Körper und Seele quält mich einigermaßen, und hier am Meere, in großartiger Naturumgebung, wird es mir zuweilen recht deutlich, und die Metempsychose ist oft der Gegenstand meines Nachdenkens. Wer kennt die große Gottesironie, die allerlei Widersprüche zwischen Seele und Körper hervorzubringen pflegt. Wer kann wissen, in welchem Schneider jetzt die Seele eines Platos, und in welchem Schulmeister die Seele eines Cäsars wohnt! Wer weiß, ob die Seele Gregors VII. nicht in dem Leibe des Großtürken sitzt, und sich unter tausend hätschelnden Weiberhändchen behaglicher fühlt, als einst in ihrer purpurnen Zölibatskutte. Hingegen wie viele Seelen treuer Moslemim aus Alis Zeiten mögen sich jetzt in unseren antihellenischen Kabinettern befinden! Die Seelen der beiden Schächer, die zur Seite des Heilands gekreuzigt worden, sitzen vielleicht jetzt in dicken Konsistorialbäuchen und glühen für den orthodoxen Lehrbegriff. Die Seele Dschingis-Khans wohnt vielleicht jetzt in einem Rezensenten, der täglich, ohne es zu wissen, die Seelen seiner treuesten Baschkiren und Kalmücken in einem kritischen Journale niedersäbelt.

Wer weiß! wer weiß! die Seele des Pythagoras ist vielleicht in einen armen Kandidaten gefahren, der durch das Examen fällt, weil er den pythagoreischen Lehrsatz nicht beweisen konnte, während in seinen Herren Examinatoren die Seelen jener Ochsen wohnen, die einst Pythagoras, aus Freude über die Entdeckung seines Satzes, den ewigen Göttern geopfert hatte. Die Hindus sind so dumm nicht, wie unsere Missionäre glauben, sie ehren die Tiere wegen der menschlichen Seele, die sie in ihnen vermuten, und wenn sie Lazarette für invalide Affen stiften, in der Art unserer Akademien, so kann es wohl möglich sein, das in jenen Affen die Seelen großer Gelehrten wohnen, da es hingegen bei uns ganz sichtbar ist, daß in einigen großen Gelehrten nur Affenseelen stecken.

Wer doch mit der Allwissenheit des Vergangenen auf das Treiben der Menschen von oben herabsehen könnte! Wenn ich des Nachts am Meere wandelnd, den Wellengesang höre, und allerlei Ahnung und Erinnerung in mir erwacht, so ist mir, als habe ich einst solchermaßen von oben herabgesehen und sei vor schwindelndem Schrecken zur Erde heruntergefallen; es ist mir dann auch, als seien meine Augen so teleskopisch scharf gewesen, daß ich die Sterne in Lebensgröße am Himmel wandeln gesehen, und durch all den wirbelnden Glanz geblendet worden; – wie aus der Tiefe eines Jahrtausends kommen mir dann allerlei Gedanken in den Sinn, Gedanken uralter Weisheit, aber sie sind so neblicht, daß ich nicht erkenne, was sie wollen.

Nur soviel weiß ich, daß all unser kluges Wissen, Streben und Hervorbringen irgendeinem höheren Geiste ebenso klein und nichtig erscheinen muß, wie mir jene Spinne erschien, die ich in der Göttinger Bibliothek so oft betrachtete. Auf den Folianten der Weltgeschichte saß sie emsig webend, und sie blickte so philosophisch sicher auf ihre Umgebung, und hatte ganz den Göttingischen Gelahrtheitsdünkel, und schien stolz zu sein auf ihre mathematischen Kenntnisse, auf ihre Kunstleistungen, auf ihr einsames Nachdenken – und doch wußte sie nichts von all den Wundern, die in dem Buche stehen, worauf sie geboren worden, worauf sie ihr ganzes Leben verbracht hatte, und worauf sie auch sterben wird, wenn der schleichende Dr. L. sie nicht verjagt. Und wer ist der schleichende Dr. L.? Seine Seele wohnte vielleicht einst in eben einer solchen Spinne, und jetzt hütet er die Folianten, worauf er einst saß – und wenn er sie auch liest, er erfährt doch nicht ihren wahren Inhalt…

Auch fürstliche Personen gab es hier, und ich muß gestehen, daß diese in ihren Ansprüchen bescheidener waren, als die geringere Noblesse. Ob aber diese Bescheidenheit in den Herzen dieser hohen Personen liegt, oder ob sie durch ihre äußere Stellung hervorgebracht wird, das will ich unentschieden lassen. Ich sage dieses nur in Beziehung auf deutsche mediatisierte Fürsten. Diesen Leuten ist in der letzten

Zeit ein großes Unrecht geschehen, indem man sie einer Souveränität beraubte, wozu sie ein ebenso gutes Recht haben, wie die größeren Fürsten, wenn man nicht etwa annehmen will, daß dasjenige, was sich nicht durch eigene Kraft erhalten kann, auch kein Recht hat, zu existieren.

Für das vielzersplitterte Deutschland war es aber eine Wohltat, daß diese Anzahl von Sedezdespötchen ihr Regieren einstellen mußten. Es ist schrecklich, wenn man bedenkt wie viele derselben wir armen Deutschen zu ernähren haben. Wenn diese Mediatisierten auch nicht mehr das Zepter führen, so führen sie doch noch immer Löffel, Messer und Gabel, und sie essen keinen Hafer, und auch der Hafer wäre teuer genug. Ich denke, daß wir einmal durch Amerika etwas von dieser Fürstenlast erleichtert werden. Denn, früh oder spät, werden sich doch die Präsidenten dortiger Freistaaten in Souveräne verwandeln, und dann fehlt es diesen Herren an Gemahlinnen, die schon einen legitimen Anstrich haben, sie sind dann froh wenn wir ihnen unsere Prinzessinnen überlassen, und wenn sie sechs nehmen, geben wir ihnen die siebente gratis, und auch unsre Prinzchen können sie späterhin bei ihren Töchtern employieren; – daher haben die mediatisierten Fürsten sehr politisch gehandelt, als sie sich wenigstens das Gleichbürtigkeitsrecht erhielten, und ihre Stammbäume ebenso hochschätzten, wie die Araber die Stammbäume ihrer Pferde, und zwar aus derselben Absicht, indem sie wohl wissen, daß Deutschland von jeher das große Fürstengestüte war, das alle regierenden Nachbarhäuser mit den nötigen Mutterpferden und Beschälern versehen muß.

Dieser Ton klingt wider in den Herzen unseres Adels, der seine Schlösser und Wappen verfallen sieht, er klingt wider in den Herzen des Bürgers, dem die behaglich enge Weise der Altvordern verdrängt wird durch weite, unerfreuliche Modernität; er klingt wider in katholischen Dogmen, woraus der Glaube entflohen, und in rabbinischen Synagogen, woraus sogar die Gläubigen fliehen; er klingt über die ganze Erde, bis in die Banianenwälder Hindostans, wo der seufzende Brahmine das Absterben seiner Götter, die Zerstörung ihrer uralten Weltordnung, und den ganzen Sieg der Engländer voraussieht.

Glockentöne

Seht den dicken Pastor, dorten unter seiner Tür im Staate,
Läutet mit den Glocken, daß man ihn verehr in dem Ornate.

Und es kamen, ihn zu schauen, flugs die Blinden und die
Lahmen,
Enge Brust und Krampf, besonders hysteriegeplagte Damen.

Weiße Salbe weder heilet, noch verschlimmert irgend Schäden,
Weiße Salbe findest jetzo du in allen Bücherläden.

Geht's so fort, und läßt sich jeder Pfaffe ferner adorieren,
Werd ich in den Schoß der Kirche ehebaldigst retournieren.

Dort gehorch ich einem Papste, und verehr ein praesens numen,
Aber hier macht sich zum numen jeglich ordiniertes lumen.

Orbis pictus

Hätte einen Hals das ganze weltverderbende Gelichter,
Einen Hals, ihr hohen Götter: Priester, Histrionen, Dichter!

In die Kirche ging ich morgens, um Komödien zu schauen,
Abends ins Theater, um mich an der Predigt zu erbauen.

Selbst der liebe Gott verlieret sehr bei mir an dem Gewichte,
Weil nach ihrem Ebenbilde schnitzen ihn viel tausend Wichte.

Zweiter Teil

Ideen – Das Buch le Grand (1826)

Kapitel I

…Wie man im Himmel lebt, Madame, können Sie sich wohl vorstellen, um so eher, da Sie verheuratet sind. Dort amüsiert man sich ganz süperbe, man hat alle mögliche Vergnügungen, man lebt in lauter Lust und Pläsier, so recht wie Gott in Frankreich. Man speist von Morgen bis Abend, und die Küche ist so gut wie die Jagorsche, die gebratenen Gänse fliegen herum mit den Sauceschüsselchen im Schnabel und fühlen sich geschmeichelt, wenn man sie verzehrt, butterglänzende Torten wachsen wild wie Sonnenblumen, überall Bäche mit Bouillon und Champagner, überall Bäume, woran Servietten flattern, und man speist und wischt sich den Mund, und speist wieder, ohne sich den Magen zu verderben, man singt Psalmen, oder man tändelt und schäkert mit den lieben, zärtlichen Engelein, oder man geht spazieren auf der grünen Halleluja-Wiese, und die weißwallenden Kleider sitzen sehr bequem, und nichts stört da das Gefühl der Seligkeit, kein Schmerz, kein Mißbehagen, ja sogar, wenn einer dem anderen zufällig auf die Hühneraugen tritt und excusez! ausruft, so lächelt dieser wie verklärt und versichert: dein Tritt, Bruder, schmerzt nicht, sondern au contraire, mein Herz fühlt dadurch nur desto süßere Himmelswonne.

Aber von der Hölle, Madame, haben Sie gar keine Idee. Von allen Teufeln kennen Sie vielleicht nur den kleinsten, das Beelzebübchen Amor, den artigen Croupier der Hölle, und diese selbst kennen Sie nur aus dem Don Juan, und für diesen Weiberbetrüger, der ein böses Beispiel gibt, dünkt sie Ihnen niemals heiß genug, obgleich unsere hochlöblichen Theaterdirektionen so viel Flammenspektakel, Feuerregen, Pulver und Kolophonium dabei aufgehen lassen, wie es nur irgendein guter Christ in der Hölle verlangen kann.

Indessen, in der Hölle sieht es viel schlimmer aus, als unsere Theaterdirektoren wissen – sie würden auch sonst nicht so viele schlechte Stücke aufführen lassen – in der Hölle ist es ganz höllisch heiß, und als ich mal in den Hundstagen dort war, fand ich es nicht zum Aushalten. Sie haben keine Idee von der Hölle, Madame. Wir erlangen dorther wenig offizielle Nachrichten. Daß die armen Seelen da drunten den ganzen Tag all die schlechten Predigten lesen müssen, die hier oben gedruckt werden – das ist Verleumdung. So schlimm ist es nicht in der Hölle, so raffinierte Qualen wird Satan niemals ersinnen. Hingegen Dantes Schilderung ist etwas zu mäßig, im ganzen allzu poetisch.

Mir erschien die Hölle wie eine große bürgerliche Küche mit einem unendlich langen Ofen, worauf drei Reihen eiserne Töpfe standen, und in diesen saßen die Verdammten und wurden gebraten. In der einen Reihe saßen die christlichen Sünder, und, sollte man es wohl glauben! ihre Anzahl war nicht allzu klein, und die Teufel schürten unter ihnen das Feuer mit besonderer Geschäftigkeit.

In der anderen Reihe saßen die Juden, die beständig schrien und von den Teufeln zuweilen geneckt wurden, wie es sich denn gar possierlich ausnahm, als ein dicker, pustender Pfänderverleiher über allzu große Hitze klagte und ein Teufelchen ihm einige Eimer kaltes Wasser über den Kopf goß, damit er sähe, daß die Taufe eine wahre erfrischende Wohltat sei.

In der dritten Reihe saßen die Heiden, die, ebenso wie die Juden, der Seligkeit nicht teilhaftig werden können und ewig brennen müssen. Ich hörte, wie einer derselben, dem ein vierschrötiger Teufel neue Kohlen unterlegte, gar unwillig aus dem Topfe hervorrief: »Schone meiner, ich war Sokrates, der weiseste der Sterblichen, ich habe Wahrheit und Gerechtigkeit gelehrt und mein Leben geopfert für die Tugend.« Aber der vierschrötige, dumme Teufel ließ sich in seinem Geschäfte nicht stören und brummte: »Ei was! alle Heiden müssen brennen, und wegen eines einzigen Menschen dürfen wir keine Ausnahme machen.« – Ich versichere Sie, Madame, es war eine fürchterliche Hitze, und ein Schreien, Seufzen, Stöhnen, Quäken, Greinen, Quirilieren – und durch all diese entsetzlichen Töne drang vernehmbar jene fatale Melodie des Liedes von der ungeweinten Träne.

Kapitel VI

Ja, Madame, dort bin ich geboren, und ich bemerke dieses ausdrücklich für den Fall, daß etwa, nach meinem Tode, sieben Städte – Schilda, Krähwinkel, Polkwitz, Bockum, Dülken, Göttingen und Schöppenstädt – sich um die Ehre streiten, meine Vaterstadt zu sein. Düsseldorf ist eine Stadt am Rhein, es leben da sechzehntausend Menschen, und viele hunderttausend Menschen liegen noch außerdem da begraben. Und darunter sind manche, von denen meine Mutter sagt, es wäre besser, sie lebten noch, z. B. mein Großvater und mein Oheim, der alte Herr v. Geldern und der junge Herr v. Geldern, die beide so berühmte Doktoren waren und so viele Menschen vom Tode kurirt und doch selber sterben mußten. Und die fromme Ursula, die mich als Kind auf den Armen getragen, liegt auch dort begraben, und es wächst ein Rosenstrauch auf ihrem Grab – Rosenduft liebte sie so sehr im Leben, und ihr Herz war lauter Rosenduft und Güte. Auch der alte kluge Kanonikus liegt dort begraben. Gott, wie elend sah er aus, als ich ihn zuletzt sah! Er bestand nur noch aus Geist und Pflastern und studierte dennoch Tag und Nacht, als wenn er besorgte, die Würmchen möchten einige Ideen zuwenig in seinem Kopfe finden.

Auch der kleine Wilhelm liegt dort, und daran bin ich schuld. Wir waren Schulkameraden im Franziskanerkloster und spielten auf jener Seite desselben, wo zwischen steinernen Mauern die Düssel fließt, und ich sagte: »Wilhelm, hol doch das Kätzchen, das eben hineingefallen« – und lustig stieg er hinab auf das Brett, das über dem Bach lag, riß das Kätzchen aus dem Wasser, fiel aber selbst hinein, und als man ihn herauszog, war er naß und tot. Das Kätzchen hat noch lange Zeit gelebt.

Die Stadt Düsseldorf ist sehr schön, und wenn man in der Ferne an sie denkt und zufällig dort geboren ist, wird einem wunderlich zumute. Ich bin dort geboren, und es ist mir, als müßte ich gleich nach Hause gehn. Und wenn ich sage, nach Hause gehn, so meine ich die

Bolkerstraße und das Haus, worin ich geboren bin. Dieses Haus wird einst sehr merkwürdig sein, und der alten Frau, die es besitzt, habe ich sagen lassen, daß sie beileibe das Haus nicht verkaufen solle. Für das ganze Haus bekäme sie jetzt doch kaum soviel, wie schon allein das Trinkgeld betragen wird, das einst die grünverschleierten, vornehmen Engländerinnen dem Dienstmädchen geben, wenn es ihnen die Stube zeigt, worin ich das Licht der Welt erblickt, und den Hühnerwinkel, worin mich Vater gewöhnlich einsperrte, wenn ich Trauben genascht, und auch die braune Türe, worauf Mutter mich die Buchstaben mit Kreide schreiben lehrte – ach Gott! Madame, wenn ich ein berühmter Schriftsteller werde, so hat das meiner armen Mutter genug Mühe gekostet.

Aber mein Ruhm schläft jetzt noch in den Marmorbrüchen von Carrara, der Makulaturlorbeer, womit man meine Stirne geschmückt, hat seinen Duft noch nicht durch die ganze Welt verbreitet, und wenn jetzt die grünverschleierten, vornehmen Engländerinnen nach Düsseldorf kommen, so lassen sie das berühmte Haus noch unbesichtigt und gehen direkt nach dem Marktplatz und betrachten die dort in der Mitte stehende, schwarze, kolossale Reuterstatue. Diese soll den Kurfürsten Jan Wilhelm vorstellen. Er trägt einen schwarzen Harnisch, eine tiefherabhängende Allongeperücke – Als Knabe hörte ich die Sage, der Künstler, der diese Statue gegossen, habe während des Gießens mit Schrecken bemerkt, daß sein Metall nicht dazu ausreiche, und da wären die Bürger der Stadt herbeigelaufen und hätten ihm ihre silbernen Löffel gebracht, um den Guß zu vollenden – und nun stand ich stundenlang vor dem Reuterbilde und zerbrach mir den Kopf: wieviel silberne Löffel wohl darin stecken mögen, und wieviel Apfeltörtchen man wohl für all das Silber bekommen könnte? Apfeltörtchen waren nämlich damals meine Passion – jetzt ist es Liebe, Wahrheit, Freiheit und Krebssuppe …

Kapitel VII

Am allerbesten aber erging es mir in der französischen Klasse des Abbé
d'Aulnoi, eines emigrierten Franzosen, der eine Menge Grammatiken
geschrieben und eine rote Perücke trug und gar pfiffig umhersprang,
wenn er seine Art poétique und seine Histoire allemande vortrug – Er
war im ganzen Gymnasium der einzige, welcher deutsche Geschichte
lehrte. Indessen auch das Französische hat seine Schwierigkeiten, und
zur Erlernung desselben gehört viel Einquartierung, viel Getrommel,
viel apprendre par cœur, und vor allem darf man keine Bête allemande
sein.

Da gab es manches saure Wort, ich erinnere mich noch so gut, als
wäre es erst gestern geschehen, daß ich durch la religion viel Unan-
nehmlichkeiten erfahren. Wohl sechsmal erging an mich die Frage:
»Henri, wie heißt der Glaube auf französisch?« Und sechsmal und
immer weinerlicher antwortete ich: »Das heißt le crédit«. Und beim
siebenten Male, kirschbraun im Gesichte, rief der wütende Examina-
tor: »Er heißt la religion« – und es regnete Prügel, und alle Kameraden
lachten. Madame! seit der Zeit kann ich das Wort religion nicht erwähnen hören, ohne daß mein Rücken blaß vor Schrecken und meine
Wange rot vor Scham wird. Und ehrlich gestanden, le crédit hat mir
im Leben mehr genützt als la religion – In diesem Augenblick fällt mir
ein, daß ich dem Löwenwirt in Bologna noch fünf Taler schuldig bin
– Und wahrhaftig, ich mache mich anheischig, dem Löwenwirt noch
fünf Taler extra schuldig zu sein, wenn ich nur das unglückselige Wort
la religion in diesem Leben nimmermehr zu hören brauche.

Kapitel XII

Die deutschen Zensoren – - – - – - – - – - – - – - – - – - – - – - – - – - – - – -
– - –
– - –
– - –
– - –

———————————————————————————————
———————————————————————————————
—————————————————————— -Dummköpfe
———————————————————————————————
———————————————————————————————
———————————————————————————————
———————————————————————————————
———————————————————————————————
————————————————————

DRITTER TEIL

Italien (1828)

Reise von München nach Genua

Kapitel 1

Ich bin der höflichste Mensch von der Welt. Ich tue mir was darauf zugute, niemals grob gewesen zu sein auf dieser Erde, wo es so viele unerträgliche Schlingel gibt, die sich zu einem hinsetzen und ihre Leiden erzählen oder gar ihre Verse deklamieren; mit wahrhaft christlicher Geduld habe ich immer solche Misere ruhig angehört, ohne nur durch eine Miene zu verraten, wie sehr sich meine Seele ennuierte. Gleich einem büßenden Brahminen, der seinen Leib dem Ungeziefer preisgibt, damit auch diese Gottesgeschöpfe sich sättigen, habe ich dem fatalsten Menschengeschmeiß oft tagelang standgehalten und ruhig zugehört, und meine inneren Seufzer vernahm nur Er, der die Tugend belohnt…

Kapitel 2

Ich bin der höflichste Mensch von der Welt, und esse gern braune Karpfen, und glaube zuweilen an Auferstehung ...

Kapitel 7

Seltsame Grille des Volkes! Es verlangt seine Geschichte aus der Hand des Dichters und nicht aus der Hand des Historikers. Er verlangt nicht den treuen Bericht nackter Tatsachen, sondern jene Tatsachen wieder aufgelöst in die ursprüngliche Poesie, woraus sie hervorgegangen. Das wissen die Dichter, und nicht ohne geheime Schadenlust modeln sie willkürlich die Völkererinnerungen, vielleicht zur Verhöhnung stolz-trockner Historiographen und pergamentener Staatsarchivare. Nicht wenig ergötzte es mich, als ich in den Buden des letzten Jahrmarkts die Geschichte des Belisars in grell kolorierten Bildern ausgehängt sah, und zwar nicht nach dem Prokop, sondern ganz treu nach Schenks Tragö-die. »So wird die Geschichte verfälscht« – rief der gelahrte Freund, der mich begleitete, – »sie weiß nichts von jener Rache einer beleidigten Gattin, von jenem gefangenen Sohn, von jener liebenden Tochter und dergleichen modernen Herzensgeburten!« Ist denn dies aber wirklich ein Fehler? soll man den Dichtern wegen dieser Fälschung gleich den Prozeß machen? nein, denn ich leugne die Anklage. Die Geschichte wird nicht von den Dichtern verfälscht. Sie geben den Sinn derselben ganz treu, und sei es auch durch selbsterfundene Gestalten und Um-stände. Es gibt Völker, denen nur auf diese Dichterart ihre Geschichte überliefert worden ...

Was aber dem Dichter am meisten zur Ehre gereicht, ist die ebenso treue Schilderung des Gegners, aus welchem er keinen wütenden Geßler gemacht, um seinen Hofer desto mehr zu heben; wie die-ser eine Taube mit dem Schwerte, so ist jener ein Adler mit dem Ölzweig.

Kapitel 9

Ob es wirklich noch Jesuiten gibt? Manchmal will es mich bedünken, als sei ihre Existenz nur eine Schimäre, als spuke nur die Angst vor ihnen noch in unseren Köpfen, nachdem längst die Gefahr vorüber, und alles Eifern gegen Jesuiten mahnt mich dann an Leute, die, wenn es längst aufgehört hat zu regnen, noch immer mit aufgespannten Regenschirmen umhergehen. Ja, mich dünkt zuweilen, der Teufel, der Adel und die Jesuiten existieren nur so lange als man an sie glaubt. Vom Teufel könnten wir es wohl ganz bestimmt behaupten; denn nur die Gläubigen haben ihn bisher gesehen.

Ich kann nicht umhin nachträglich zu erzählen, daß ich Gelegenheit fand, den dicken Mann mit den glänzend neuen Hosen genauer zu beobachten, und mich zu überzeugen, daß er kein Jesuit war, sondern ein ganz gewöhnliches Vieh Gottes. Ich traf ihn nämlich in der Gaststube meines Wirtshauses, wo er zu Nacht speiste, in Gesellschaft eines langen, magern Exzellenz genannten Mannes... Beide würzten ihr Mahl, indem sie die Aufwärterin mit Karessen bedrängten, die das liebe, bildschöne Mädchen nicht wenig anzuekeln schienen, so daß sie sich mit Gewalt losriß, wenn der eine sie hinten klätschelte, oder der andere sie gar zu embrassieren suchte. Dabei rissen sie ihre rohesten Zoten...

Als jedoch die Ungebühr ganz unleidlich wurde, ließ die junge Person plötzlich alles stehen und liegen, eilte zur Tür hinaus, und kam erst nach einigen Minuten ins Zimmer zurück, mit einem kleinen Kinde auf dem Arm, das sie die ganze Zeit auf dem Arm behielt, während sie im Gastzimmer ihre Geschäfte besorgte, obgleich ihr diese dadurch um so beschwerlicher wurden. Die beiden Kumpane aber, der geistliche und der adlige Herr, wagten keine einzige Belästigung mehr gegen das Mädchen, das jetzt ohne Unfreundlichkeit, jedoch mit seltsamem Ernst, sie bediente; – das Gespräch nahm eine andere Wendung, beide schwatzten jetzt das gewöhnliche Geschwätz von der großen Verschwörung gegen Thron und Altar, sie verständigten sich über die Notwendigkeit strenger Maßregeln, und reichten sich mehrmals die heiligen Allianzhände.

Kapitel 28

Indessen eine Merkwürdigkeit Mailands, die in jeder Hinsicht die größte ist, kann ich nicht unerwähnt lassen – Das ist der Dom.

In der Ferne scheint es, als sei er aus weißem Postpapier geschnitzelt, und in der Nähe erschrickt man, daß dieses Schnitzwerk aus unwiderlegbarem Marmor besteht. Die unzähligen Heiligenbilder, die das ganze Gebäude bedecken, die überall unter den gotischen Krondächlein hervorgucken, und oben auf allen Spitzen gepflanzt stehen, dieses steinerne Volk verwirrt einem fast die Sinne. Betrachtet man das ganze Werk etwas länger, so findet man es doch recht hübsch, kolossal niedlich, ein Spielzeug für Riesenkinder. Im mitternächtlichen Mondschein gewährt es noch den besten Anblick, dann kommen all die weißen Steinmenschen aus ihrer wimmelnden Höhe herabgestiegen, und gehen mit einem über die Piazza, und flüstern einem alte Geschichten ins Ohr, putzig heilige, ganz geheime Geschichten von Galeazzo Visconti, der den Dombau begonnen, und von Napoleon Buonaparte, der ihn späterhin fortgesetzt.

»Siehst du« – sagte mir ein gar seltsamer Heiliger, der in der neuesten Zeit aus dem neuesten Marmor verfertigt war –, »siehst du, meine älteren Kameraden können nicht begreifen, warum der Kaiser Napoleon den Dombau so eifrig betrieben hat. Aber ich weiß es sehr gut, er hat eingesehen, daß dieses große Steinhaus auf jeden Fall ein sehr nützliches Gebäude sein würde, und auch dann noch brauchbar, wenn einst das Christentum vorüber ist.«

Wenn einst das Christentum vorüber ist – Ich war schier erschrocken, als ich hörte, daß es Heilige in Italien gibt, die eine solche Sprache führen, und dazu auf einem Platze, wo östreichische Schildwachen, mit Bärenmützen und Tornistern, auf und ab gehen. Indessen der steinerne Kauz hat gewissermaßen recht, das Innere des Domes ist hübsch kühl im Sommer, und heiter und angenehm, und würde auch bei veränderter Bestimmung seinen Wert behalten.

Die Vollendung des Domes war einer von Napoleons Lieblingsgedanken, und er war nicht weit vom Ziele entfernt, als seine Herrschaft gebrochen wurde. Die Östreicher vollenden jetzt das Werk.

Kapitel 29

Was ist aber diese große Aufgabe unserer Zeit?

Es ist die Emanzipation. Nicht bloß die der Irländer, Griechen, Frankfurter Juden, westindischen Schwarzen und dergleichen gedrückten Volkes, sondern es ist die Emanzipation der ganzen Welt, absonderlich Europas, das mündig geworden ist, und sich jetzt losreißt von dem eisernen Gängelbande der Bevorrechteten, der Aristokratie. Mögen immerhin einige philosophische Renegaten der Freiheit die feinsten Kettenschlüsse schmieden, um uns zu beweisen, daß Millionen Menschen geschaffen sind als Lasttiere einiger Tausend privilegierter Ritter; sie werden uns dennoch nicht davon überzeugen können, solange sie uns, wie Voltaire sagt, nicht nachweisen, daß jene mit Sätteln auf dem Rücken und diese mit Sporen an den Füßen zur Welt gekommen sind.

Jede Zeit hat ihre Aufgabe und durch die Lösung derselben rückt die Menschheit weiter. Die frühere Ungleichheit, durch das Feudalsystem in Europa gestiftet, war vielleicht notwendig, oder notwendige Bedingung zu den Fortschritten der Zivilisation; jetzt aber hemmt sie diese, empört sie die zivilisierten Herzen. Die Franzosen, das Volk der Gesellschaft, hat diese Ungleichheit, die mit dem Prinzip der Gesellschaft am unleidlichsten kollidiert, notwendigerweise am tiefsten erbittert, sie haben die Gleichheit zu erzwingen gesucht, indem sie die Häupter derjenigen, die durchaus hervorragen wollten, gelinde abschnitten, und die Revolution ward ein Signal für den Befreiungskrieg der Menschheit.

Laßt uns die Franzosen preisen! sie sorgten für die zwei größten Bedürfnisse der menschlichen Gesellschaft, für gutes Essen und bürgerliche Gleichheit, in der Kochkunst und in der Freiheit haben sie die größten Fortschritte gemacht, und wenn wir einst alle, als gleiche Gäste, das große Versöhnungsmahl halten, und guter Dinge sind – denn was gäbe es Besseres als eine Gesellschaft von Pairs an einem gutbesetzten Tische? – dann wollen wir den Franzosen den ersten Toast darbringen, Es wird freilich noch einige Zeit dauern, bis dieses Fest gefeiert werden kann, bis die Emanzipation durchgesetzt sein wird; aber sie wird doch endlich kommen, diese Zeit, wir werden, versöhnt und allgleich, um denselben Tisch sitzen; wir sind dann vereinigt, und kämpfen vereinigt gegen andere Weltübel, vielleicht am Ende gar gegen den Tod – dessen ernstes Gleichheitssystem uns wenigstens nicht so sehr beleidigt, wie die lachende Ungleichheitslehre des Aristokratismus.

Lächle nicht, später Leser. Jede Zeit glaubt, ihr Kampf sei vor allen der wichtigste, dieses ist der eigentliche Glaube der Zeit, in diesem lebt sie und stirbt sie, und auch wir wollen leben und sterben in dieser Freiheitsreligion, die vielleicht mehr den Namen Religion verdient, als das hohle ausgestorbene Seelengespenst, das wir noch so zu benennen pflegen – unser heiliger Kampf dünkt uns der wichtigste, wofür jemals auf dieser Erde gekämpft worden, obgleich historische Ahnung uns sagt, daß einst unsre Enkel auf diesen Kampf herabsehen werden, vielleicht mit demselben Gleichgültigkeitsgefühl, womit wir herabsehen auf den Kampf der ersten Menschen, die gegen ebenso gierige Ungetüme, Lindwürmer und Raubriesen, zu kämpfen hatten.

Kapitel 32

Während der Mittagshitze suchten wir Obdach in einem Franziskanerkloster, das auf einer bedeutenden Anhöhe lag, und mit seinen düstern Zypressen und weißen Mönchen, wie ein Jagdschloß des Glaubens, hinabschaute in die heiter grünen Täler des Apennins. Es war ein schöner Bau; wie ich denn, außer der Kartause zu Monza, die ich nur von außen sah, noch sehr merkwürdigen Klöstern und Kirchen vorbeigekommen bin. Ich wußte oft nicht, sollte ich mehr die Schönheit der Gegend bewundern, oder die Größe der alten Kirchen, oder die ebenso große, steinfeste Gesinnung ihrer Erbauer, die wohl voraussehen konnten, daß erst späte Urenkel imstande sein würden, solch ein Bauwerk zu vollenden, und die dessen ohngeachtet ganz ruhig den Grundstein legten, und Stein auf Stein trugen, bis der Tod sie von der Arbeit abrief, und andere Baumeister das Werk fortsetzten und sich nachher ebenfalls zur Ruhe begaben – alle im festen Glauben an die Ewigkeit der katholischen Religion und im festen Vertrauen auf die gleiche Denkweise der folgenden Geschlechter, die weiterbauen würden wo die Vorfahren aufgehört.

Es war der Glaube der Zeit, und die alten Baumeister lebten und entschliefen in diesem Glauben. Da liegen sie nun vor den Türen jener alten Kirchen, und es ist zu wünschen, daß ihr Schlaf recht fest sei, und das Lachen der neuen Zeit sie nicht erwecke. Absonderlich für solche, die vor einem von den alten Domen liegen, die nicht fertig geworden sind, für solche wäre es sehr schlimm, wenn sie des Nachts plötzlich erwachten, und im schmerzlichen Mondschein ihr unvollendetes Tagewerk sähen, und bald merkten, daß die Zeit des Weiterbauens aufgehört hat und daß ihr ganzes Leben nutzlos war und dumm.

So spricht die jetzige neue Zeit, die eine andere Aufgabe hat, einen anderen Glauben… daß jetzt die Menschen ganz etwas anderes zu tun hätten.

Kapitel 34

Die Sammlung von Porträts schöner Genueserinnen, die im Palast Durazzo gezeigt wird, darf ich nimmermehr unerwähnt lassen. Nichts auf der Welt kann unsre Seele trauriger stimmen, als solcher Anblick von Porträts schöner Frauen, die schon seit einigen Jahrhunderten tot sind. Melancholisch überkriecht uns der Gedanke: daß von den Originalen jener Bilder, von all jenen Schönen, die so lieblich, so kokett, so witzig, so schalkhaft und so schwärmerisch waren, von all jenen Maiköpfchen mit Aprillaunen, von jenem ganzen Frauenfrühling nichts übriggeblieben ist, als diese bunten Schatten, die ein Maler, der gleich ihnen längst vermodert ist, auf ein morsch Stückchen Leinwand gepinselt hat, das ebenfalls mit der Zeit in Staub zerfällt und verweht.

So geht alles Leben, das Schöne ebenso wie das Häßliche, spurlos vorüber, der Tod, der dürre Pedant, verschont die Rose ebensowenig wie die Distel, er vergißt auch nicht das einsame Hälmchen in der fernsten Wildnis, er zerstört gründlich und unaufhörlich, überall sehen

wir, wie er Pflanzen und Tiere, die Menschen und ihre Werke, zu Staub
zerstampft, und selbst jene ägyptischen Pyramiden, die seiner Zerstörungswut zu trotzen scheinen, sie sind nur Trophäen seiner Macht,
Denkmäler der Vergänglichkeit, uralte Königsgräber.

Aber noch schlimmer als dieses Gefühl eines ewigen Sterbens, einer
öden gähnenden Vernichtung, ergreift uns der Gedanke, daß wir nicht
einmal als Originale dahinsterben, sondern als Kopien von längstverschollenen Menschen, die geistig und körperlich uns gleich waren, und
daß nach uns wieder Menschen geboren werden, die wieder ganz aussehen und fühlen und denken werden wie wir, und die der Tod ebenfalls wieder vernichten wird – ein trostlos ewiges Wiederholungsspiel,
wobei die zeugende Erde beständig hervorbringen und mehr hervorbringen muß, als der Tod zu zerstören vermag, so daß sie, in solcher
Not, mehr für die Erhaltung der Gattungen als für die Originalität der
Individuen sorgen kann.

Die Bäder von Lucca – Lucca

Kapitel 9

… Du mußt nämlich wissen, lieber Leser, daß der Marchese, dieser
vornehme Mann, jetzt ein guter Katholik ist, daß er die Zeremonien
der alleinseligmachenden Kirche streng ausübt, und sich, wenn er in
Rom ist, sogar einen eignen Kapellan hält, aus demselben Grunde,
weshalb er in England die besten Wettrenner und in Paris die schönste
Tänzerin unterhielt.

»Herr Gumpel verrichtet jetzt sein Gebet« – flüsterte Hyazinth mit
einem wichtigen Lächeln, und indem er nach dem Kabinette seines
Herrn deutete, fügte er noch leiser hinzu: »So liegt er alle Abend
zwei Stunden auf den Knieen vor der Primadonna mit dem Jesuskind. Es ist ein prächtiges Kunstbild, und es kostet ihm sechshundert
Francesconis.«

»Und Sie, Herr Hyazinth, warum knieen Sie nicht hinter ihm? Oder
sind Sie etwa kein Freund von der katholischen Religion?«

»Ich bin ein Freund davon, und bin auch wieder kein Freund davon«, antwortete jener mit bedenklichem Kopfwiegen. »Es ist eine gute Religion für einen vornehmen Baron, der den ganzen Tag müßig gehen kann, und für einen Kunstkenner; aber es ist keine Religion für einen Hamburger, für einen Mann, der sein Geschäft hat, und durchaus keine Religion für einen Lottoriekollekteur. Ich muß jede Nummer, die gezogen wird, ganz exakt aufschreiben, und denke ich dann zufällig an Bum! Bum! Bum! an eine katholische Glock, oder schwebelt es mir vor den Augen, wie katholischer Weihrauch, und ich verschreib mich, und ich schreibe eine unrechte Zahl, so kann das größte Unglück daraus entstehen. Ich habe oft zu Herren Gumpel gesagt: ›Ew. Ex. sind ein reicher Mann und können katholisch sein soviel Sie wollen, und können sich den Verstand ganz katholisch einräuchern lassen, und können so dumm werden, wie eine katholische Glock, und Sie haben doch zu essen; ich aber bin ein Geschäftsmann, und muß meine sieben Sinne zusammenhalten, um was zu verdienen.‹

Herr Gumpel meint freilich, es sei nötig für die Bildung, und wenn ich nicht katholisch würde, verstände ich nicht die Bilder, die zur Bildung gehören, nicht den Johann v. Viehesel, den Corretschio, den Carratschio, den Carravatschio – aber ich habe immer gedacht, der Corretschio und Carratschio und Carravatschio können mir alle nichts helfen, wenn niemand mehr bei mir spielt, und ich komme dann in die Patschio. Dabei muß ich Ihnen auch gestehen, Herr Doktor, daß mir die katholische Religion nicht einmal Vergnügen macht, und als ein vernünftiger Mann müssen Sie mir recht geben. Ich sehe das Pläsier nicht ein, es ist eine Religion als wenn der liebe Gott, Gott bewahre, eben gestorben wäre, und es riecht dabei nach Weihrauch, wie bei einem Leichenbegängnis, und dabei brummt eine so traurige Begräbnismusik, daß man die Melancholik bekömmt – ich sage Ihnen, es ist keine Religion für einen Hamburger.«

»Aber, Herr Hyazinth, wie gefällt Ihnen denn die protestantische Religion?«

»Die ist mir wieder zu vernünftig, Herr Doktor, und gäbe es in der protestantischen Kirche keine Orgel, so wäre sie gar keine Religion.

Unter uns gesagt, diese Religion schadet nichts und ist so rein wie ein
Glas Wasser, aber, sie hilft auch nichts. Ich habe sie probiert und diese
Probe kostet mich vier Mark vierzehn Schilling –«

»Wieso, mein lieber Herr Hyazinth?«

»Sehen, Herr Doktor, ich habe gedacht: das ist freilich eine sehr
aufgeklärte Religion, und es fehlt ihr an Schwärmerei und Wunder;
indessen, ein bißchen Schwärmerei muß sie doch haben, ein ganz
klein Wunderchen muß sie doch tun können, wenn sie sich für eine
honette Religion ausgeben will. Aber wer soll da Wunder tun, dacht
ich, als ich mal in Hamburg eine protestantische Kirche besah, die zu
der ganz kahlen Sorte gehörte, wo nichts als braune Bänke und weiße
Wände sind, und an der Wand nichts als ein schwarz Täfelchen hängt,
worauf ein halb Dutzend weiße Zahlen stehen. Du tust dieser Religion
vielleicht Unrecht, dacht ich wieder, vielleicht können diese Zahlen
ebensogut ein Wunder tun wie ein Bild von der Mutter Gottes oder
wie ein Knochen von ihrem Mann, dem heiligen Joseph, und um der
Sache auf den Grund zu kommen, ging ich gleich nach Altona, und
besetzte ebendiese Zahlen in der Altonaer Lotterie, die Ambe besetzte
ich mit acht Schilling, die Terne mit sechs, die Quaterne mit vier, und
die Quinterne mit zwei Schilling – Aber, ich versichere Sie auf meine
Ehre, keine einzige von den protestantischen Nummern ist heraus-
gekommen. Jetzt wußte ich was ich zu denken hatte, jetzt dacht ich,
bleibt mir weg mit einer Religion die gar nichts kann, bei der nicht
einmal eine Ambe herauskommt – werde ich so ein Narr sein, auf diese
Religion, worauf ich schon vier Mark und vierzehn Schilling gesetzt
und verloren habe, noch meine ganze Glückseligkeit zu setzen?«

»Die altjüdische Religion scheint Ihnen gewiß viel zweckmäßiger,
mein Lieber?«

»Herr Doktor, bleiben Sie mir weg mit der altjüdischen Religion; die
wünsche ich nicht meinem ärgsten Feind. Man hat nichts als Schimpf
und Schande davon. Ich sage Ihnen, es ist gar keine Religion, sondern
ein Unglück. Ich vermeide alles, was mich daran erinnern könnte, und
weil Hirsch ein jüdisches Wort ist und auf deutsch Hyazinth heißt, so
habe ich sogar den alten Hirsch laufen lassen, und unterschreibe mich

jetzt: Hyazinth, Kollekteur, Operateur und Taxator. Dazu habe ich noch den Vorteil, daß schon ein H. auf meinem Petschaft steht und ich mir kein neues stechen zu lassen brauche. Ich versichere Ihnen, es kommt auf dieser Welt viel darauf an wie man heißt; der Name tut viel. Wenn ich mich unterschreibe: ›Hyazinth, Kollekteur, Operateur und Taxator‹, so klingt das ganz anders als schriebe ich Hirsch schlechtweg, und man kann mich dann nicht wie einen gewöhnlichen Lump behandeln.«

Vierter Teil

Italien – Die Stadt Lucca

Kapitel 4

Um gegen die katholischen Pfaffen zu schreiben, muß man auch ihre Gesichter kennen. Die Originalgesichter sieht man aber nur in Italien. Die deutschen katholischen Priester und Mönche sind bloß schlechte Nachahmungen, oft sogar Parodien der italienischen; eine Vergleichung derselben würde ebenso ausfallen, als wenn man römische oder florentinische Heiligenbilder vergleichen wollte mit jenen heuschrecklichen, frommen Fratzen, die etwa dem spießbürgerlichen Pinsel eines Nürrenberger Stadtmalers, oder gar der lieben Einfalt eines Gemütsbeflissenen aus der langhaarig christlich neudeutschen Schule, ihr trauriges Dasein verdanken.

Die Pfaffen in Italien haben sich schon längst mit der öffentlichen Meinung abgefunden, das Volk dort ist längst daran gewöhnt, die geistliche Würde von der unwürdigen Person zu unterscheiden, jene zu ehren, wenn auch diese verächtlich ist. Eben der Kontrast, den die idealen Pflichten und Ansprüche des geistlichen Standes und die unabweislichen Bedürfnisse der sinnlichen Natur bilden müssen, jener

uralte, ewige Konflikt zwischen dem Geiste und der Materie, macht
die italienischen Pfaffen zu stehenden Charakteren des Volkshumors,
in Satiren, Liedern und Novellen…

ohne daß dadurch die Ehrfurcht, die man seinen Opferverrichtun-
gen und seiner privilegierten Heiligkeit schuldig ist, im mindesten
beeinträchtigt wird – ebensowenig wie ein Italiener mit minderer Andacht bei einem Priester Messe hört oder beichtet, den er noch tags
zuvor betrunken im Straßenkote gefunden hat.

In Deutschland ist das anders, der katholische Priester will da nicht
bloß seine Würde durch sein Amt, sondern auch sein Amt durch
seine Person repräsentieren; und weil er es vielleicht anfangs mit
seinem Berufe wirklich ganz ernsthaft gemeint hat, und er nachher,
wenn seine Keuschheits- und Demutsgelübde etwas mit dem alten
Adam kollidieren, sie dennoch nicht öffentlich verletzen will, … so
sucht er wenigstens den Schein eines heiligen Wandels zu bewahren.
Daher Scheinheiligkeit, Heuchelei und gleißendes Frömmeln bei
deutschen Pfaffen; bei den italienischen hingegen viel mehr Durch-
sichtigkeit der Maske, und eine gewisse feiste Ironie und behagliche
Weltverdauung.

Doch was helfen solche allgemeine Reflexionen! Sie können dir wenig nutzen, lieber Leser, wenn du etwa Lust hättest gegen das katholische Pfaffentum zu schreiben. Zu diesem Zwecke muß man, wie
gesagt, mit eignen Augen die Gesichter sehen, die dazugehören. Wahrlich, es ist nicht einmal hinreichend, wenn man sie im königlichen
Opernhause zu Berlin gesehen hat. Der vorige Generalintendant tat
zwar immer das Seinige, um den Krönungszug in der »Jungfrau von
Orleans« so täuschend treu als möglich darzustellen, seinen Landsleu-
ten die Idee einer Prozession zu veranschaulichen und ihnen Pfaffen
von allen Couleuren vor Augen zu bringen. Doch das getreueste Kostüm kann nicht die Originalgesichter ersetzen, und vertrödelte man
sogar noch extra 100000 Taler für goldne Bischofsmützen, festonierte
Chorhemden, buntgestickte Meßgewänder, und ähnlichen Kram – so
würden doch die protestantisch vernünftigen Nasen, die unter jenen
Bischofsmützen hervorprotestieren, die dünnen denkgläubigen Beine,

die aus den weißen Spitzen dieser Chorhemden herausgucken, die auf-
gcklärten Bäuche, denen jene Meßgewänder viel zu weit, alles würde
unsereinen daran erinnern, daß keine katholischc Geistliche, sondern
Berliner Weltliche über die Bühne wandeln.

Ich habe oft darüber nachgedacht, ob der Generalintendant jenen
Zug nicht viel besser darstellen und uns das Bild einer Prozession viel
treuer vor Augen bringen könnte, wenn er die Rollen der katholischen
Pfaffen nicht mehr von den gewöhnlichen Statisten, sondern von jenen protestantischen Geistlichen spielen ließe, die in der theologischen
Fakultät, in der Kirchenzeitung und auf den Kanzeln am orthodoxes-
ten gegen Vernunft, Weltlust, Gesenius und Teufeltum zu predigen
wissen. Es würden dann Gesichter zum Vorschein kommen, deren
pfäffisches Gepräge gewiß jenen Rollen viel täuschender entspräche. Ist
es doch eine bekannte Bemerkung, daß die Pfaffen in der ganzen Welt,
Rabbinen, Muftis, Dominikaner, Konsistorialräte, Popen, Bonzen,
kurz das ganze diplomatische Korps Gottes, im Gesichte eine gewisse
Familienähnlichkeit haben, wie man sie immer findet bei Leuten, die
ein und dasselbe Gewerbe treiben.

Schneider, in der ganzen Welt, zeichnen sich aus durch Zartheit der
Glieder, Metzger und Soldaten tragen wieder überall denselben farou-
schen Anstrich, Juden haben ihre eigentümlich ehrliche Miene, nicht
weil sie von Abraham, Isaak und Jakob abstammen, sondern weil sie
Kaufleute sind, und der Frankfurter christliche Kaufmann sieht dem
Frankfurter jüdischen Kaufmanne ebenso ähnlich, wie ein faules Ei
dem andern. Die geistlichen Kaufleute, solche die von Religionsge-
schäften ihren Unterhalt gewinnen, erlangen daher auch im Gesichte
eine Ähnlichkeit. Freilich, einige Nuancen entstehen durch die Art
und Weise wie sie ihr Geschäft treiben.

Der katholische Pfaffe treibt es mehr wie ein Kommis, der in einer
großen Handlung angestellt ist; die Kirche, das große Haus, dessen
Chef der Papst ist, gibt ihm bestimmte Beschäftigung und dafür ein
bestimmtes Salär; er arbeitet lässig, wie jeder, der nicht für eigne Rechnung arbeitet und viele Kollegen hat, und im großen Geschäftreiben
leicht unbemerkt bleibt – nur der Kredit des Hauses liegt ihm am

Herzen, und noch mehr dessen Erhaltung, da er bei einem etwaigen Bankerotte seinen Lebensunterhalt verlöre.

Der protestantische Pfaffe hingegen ist überall selbst Prinzipal, und er treibt die Religionsgeschäfte für eigene Rechnung. Er treibt keinen Großhandel wie sein katholischer Gewerbsgenosse, sondern nur einen Kleinhandel; und da er demselben allein vorstehen muß, darf er nicht lässig sein, er muß seine Glaubensartikel den Leuten anrühmen, die Artikel seiner Konkurrenten herabsetzen, und als echter Kleinhändler steht er in seiner Ausschnittbude, voll von Gewerbsneid gegen alle großen Häuser, absonderlich gegen das große Haus in Rom, das viele tausend Buchhalter und Packknechte besoldet und seine Faktoreien hat in allen vier Weltteilen.

Solches hat nun freilich auch seine physiognomische Wirkungen, aber diese sind doch nicht vom Parterre aus bemerkbar, die Familienähnlichkeit in den Gesichtern katholischer und protestantischer Pfaffen bleibt doch in ihren Hauptzügen unverändert, und wenn der Generalintendant die obenerwähnten Herren gut bezahlt, so werden sie ihre Rolle, wie immer, recht täuschend spielen. Auch ihr Gang wird zur Illusion beitragen; obgleich ein feines, geübtes Auge wohl merkt, daß er sich von dem Gange katholischer Priester und Mönche ebenfalls durch feine Nuancen unterscheidet.

Ein katholischer Pfaffe wandelt einher als wenn ihm der Himmel gehöre; ein protestantischer Pfaffe hingegen geht herum als wenn er den Himmel gepachtet habe.

Kapitel 5

Ach! man sollte eigentlich gegen niemanden in dieser Welt schreiben. Jeder ist selbst krank genug in diesem großen Lazarett, und manche polemische Lektüre erinnert mich unwillkürlich an ein widerwärtiges Gezänk, in einem kleineren Lazarett zu Krakau, wobei ich mich als zufälliger Zuschauer befand, und wo entsetzlich anzuhören war, wie die Kranken sich einander ihre Gebrechen spottend verrechneten, wie ausgedörrte Schwindsüchtige den aufgeschwollenen Wassersüchtling verhöhnten, wie der eine lachte über den Nasenkrebs des andern, und dieser wieder über Maulsperre und Augenverdrehung seiner Nachbaren, bis am Ende die Fiebertollen nackt aus den Betten sprangen, und den andern Kranken die Decken und Laken von den wunden Leibern rissen, und nichts als scheußliches Elend und Verstümmlung zu sehen war.

Kapitel 6

Jener schenkte nunmehr auch der übrigen Götterversammlung,
Rechtshin, lieblichen Nektar dem Mischkrug emsig
entschöpfend.
Doch unermeßliches Lachen erscholl den seligen Göttern,
Als sie sahn, wie Hephästos im Saal so gewandt umherging.
Also den ganzen Tag bis spät zur sinkenden Sonne
Schmausten sie; und nicht mangelt' ihr Herz des gemeinsamen
Mahles,
Nicht des Saitengetöns von der lieblichen Leier Apollons,
Noch des Gesangs der Musen mit holdantwortender Stimme. (
Vulgata)

Da plötzlich keuchte heran ein bleicher, bluttriefender Jude, mit einer Dornenkrone auf dem Haupte, und mit einem großen Holzkreuz auf der Schulter; und er warf das Kreuz auf den hohen Göttertisch, daß die goldnen Pokale zitterten, und die Götter verstummten und erblichen, und immer bleicher wurden, bis sie endlich ganz in Nebel zerronnen.
Nun gab's eine traurige Zeit, und die Welt wurde grau und dunkel. Es gab keine glücklichen Götter mehr, der Olymp wurde ein Lazarett wo geschundene, gebratene und gespielte Götter langweilig umherschlichen, und ihre Wunden verbanden und triste Lieder sangen. Die Religion gewährte keine Freude mehr, sondern Trost; es war eine trübselige, blutrünstige Delinquentenreligion.
War sie vielleicht nötig für die erkrankte und zertretene Menschheit? Wer seinen Gott leiden sieht, trägt leichter die eignen Schmerzen. Die

vorigen heiteren Götter, die selbst keine Schmerzen fühlten, wußten auch nicht wie armen gequälten Menschen zumute ist, und ein armer gequälter Mensch könnte auch, in seiner Not, kein rechtes Herz zu ihnen fassen. Es waren Festtagsgötter, um die man lustig herumtanzte, und denen man nur danken konnte. Sie wurden deshalb auch nie so ganz von ganzem Herzen geliebt. Um so ganz von ganzem Herzen geliebt zu werden – muß man leidend sein. Das Mitleid ist die letzte Weihe der Liebe, vielleicht die Liebe selbst. Von allen Göttern, die jemals gelebt haben, ist daher Christus derjenige Gott, der am meisten geliebt worden. Besonders von den Frauen – –

… Ich nahm diese Küsse ruhig in Empfang, obgleich ich wohl wußte, daß sie im Grunde einem bolognesischen Abbate, einem Diener der römisch-katholischen Kirche, zugedacht waren. Als Protestant machte ich mir kein Gewissen daraus, mir die Güter der katholischen Geistlichkeit zuzueignen, und auf der Stelle säkularisierte ich die frommen Küsse Francescas. Ich weiß, die Pfaffen werden hierüber wütend sein, sie schreien gewiß über Kirchenraub, und würden gern das französische Sakrilegiengesetz auf mich anwenden. Leider muß ich gestehen, daß besagte Küsse das einzige waren, was ich in jener Nacht erbeuten konnte. Francesca hatte beschlossen diese Nacht nur zum Heile ihrer Seele, kniend und betend, zu benutzen. Vergebens erbot ich mich ihre Andachtsübungen zu teilen; – als sie ihr Zimmer erreichte, schloß sie mir die Türe vor der Nase zu. Vergebens stand ich draußen noch eine ganze Stunde, und bat um Einlaß, und seufzte alle möglichen Seufzer, und heuchelte fromme Tränen, und schwor die heiligsten Eide – versteht sich, mit geistlichem Vorbehalte, ich fühlte wie ich allmählich ein Jesuit wurde, ich wurde ganz schlecht und erbot mich endlich sogar, katholisch zu werden für diese einzige Nacht –

»Francesca!« rief ich, »Stern meiner Gedanken! Gedanke meiner Seele! vita della mia vita! meine schöne, oftgeküßte, schlanke, katholische Francesca! für diese einzige Nacht, die du mir noch gewährst, will ich selbst katholisch werden – aber auch nur für diese einzige Nacht! Oh, die schöne, selige, katholische Nacht! Ich liege in deinen Armen, streng katholisch glaube ich an den Himmel deiner Liebe, von den

Lippen küssen wir uns das holde Bekenntnis, das Wort wird Fleisch, der Glaube wird versinnlicht, in Form und Gestalt, welche Religion! Ihr Pfaffen! jubelt unterdessen eur Kyrie Eleison, klingelt, räuchert, läutet die Glocken, laßt die Orgel brausen, laßt die Messe von Palestrina erklingen – ›Das ist der Leib!‹ – ich glaube, ich bin selig, ich schlafe ein – aber sobald ich des anderen Morgens erwache, reibe ich mir den Schlaf und den Katholizismus aus den Augen, und sehe wieder klar in die Sonne und in die Bibel, und bin wieder protestantisch vernünftig und nüchtern, nach wie vor.«

Kapitel 7

»Sie schneiden ja ein verbissen gläubiges Gesicht, teurer Doktor«, flüsterte Mylady, »ich habe Sie eben beobachtet, und verzeihen Sie mir, wenn ich Sie etwa beleidige, Sie sahen aus wie ein guter Christ.«

»Unter uns gesagt, das bin ich; ja, Christus –«

»Glauben Sie vielleicht ebenfalls, daß er ein Gott sei?«

»Das versteht sich, meine gute Mathilde. Es ist der Gott, den ich am meisten liebe – nicht weil er so ein legitimer Gott ist, dessen Vater schon Gott war und seit undenklicher Zeit die Welt beherrschte: sondern weil er, obgleich ein geborener Dauphin des Himmels, dennoch, demokratisch gesinnt, keinen höfischen Zeremonialprunk liebt, weil er kein Gott einer Aristokratie von geschorenen Schriftgelehrten und galonierten Lanzenknechten, und weil er ein bescheidener Gott des Volks ist, ein Bürgergott, un bon dieu citoyen. Wahrlich, wenn Christus noch kein Gott wäre, so würde ich ihn dazu wählen, und viel lieber als einem aufgezwungenen absoluten Gotte, würde ich ihm gehorchen, ihm, dem Wahlgotte, dem Gotte meiner Wahl.«

Kapitel 8

Der Erzbischof, ein ernster Greis, las selber Messe, und ehrlich gestanden, nicht bloß ich, sondern einigermaßen auch Mylady, wir wurden heimlich berührt von dem Geiste, der in dieser heiligen Handlung

wohnt, und von der Weihe des alten Mannes, der sie vollzog; – ist ja
doch jeder alte Mann, an und für sich, ein Priester und die Zeremonien der katholischen Messe sind sie doch so uralt, daß sie vielleicht
das einzige sind, was sich aus dem Kindesalter der Welt erhalten hat,
und als Erinnerung an die ersten Vorfahren aller Menschen unsere Pietät in Anspruch nimmt. »Sehen Sie, Mylady«, sagte ich, »jede
Bewegung, die Sie hier erblicken, die Art des Zusammenlegens der
Hände und des Ausbreitens der Arme, dieses Knixen, dieses Hände-
waschen, dieses Beräuchertwerden, dieser Kelch, ja die ganze Kleidung
des Mannes, von der Mitra bis zum Saume der Stola, alles dieses ist
altägyptisch und Überbleibsel eines Priestertums, von dessen wunder-
samem Wesen nur die ältesten Urkunden etwas weniges berichten,
eines frühesten Priestertums, das die erste Weisheit erforschte, die
ersten Götter erfand, die ersten Symbole bestimmte, und die junge
Menschheit –«

»Zuerst betrog«, setzte Mylady bittern Tones hinzu, »und ich glaube, Doktor, aus dem frühesten Weltalter ist uns nichts übriggeblieben
als einige triste Formeln des Betrugs. Und sie sind noch immer wirksam. Denn sehen Sie dort die stockfinsteren Gesichter? und gar jenen
Kerl, der dort auf seinen dummen Knien liegt und mit seinem aufgesperrten Maule so ultradumm aussieht?«

»Um des lieben Himmels willen!« begütigte ich leise, »was ist daran
gelegen, daß dieser Kopf so wenig von der Vernunft erleuchtet ist? Was
geht das uns an? Was irritiert Sie dabei? Sehen Sie doch täglich Ochsen, Kühe, Hunde, Esel, die ebenso dumm sind, ohne daß Sie durch
solchen Anblick aus Ihrem Gleichmut aufgestört und zu unmutigen
Äußerungen angeregt werden?«

»Ach, das ist was anderes«, fiel mir Mylady in die Rede, »diese Bestien
tragen hinten Schwänze, und ich ärgere mich eben, daß ein Kerl, der
ebenso bestialisch dumm ist, dennoch hinten keinen Schwanz hat.«

»Ja, das ist was andres, Mylady.«

Kapitel 9

Nach der Messe gab's noch allerlei zu schauen und zu hören, besonders die Predigt eines großen, vierstämmigen Mönchs, dessen befehlend kühnes, altrömisches Gesicht gegen die grobe Bettelkutte gar wundersam abstach, so daß der Mann aussah wie ein Imperator der Armut. Er predigte von Himmel und Hölle, und geriet zuweilen in die wütendste Begeistrung. Seine Schilderung des Himmels war ein bißchen barbarisch überladen, und es gab da viel Gold, Silber, Edelsteine, köstliche Speisen, und Weine von den besten Jahrgängen; dabei machte er ein so verklärt schlürfendes Gesicht, und er schob sich vor Wonne in der Kutte hin und her, wenn er, unter den Englein mit weißen Flüglein sich selber dachte als ein Englein mit weißen Flüglein.

Minder ergötzlich, ja sogar sehr praktisch ernsthaft war seine Schilderung der Hölle. Hier war der Mann weit mehr in seinem Elemente. Er eiferte besonders über die Sünder, die nicht mehr so recht christlich ans alte Feuer der Hölle glauben, und sogar wähnen, sie habe sich in neuerer Zeit etwas abgekühlt und werde nächstens ganz und gar erlöschen. »Und wäre auch«, rief er, »die Hölle am Erlöschen, so würde ich, ich mit meinem Atem, die letzten glimmenden Kohlen wiederanfachen, daß sie wieder auflodern sollten zu ihrer alten Flammenglut.« Hörte man nun die Stimme, die gleich dem Nordwind diese Worte hervorheulte, sah man dabei das brennende Gesicht, den roten, büffelstarken Hals, und die gewaltigen Fäuste des Mannes, so hielt man jene höllische Drohung für keine Hyperbel (Übertreibung).

„I like this man«, sagte Mylady.

»Da haben Sie recht«, antwortete ich, »auch mir gefällt er besser als mancher unserer sanften, homöopathischen Seelenärzte, die 1/ 10000 Vernunft in einen Eimer Moralwasser schütten, und uns damit des Sonntags zur Ruhe predigen…

Ungläubige, die keinen Himmel glauben, sollten nicht Proselyten machen; minder tadelnswert, sogar lobenswert ist die Proselytenmacherei derjenigen Leute, die einen süperben Himmel haben, und dessen Herrlichkeiten nicht selbstsüchtig allein genießen wollen, und des-

halb ihre Nebenmenschen einladen dran teilzunehmen, und sich nicht
eher zufriedengeben, bis diese ihre gütige Einladung angenommen…
  Zu welchen Genüssen aber kann der Ungläubige jemanden einladen?
  …bei meinen Handlungen auf dieser Welt kümmert mich nicht
einmal die Existenz von Himmel und Hölle, ich bin zu groß und
zu stolz, als daß der Geiz nach himmlischen Belohnungen, oder die
Furcht vor höllischen Strafen mich leiten sollten. Ich strebe nach dem
Guten, weil es schön ist und mich unwiderstehlich anzieht, und ich
verabscheue das Schlechte, weil es häßlich und mir zuwider ist. Schon
als Knabe, wenn ich den Plutarch las – und ich lese ihn noch jetzt alle
Abend im Bette und möchte dabei manchmal aufspringen, und gleich
Extrapost nehmen und ein großer Mann werden – schon damals gefiel
mir die Erzählung von dem Weibe, das durch die Straßen Alexandriens
schritt, in der einen Hand einen Wasserschlauch, in der andern eine
brennende Fackel tragend, und den Menschen zurief, daß sie mit dem
Wasser die Hölle auslöschen und mit der Fackel den Himmel in Brand
stecken wolle, damit das Schlechte nicht mehr aus Furcht vor Strafe
unterlassen, und das Gute nicht mehr aus Begierde nach Belohnung
ausgeübt werde. Alle unsre Handlungen sollen aus dem Quell einer
uneigennützigen Liebe hervorsprudeln, gleichviel ob es eine Fortdauer
nach dem Tode gibt oder nicht.«

Kapitel 11

Es ist nun mal nicht zu leugnen, daß die Spottlust, die Freude am
Widerspruch der Dinge, etwas Bösartiges in sich trägt, statt daß der
Ernst mehr mit den besseren Gefühlen verwandt ist – die Tugend,
der Freiheitssinn und die Liebe selbst sind sehr ernsthaft. Indessen, es
gibt Herzen, worin Scherz und Ernst, Böses und Heiliges, Glut und
Kälte sich so abenteuerlich verbinden, daß es schwer wird darüber zu
urteilen.
  »Mylady, ich liebe keine Religionsverächterinnen. Schöne Frauen,
die keine Religion haben, sind wie Blumen ohne Duft; sie gleichen jenen kalten, nüchternen Tulpen, die uns aus ihren chinesischen Porzel-

lantöpfen so porzellanhaft ansehen, und wenn sie sprechen könnten, uns gewiß auseinandersetzen würden, wie sie ganz natürlich aus einer Zwiebel entstanden sind, wie es hinreichend sei, wenn man hienieden nur nicht übel riecht, und wie übrigens, was den Duft betrifft, eine vernünftige Blume gar keines Duftes bedarf.«

Schon bei dem Wort Tulpe geriet Mylady in die heftigsten Bewegungen, und während ich sprach, wirkte ihre Idiosynkrasie gegen diese Blume so stark, daß sie sich verzweiflungsvoll die Ohren zuhielt. Zur Hälfte war es wohl Komödie, zur Hälfte aber auch wohl pikierter Ernst, daß sie mich mit bitterem Blicke ansah und aus Herzensgrund spottscharf mich frug: »Und Sie, teure Blume, welche von den vorhandenen Religionen haben Sie?«

»Ich, Mylady, ich habe sie alle, der Duft meiner Seele steigt in den Himmel und betäubt selbst die ewigen Götter!«

Kapitel 12

»Nein«, sagte Mylady, ohne auf Signoras süßes Gekose hinzuhören, »nein, diesen Menschen braucht man nicht erst in einen Esel zu verwandeln; nicht nur, daß er jede zehn Schritte seine Gesinnung wechselt, und sich beständig widerspricht, wird er jetzt sogar ein Bekehrer, und ich glaube gar er ist ein verkappter Jesuit. Ich muß, meiner Sicherheit wegen, jetzt devote Gesichter schneiden, sonst gibt er mich an bei seinen Mitheuchlern in Christo, bei den heiligen Inquisitionsdilettanten, die mich in effigie verbrennen, da ihnen die Polizei noch nicht erlaubt, die Personen selbst ins Feuer zu werfen.

Ach, ehrwürdiger Herr! glauben Sie nur nicht, daß ich so klug sei wie ich aussehe, es fehlt mir durchaus nicht an Religion, ich bin keine Tulpe, beileibe keine Tulpe, nur um des Himmels willen keine Tulpe, ich will lieber alles glauben! Ich glaube jetzt schon das hauptsächlichste, was in der Bibel steht, ich glaube, daß Abraham den Isaak, und Isaak den Jakob, und Jakob wieder den Juda gezeugt hat, sowie auch, daß dieser wieder seine Schnur Tamar auf der Landstraße erkannt hat. Ich glaube auch, daß Lot mit seinen Töchtern zu viel getrunken. Ich

glaube, daß die Frau des Potiphar den Rock des frommen Josephs in
Händen behalten. Ich glaube, daß die beiden Alten, die Susannen im
Bade überraschten, sehr alt gewesen sind.

Außerdem glaub ich noch, daß der Erzvater Jakob erst seinen Bruder und dann seinen Schwiegervater betrogen, daß König David dem
Uria eine gute Anstellung bei der Armee gegeben, daß Salomo sich
tausend Weiber angeschafft und nachher gejammert es sei alles eitel.
Auch an die zehn Gebote glaube ich und halte sogar die meisten; ich
laß mich nicht gelüsten meines Nächsten Ochsen, noch seiner Magd,
noch seiner Kuh, noch seines Esels. Ich arbeite nicht am Sabbat, dem
siebenten Tage, wo Gott geruht; ja, aus Vorsicht, da man nicht mehr
genau weiß, welcher dieser siebente Ruhetag war, tue ich oft die ganze
Woche nichts.

Was aber gar die Gebote Christi betrifft, so übte ich immer das
wichtigste, nämlich daß man sogar seine Feinde lieben soll – denn ach!
diejenigen Menschen, die ich am meisten geliebt habe, waren immer,
ohne daß ich es wußte, meine schlimmsten Feinde.«

»Sind die Berliner denn Christen?« rief Signora voller Verwundrung.

»Es hat eine eigne Bewandtnis, mit ihrem Christentum. Dieses fehlt
ihnen im Grunde ganz und gar, und sie sind auch viel zu vernünftig,
um es ernstlich auszuüben. Aber da sie wissen, daß das Christentum
im Staate nötig ist, damit die Untertanen hübsch demütig gehorchen,
und auch außerdem nicht zu viel gestohlen und gemordet wird, so
suchen sie mit großer Beredsamkeit wenigstens ihre Nebenmenschen
zum Christentume zu bekehren, sie suchen gleichsam Remplaçants in
einer Religion, deren Aufrechthaltung sie wünschen und deren strenge
Ausübung ihnen selbst zu mühsam wird.

In dieser Verlegenheit benutzen sie den Diensteifer der armen Juden, diese müssen jetzt für sie Christen werden, und da dieses Volk,
für Geld und gute Worte alles aus sich machen läßt, so haben sich die
Juden schon so ins Christentum hineinexerziert, daß sie ordentlich
schon über Unglauben schreien, auf Tod und Leben die Dreieinigkeit verfechten, in den Hundstagen sogar daran glauben, gegen die
Rationalisten wüten, als Missionäre und Glaubensspione im Lande

herumschleichen und erbauliche Traktätchen verbreiten, in den Kirchen am besten die Augen verdrehen, die scheinheiligsten Gesichter
schneiden, und mit so viel hohem Beifalle frömmeln, daß sich schon
hie und da der Gewerbsneid regt, und die älteren Meister des Hand-
werks schon heimlich klagen: das Christentum sei jetzt ganz in den
Händen der Juden.«

Kapitel 13

»Das Volk muß eine Religion haben!« rief sie. »Eifrig höre ich diesen
Satz predigen von tausend dummen und abertausend scheinheiligen
Lippen –«

»Und dennoch ist es wahr, Mylady. Wie die Mutter nicht alle Fragen
des Kindes mit der Wahrheit beantworten kann, weil seine Fassungs-
kraft es nicht erlaubt, so muß auch eine positive Religion, eine Kirche
vorhanden sein, die alle übersinnlichen Fragen des Volks, seiner Fas-
sungskraft gemäß, recht sinnlich bestimmt beantworten kann.«

»O weh! Doktor…"

»Mylady, ich bin verdrießlich, denn Sie haben recht. Aber es ist nicht
zu ändern, die Menschen werden immer streiten über die Vorzüglich-
keit derjenigen Religionsbegriffe, die man ihnen früh beigebracht,
und der Vernünftige wird immer doppelt zu leiden haben. Einst war
es freilich anders, da ließ sich keiner einfallen, die Lehre und die Feier
seiner Religion besonders anzupreisen, oder gar sie jemanden auf-
zudrängen. Die Religion war eine liebe Tradition, heilige Geschichten, Erinnerungsfeier und Mysterien, überliefert von den Vorfahren,
gleichsam Familiensakra des Volks, und einem Griechen wäre es ein
Greuel gewesen, wenn ein Fremder, der nicht von seinem Geschlechte,
eine Religionsgenossenschaft mit ihm verlangt hätte; noch mehr würde
er es für eine Unmenschlichkeit gehalten haben, irgend jemand, durch
Zwang oder List, dahin zu bringen, seine angeborene Religion aufzugeben und eine fremde dafür anzunehmen.

Da kam aber ein Volk aus Ägypten, dem Vaterland der Krokodile
und des Priestertums, und außer den Hautkrankheiten und den ge-

stohlenen Gold- und Silbergeschirren, brachte es auch eine sogenannte
positive Religion mit, eine sogenannte Kirche, ein Gerüste von Dogmen, an die man glauben, und heiliger Zeremonien, die man feiern
mußte, ein Vorbild der späteren Staatsreligionen. Nun entstand ›die
Menschenmäkelei‹, das Proselytenmachen, der Glaubenszwang, und
all jene heiligen Greul, die dem Menschengeschlechte so viel Blut und
Tränen gekostet.«

Kapitel 14

Ich sprach im vorigen Kapitel von den positiven Religionen nur
insofern sie als Kirchen, unter den Namen Staatsreligionen, noch
besonders vom Staate privilegiert werden. Es gibt aber eine fromme
Dialektik, lieber Leser, die dir aufs bündigste beweisen wird, daß ein
Gegner des Kirchtums einer solchen Staatsreligion auch ein Feind
der Religion und des Staats sei, ein Feind Gottes und des Königs,
oder, wie die gewöhnliche Formel lautet: ein Feind des Throns und
des Altars. Ich aber sage dir, das ist eine Lüge, ich ehre die innere
Heiligkeit jeder Religion und unterwerfe mich den Interessen des
Staates.
    Wenn ich auch dem Anthropomorphismus nicht sonderlich huldige,
so glaube ich doch an die Herrlichkeit Gottes, und wenn auch die Könige so töricht sind, dem Geiste des Volks zu widerstreben, oder gar so
unedel sind, die Organe desselben durch Zurücksetzungen und Verfolgungen zu kränken: so bleibe ich doch, meiner tiefsten Überzeugung
nach, ein Anhänger des Königtums, des monarchischen Prinzips. Ich
hasse nicht den Thron, sondern nur das windige Adelgeziefer, das sich
in die Ritzen der alten Throne eingenistet, und dessen Charakter uns
Montesquieu so genau schildert mit den Worten: »Ehrgeiz im Bunde
mit dem Müßiggange, die Gemeinheit im Bunde mit dem Hoch-
mute, die Begierde, sich zu bereichern ohne Arbeit, die Abneigung
gegen die Wahrheit, die Schmeichelei, der Verrat, die Treulosigkeit,
der Wortbruch, die Verachtung der Bürgerpflichten, die Furcht vor
Fürstentugend und das Interesse an Fürstenlaster!«

Ich hasse nicht den Altar, sondern ich hasse die Schlangen, die unter dem Gerülle der alten Altäre lauern; die argklugen Schlangen, die unschuldig wie Blumen zu lächeln wissen, während sie heimlich ihr Gift spritzen in den Kelch des Lebens, und Verleumdung zischen in das Ohr des frommen Beters...

Eben weil ich ein Freund des Staats und der Religion bin, hasse ich jene Mißgeburt, die man Staatsreligion nennt, jenes Spottgeschöpf, das aus der Buhlschaft der weltlichen und der geistlichen Macht entstanden, jenes Maultier, das der Schimmel des Antichrists mit der Eselin Christi gezeugt hat. Gäbe es keine solche Staatsreligion, keine Bevorrechtung eines Dogmas und eines Kultus, so wäre Deutschland einig und stark und seine Söhne wären herrlich und frei.

So aber ist unser armes Vaterland zerrissen durch Glaubenszwiespalt, das Volk ist getrennt in feindliche Religionsparteien, protestantische Untertanen hadern mit ihren katholischen Fürsten oder umgekehrt, überall Mißtrauen ob Kryptokatholizismus oder Kryptoprotestantismus, überall Verketzerung, Gesinnungsspionage, Pietismus, Mystizismus, Kirchenzeitungsschnüffeleien, Sektenhaß, Bekehrungssucht, und während wir über den Himmel streiten, gehen wir auf Erden zugrunde. Ein Indifferentismus in religiösen Dingen wäre vielleicht allein imstande uns zu retten, und durch Schwächerwerden im Glauben könnte Deutschland politisch erstarken.

Für die Religion selber, für ihr heiliges Wesen, ist es ebenso verderblich, wenn sie mit Privilegien bekleidet ist, wenn ihre Diener vom Staate vorzugsweise dotiert werden, und zur Erhaltung dieser Dotationen ihrerseits verpflichtet sind, den Staat zu vertreten, und solchermaßen eine Hand die andere wäscht, die geistliche die weltliche, und umgekehrt, und ein Wischwasch entsteht, der dem lieben Gott eine Torheit und den Menschen ein Greul ist. Hat nun der Staat Gegner, so werden diese auch Feinde der Religion, die der Staat bevorrechtet und die deshalb seine Alliierte ist; und selbst der harmlose Gläubige wird mißtrauisch, wenn er in der Religion auch politische Absicht wittert.

Am widerwärtigsten aber ist der Hochmut der Priester, wenn sie für die Dienste, die sie dem Staate zu leisten glauben, auch auf dessen Unterstützung rechnen dürfen, wenn sie für die geistige Fessel, die sie ihm, um die Völker zu binden, geliehen haben, auch über seine Bajonette verfügen können. Die Religion kann nie schlimmer sinken als wenn sie solchermaßen zur Staatsreligion erhoben wird, es geht dann gleichsam ihre innere Unschuld verloren, und sie wird so öffentlich stolz, wie eine deklarierte Mätresse. Freilich werden ihr dann mehr Huldigungen und Ehrfurchtsversicherungen dargebracht, sie feiert täglich neue Siege, in glänzenden Prozessionen, bei solchen Triumphen tragen sogar bonapartistische Generale ihr die Kerzen vor, die stolzesten Geister schwören zu ihrer Fahne, täglich werden Ungläubige bekehrt und getauft – aber dies viele Wasseraufgießen macht die Suppe nicht fetter, und die neuen Rekruten der Staatsreligion gleichen den Soldaten, die Falstaff geworben – sie füllen die Kirche. Von Aufopfrung ist gar nicht mehr die Rede, wie Kaufmannsdiener mit ihren Musterkarren, so reisen die Missionäre mit ihren Traktätchen und Bekehrungsbüchlein, es ist keine Gefahr mehr bei diesem Geschäfte, und es bewegt sich ganz in merkantilisch ökonomischen Formen.

Nur solange die Religionen mit anderen zu rivalisieren haben, und weit mehr verfolgt werden als selbst verfolgen, sind sie herrlich und ehrenwert, nur da gibt's Begeisterung, Aufopferung, Märtyrer und Palmen. Wie schön, wie heilig lieblich, wie heimlich süß, war das Christentum der ersten Jahrhunderte, als es selbst noch seinem göttlichen Stifter glich im Heldentum des Leidens. Da war's noch die schöne Legende von einem heimlichen Gotte, der in sanfter Jünglingsgestalt unter den Palmen Palästinas wandelte, und Menschenliebe predigte, und jene Freiheit- und Gleichheitslehre offenbarte, die auch später die Vernunft der größten Denker als wahr erkannt hat, und die, als französisches Evangelium, unsere Zeit begeistert.

Mit jener Religion Christi vergleiche man die verschiedenen Christentümer, die in den verschiedenen Ländern als Staatsreligionen konstituiert worden, z. B. die römisch apostolisch katholische Kirche, oder gar jenen Katholizismus ohne Poesie, den wir als High Church of England herrschen sehen, jenes kläglich morsche Glaubensskelett, worin alles blühende Leben erloschen ist! Wie den Gewerben ist auch den

Religionen das Monopolsystem schädlich, durch freie Konkurrenz bleiben sie kräftig, und sie werden erst dann zu ihrer ursprünglichen Herrlichkeit wieder erblühen, sobald die politische Gleichheit der Gottesdienste, sozusagen die Gewerbefreiheit der Götter eingeführt wird.

Die edelsten Menschen in Europa haben es längst ausgesprochen, daß dieses das einzige Mittel ist, die Religion vor gänzlichem Untergang zu bewahren; doch die Diener derselben werden eher den Altar selbst aufopfern, als daß sie von dem was darauf geopfert wird, das mindeste verlieren möchten; ebenso wie der Adel eher den Thron selbst und Hochdenjenigen, der hoch darauf sitzt, dem sichersten Verderben überlassen würde, als daß er mit ernstlichem Willen die ungerechteste seiner Gerechtsame aufgäbe.

Ist doch das affektierte Interesse für Thron und Altar nur ein Possenspiel, das dem Volke vorgegaukelt wird! Wer das Zunftgeheimnis belauert hat, weiß, daß die Pfaffen viel weniger als die Laien den Gott respektieren, den sie zu ihrem eignen Nutzen, nach Willkür, aus Brot und Wort zu kneten wissen, und daß die Adligen viel weniger als es ein Roturier vermöchte, den König respektieren, und sogar ebendas Königtum, dem sie öffentlich so viele Ehrfurcht zeigen, und dem sie so viel Ehrfurcht bei anderen zu erwerben suchen, in ihrem Herzen verhöhnen und verachten: – wahrlich, sie gleichen jenen Leuten, die dem gaffenden Publikum, in den Marktbuden, irgendeinen Herkules oder Riesen, oder Zwerg, oder Wilden, oder Feuerfresser, oder sonstig merkwürdigen Mann für Geld zeigen, und dessen Stärke, Erhabenheit, Kühnheit, Unverletzlichkeit, oder, wenn er ein Zwerg ist, dessen Weisheit, mit der übertriebensten Ruhmredigkeit auspreisen, und dabei in die Trompete stoßen, und eine bunte Jacke tragen, während sie darunter, im Herzen, die Leichtgläubigkeit des staunenden Volkes verlachen und den armen Hochgepriesenen verspotten, der ihnen aus Gewohnheit des täglichen Anblicks sehr uninteressant geworden, und dessen Schwächen und nur andressierte Künste sie allzu genau kennen.

Ob der liebe Gott es noch lange dulden wird, daß die Pfaffen einen leidigen Popanz für ihn ausgeben und damit Geld verdienen, das weiß ich nicht; – wenigstens würde ich mich nicht wundern, wenn ich mal im Hamb. Unpart. Correspondenten läse: daß der alte Jehova jedermann warne, keinem Menschen, es sei wer es wolle, nicht einmal seinem Sohne, auf seinen Namen Glauben zu schenken. Überzeugt bin ich aber, wir werden's mit der Zeit erleben daß die Könige sich nicht mehr hergeben wollen zu einer Schaupuppe ihrer adligen Verächter, daß sie die Etiketten brechen, ihren marmornen Buden entspringen, und unwillig von sich werfen den glänzenden Plunder, der dem Volke imponieren sollte, den roten Mantel, der scharfrichterlich abschreckte, den diamantenen Reif, den man ihnen über die Ohren gezogen, um sie den Volksstimmen zu versperren, den goldnen Stock, den man ihnen als Scheinzeichen der Herrschaft in die Hand gegeben – und die befreiten Könige, werden frei sein wie andre Menschen, und frei unter ihnen wandeln, und frei fühlen und frei heuraten, und frei ihre Meinung bekennen, und das ist die Emanzipation der Könige.

Englische Fragmente (1828)

IX. Die Emanzipation

Wenn man mit dem dümmsten Engländer über Politik spricht, so wird er doch immer etwas Vernünftiges zu sagen wissen. Sobald man aber das Gespräch auf Religion lenkt, wird der gescheiteste Engländer nichts als Dummheiten zutage fördern. Daher entsteht wohl jene Verwirrung der Begriffe, jene Mischung von Weisheit und Unsinn, sobald im Parlamente die Emanzipation der Katholiken zur Sprache kommt, eine Streitfrage, worin Politik und Religion kollidieren. Selten in ihren parlamentarischen Verhandlungen ist es den Engländern möglich ein Prinzip auszusprechen, sie diskutieren nur den Nutzen oder Schaden der Dinge, und bringen Fakta, die einen pro, die anderen contra, zum Vorschein.

Mit Faktis aber kann man zwar streiten, doch nicht siegen, da gibt es nichts als ein materielles Hin- und Herschlagen ...

Was den englischen Klerus betrifft, so bedarf es keiner Erörterung, weshalb von dieser Seite die Katholiken verfolgt werden. Verfolgung der Andersdenkenden ist überall das Monopol der Geistlichkeit, und auch die anglikanische Kirche behauptet streng ihre Rechte. Freilich, die Zehnten sind ihr die Hauptsache, sie würde durch die Emanzipation der Katholiken einen großen Teil ihres Einkommens verlieren, und Aufopferung eigener Interessen ist ein Talent, das den Priestern der Liebe ebensosehr abgeht, wie den sündigen Laien. Dazu kommt noch, daß jene glorreiche Revolution, welcher England die meisten seiner jetzigen Freiheiten verdankt, aus religiösem, protestantischem Eifer hervorgegangen: ein Umstand, der den Engländern gleichsam noch besondere Pflichten der Dankbarkeit gegen die herrschende protestantische Kirche auferlegt, und sie diese als das Hauptbollwerk ihrer Freiheit betrachten läßt. Manche ängstliche Seelen unter ihnen mögen wirklich den Katholizismus und dessen Wiedereinführung fürchten, und an die Scheiterhaufen von Smithfield denken – und ein gebranntes Kind scheut das Feuer.

De l' Allemagne –
Über Deutschland

Die Romantische Schule

Erstes Buch

Vorbericht zur ersten Auflage

Obgleich diese Blätter, die ich für die »Europe littéraire«, eine hiesige Zeitschrift, geschrieben habe, erst die Einleitung zu weiteren Artikeln bilden, so muß ich sie doch jetzt schon dem vaterländischen Publikum mitteilen, damit kein Dritter mir die Ehre erzeigt, mich aus dem Französischen ins Deutsche zu übersetzen.

In der »Europe littéraire« fehlen einige Stellen, die ich hier vollständig abdrucke; die Ökonomie der Zeitschrift verlangte einige geringfügige Auslassungen. An Druckfehlern ließ es der deutsche Setzer ebensowenig fehlen wie der französische. Das hier zum Grunde gelegte Buch der Frau v. Staël heißt »De l'Allemagne«. Ich kann zugleich nicht umhin, eine Anmerkung zu berichtigen, womit die Redaktion der »Europe littéraire« diese Blätter begleitet hat. Sie bemerkte nämlich: »daß dem katholischen Frankreich die deutsche Literatur von einem protestantischen Standpunkte aus dargestellt werden müsse«.

Vergebens war meine Einwendung, »es gäbe kein katholisches Frankreich; ich schriebe für kein katholisches Frankreich; es sei hinreichend, wenn ich selbst erwähne, daß ich in Deutschland zur protestantischen Kirche gehöre; diese Erwähnung, indem sie bloß das Faktum ausspricht, daß ich das Vergnügen habe in einem lutherischen Kirchenbuche als ein evangelischer Christ zu paradieren, gestatte sie mir doch, in den Büchern der Wissenschaft jede Meinung, selbst wenn solche dem protestantischen Dogma widerspräche, vorzutragen: wohingegen die Anmerkung, ich schriebe meine Aufsätze vom protestantischen Standpunkte aus, mir eine dogmatische Fessel anlegen würde.« – Vergebens, die Redaktion der »Europe« hat solche subtile, tüdeske Distinktionen unbeachtet gelassen. Ich berichte dieses zum Teil, damit man mich nicht einer Inkonsequenz zeihe, zum Teil auch, damit mich nicht gar der läppische Argwohn trifft, als wollte ich auf kirchliche Unterscheidungen einen Wert legen.

Da die Franzosen unsere deutsche Schulsprache nicht verstehen, habe ich, bei einigen das Wesen Gottes betreffenden Erörterungen, diejenigen Ausdrücke gebraucht, mit denen sie, durch den apostolischen Eifer der Saint-Simonisten, vertraut geworden sind; da nun diese Ausdrücke ganz nackt und bestimmt meine Meinung aussprechen, habe ich sie auch in der deutschen Version beibehalten. Junker und Pfaffen, die, in der letzten Zeit mehr als je, die Macht meines Wortes gefürchtet, und mich deshalb zu depopularisieren gesucht, mögen immerhin jene Ausdrücke mißbrauchen, um mich, mit einigem Schein, des Materialismus oder gar des Atheismus zu beschuldigen; sie mögen mich immerhin zum Juden machen oder zum Saint-Simonisten; sie mögen mit allen möglichen Verketzerungen mich bei ihrem Pöbel anklagen: – keine feigen Rücksichten sollen mich jedoch verleiten, meine Ansicht von den göttlichen Dingen mit den gebräuchlichen, zweideutigen Worten zu verschleiern. Auch die Freunde mögen mir immerhin darob zürnen, daß ich meine Gedanken nicht gehörig verstecke, daß ich die delikatesten Gegenstände schonungslos enthülle, daß ich ein Ärgernis gebe: – weder die Böswilligkeit meiner Feinde, noch die pfiffige Torheit meiner Freunde, soll mich davon abhalten, über die wichtigste Frage der Menschheit, über das Wesen Gottes, unumwunden und offen, mein Bekenntnis auszusprechen.

Ich gehöre nicht zu den Materialisten, die den Geist verkörpern; ich gebe vielmehr den Körpern ihren Geist zurück, ich durchgeistige sie wieder, ich heilige sie.

Ich gehöre nicht zu den Atheisten, die da verneinen; ich bejahe. Die Indifferentisten und sogenannten klugen Leute, die sich über Gott nicht aussprechen wollen, sind die eigentlichen Gottesleugner. Solche schweigende Verleugnung wird jetzt sogar zum bürgerlichen Verbrechen, indem dadurch den Mißbegriffen gefrönt wird, die bis jetzt noch immer dem Despotismus als Stütze dienen.

Anfang und Ende aller Dinge ist in Gott.

Geschrieben zu Paris den 2. April 1833.

Erstes Buch

Was war aber die romantische Schule in Deutschland?

Sie war nichts anders als die Wiedererweckung der Poesie des Mittelalters, wie sie sich in dessen Liedern, Bild- und Bauwerken, in Kunst und Leben manifestiert hatte. Diese Poesie aber war aus dem Christentume hervorgegangen, sie war eine Passionsblume, die dem Blute Christi entsprossen. Ich weiß nicht, ob die melancholische Blume, die wir in Deutschland Passionsblume benamsen, auch in Frankreich diese Benennung führt, und ob ihr von der Volkssage ebenfalls jener mystische Ursprung zugeschrieben wird. Es ist jene sonderbare mißfarbige Blume, in deren Kelch man die Marterwerkzeuge, die bei der Kreuzigung Christi gebraucht worden, nämlich Hammer, Zange, Nägel usw., abkonterfeit sieht, eine Blume, die durchaus nicht häßlich, sondern nur gespenstisch ist, ja, deren Anblick sogar ein grauenhaftes Vergnügen in unserer Seele erregt, gleich den krampfhaft süßen Empfindungen, die aus dem Schmerze selbst hervorgehen. In solcher Hinsicht wäre diese Blume das geeignetste Symbol für das Christentum selbst, dessen schauerlichster Reiz eben in der Wollust des Schmerzes besteht.

Obgleich man in Frankreich unter dem Namen Christentum nur den römischen Katholizismus versteht, so muß ich doch besonders bevorworten, daß ich nur von letzterem spreche. Ich spreche von jener Religion, in deren ersten Dogmen eine Verdammnis alles Fleisches enthalten ist, und die dem Geiste nicht bloß eine Obermacht über das Fleisch zugesteht, sondern auch dieses abtöten will, um den Geist zu verherrlichen; ich spreche von jener Religion, durch deren unnatürliche Aufgabe ganz eigentlich die Sünde und die Hypokrisie in die Welt gekommen, indem eben durch die Verdammnis des Fleisches die unschuldigsten Sinnenfreuden eine Sünde geworden und durch die Unmöglichkeit, ganz Geist zu sein, die Hypokrisie sich ausbilden mußte; ich spreche von jener Religion, die ebenfalls durch die Lehre von der Verwerflichkeit aller irdischen Güter, von der auferlegten Hundedemut und Engelsgeduld die erprobteste Stütze des Despotismus geworden.

Die Menschen haben jetzt das Wesen dieser Religion erkannt, sie lassen sich nicht mehr mit Anweisungen auf den Himmel abspeisen, sie wissen, daß auch die Materie ihr Gutes hat und nicht ganz des Teufels ist, und sie vindizieren jetzt die Genüsse der Erde, dieses schönen Gottesgartens, unseres unveräußerlichen Erbteils. Eben weil wir alle Konsequenzen jenes absoluten Spiritualismus jetzt so ganz begreifen, dürfen wir auch glauben, daß die christkatholische Weltansicht ihre Endschaft erreicht. Denn jede Zeit ist eine Sphinx, die sich in den Abgrund stürzt, sobald man ihr Rätsel gelöst hat.

Keineswegs jedoch leugnen wir hier den Nutzen, den die christkatholische Weltansicht in Europa gestiftet. Sie war notwendig als eine heilsame Reaktion gegen den grauenhaft kolossalen Materialismus, der sich im römischen Reiche entfaltet hatte und alle geistige Herrlichkeit des Menschen zu vernichten drohte. Wie die schlüpfrigen Memoiren des vorigen Jahrhunderts gleichsam die pièces justificatives der französischen Revolution bilden; wie uns der Terrorismus eines Comité du salut public als notwendige Arznei erscheint, wenn wir die Selbstbekenntnisse der französischen vornehmen Welt seit der Regentschaft gelesen; so erkennt man auch die Heilsamkeit des aszetischen Spiritualismus, wenn man etwa den Petron oder den Apulejus gelesen, Bücher, die man als pièces justificatives des Christentums betrachten kann. Das Fleisch war so frech geworden in dieser Römerwelt, daß es wohl der christlichen Disziplin bedurfte, um es zu züchtigen. Nach dem Gastmahl eines Trimalkion bedurfte man einer Hungerkur gleich dem Christentum.

Oder etwa, wie greise Lüstlinge durch Rutenstreiche das erschlaffte Fleisch zu neuer Genußfähigkeit aufreizen: wollte das alternde Rom sich mönchisch geißeln lassen, um raffinierte Genüsse in der Qual selbst und die Wollust im Schmerze zu finden? Schlimmer Überreiz! er raubte dem römischen Staatskörper die letzten Kräfte. Nicht durch die Trennung in zwei Reiche ging Rom zugrunde; am Bosporus wie an der Tiber ward Rom verzehrt von demselben judäischen Spiritualismus, und hier wie dort ward die römische Geschichte ein langsames Dahinsterben, eine Agonie, die Jahrhunderte dauerte. Hat etwa das gemeuchelte Judäa, indem es den Römern seinen Spiritualismus bescherte, sich an dem siegenden Feinde rächen wollen, wie einst der sterbende Zentaur, der dem Sohne Jupiters das verderbliche Gewand, das mit dem eignen Blute vergiftet war, so listig zu überliefern wußte? Wahrlich, Rom, der Herkules unter den Völkern, wurde durch das judäische Gift so wirksam verzehrt, daß Helm und Harnisch seinen welkenden Gliedern entsanken und seine imperatorische Schlachtstimme herabsiechte zu betendem Pfaffengewimmer und Kastratengetriller.

Aber was den Greis entkräftet, das stärkt den Jüngling. Jener Spiritualismus wirkte heilsam auf die übergesunden Völker des Nordens; die allzu vollblütigen barbarischen Leiber wurden christlich vergeistigt; es begann die europäische Zivilisation. Das ist eine preiswürdige, heilige Seite des Christentums. Die katholische Kirche erwarb sich in dieser Hinsicht die größten Ansprüche auf unsere Verehrung und Bewunderung. Sie hat durch große, geniale Institutionen die Bestialität der nordischen Barbaren zu zähmen und die brutale Materie zu bewältigen gewußt.

Die Kunstwerke des Mittelalters zeigen nun jene Bewältigung der Materie durch den Geist, und das ist oft sogar ihre ganze Aufgabe. Die epischen Dichtungen jener Zeit könnte man leicht nach dem Grade dieser Bewältigung klassifizieren.

Von lyrischen und dramatischen Gedichten kann hier nicht die Rede sein; denn letztere existierten nicht, und erstere sind sich ziemlich ähnlich in jedem Zeitalter, wie die Nachtigallenlieder in jedem Frühling.

Obgleich die epische Poesie des Mittelalters in heilige und profane geschieden war, so waren doch beide Gattungen ihrem Wesen nach ganz christlich; denn wenn die heilige Poesie auch ausschließlich das jüdische Volk, welches für das allein heilige galt, und dessen Geschichte, welche allein die heilige hieß, die Helden des Alten und Neuen Testamentes, die Legende, kurz die Kirche besang, so spiegelte sich doch in der profanen Poesie das ganze damalige Leben mit allen seinen christlichen Anschauungen und Bestrebungen.

Die Blüte der heiligen Dichtkunst im deutschen Mittelalter ist vielleicht »Barlaam und Josaphat«, ein Gedicht, worin die Lehre von der Abnegation, von der Enthaltsamkeit, von der Entsagung, von der Verschmähung aller weltlichen Herrlichkeit am konsequentesten ausgesprochen worden. Hiernächst möchte ich den »Lobgesang auf den heiligen Anno« für das Beste der heiligen Gattung halten. Aber dieses letztere Gedicht greift schon weit hinaus ins Weltliche. Es unterscheidet sich überhaupt von den ersteren wie etwa ein byzantinisches Heiligenbild von einem altdeutschen. Wie auf jenen byzantinischen Gemälden, sehen wir ebenfalls in »Barlaam und Josaphat« die höchste Einfachheit, nirgends ist perspektivisches Beiwerk, und die lang mageren, statuenähnlichen Leiber und die idealisch ernsthaften Gesichter treten streng abgezeichnet hervor, wie aus weichem Goldgrund; – im »Lobgesang auf den heiligen Anno« wird, wie auf altdeutschen Gemälden, das Beiwerk fast zur Hauptsache, und trotz der grandiosen Anlage ist doch das einzelne aufs kleinlichste ausgeführt, und man weiß nicht, ob man dabei die Konzeption eines Riesen oder die Geduld eines Zwergs bewundern soll. Ottfrieds Evangeliengedicht, das man als das Hauptwerk der heiligen Poesie zu rühmen pflegt, ist lange nicht so ausgezeichnet wie die erwähnten beiden Dichtungen.

In der profanen Poesie finden wir nach obiger Andeutung zuerst den Sagenkreis der Nibelungen und des Heldenbuchs; da herrscht noch die ganze vorchristliche Denk- und Gefühlsweise, da ist die rohe Kraft noch nicht zum Rittertum herabgemildert, da stehen noch wie Steinbilder die starren Kämpen des Nordens, und das sanfte Licht und der sittige Atem des Christentums dringt noch nicht durch die eisernen Rüstungen. Aber es dämmert allmählich in den altgermanischen Wäldern, die alten Götzeneichen werden gefällt, und es entsteht ein lichter Kampfplatz, wo der Christ mit dem Heiden kämpft, und dieses sehen wir im Sagenkreis Karls des Großen, worin sich eigentlich die Kreuzzüge mit ihren heiligen Tendenzen abspiegeln.

Nun aber, aus der christlich spiritualisierten Kraft, entfaltet sich die eigentümlichste Erscheinung des Mittelalters, das Rittertum, das sich endlich noch sublimiert als ein geistliches Rittertum. Jenes, das weltliche Rittertum, sehen wir am anmutigsten verherrlicht in dem Sagenkreis des Königs Artus, worin die süßeste Galanterie, die ausgebildetste courtoisie und die abenteuerlichste Kampflust herrscht. Aus den süß närrischen Arabesken und phantastischen Blumengebilden dieser Gedichte grüßen uns der köstliche Iwein, der vortreffliche Lanzelot vom See und der tapfere, galante, honette, aber etwas langweilige Wigalois.

Neben diesem Sagenkreis sehen wir den damit verwandten und verwebten Sagenkreis vom »heiligen Gral«, worin das geistliche Rittertum verherrlicht wird, und da treten uns entgegen drei der grandiosesten Gedichte des Mittelalters, der »Titurel«, der »Parzival« und der »Lohengrin«; hier stehen wir der romantischen Poesie gleichsam persönlich gegenüber, wir schauen ihr tief hinein in die großen leidenden Augen, und sie umstrickt uns unversehens mit ihrem scholastischen Netzwerk und zieht uns hinab in die wahnwitzige Tiefe der mittelalterlichen Mystik.

Endlich sehen wir aber auch Gedichte in jener Zeit, die dem christlichen Spiritualismus nicht unbedingt huldigen, ja worin dieser sogar frondiert wird, wo der Dichter sich den Ketten der abstrakten christlichen Tugenden entwindet und wohlgefällig sich hinabtaucht in die Genußwelt der verherrlichten Sinnlichkeit; und es ist eben nicht der schlechteste Dichter, der uns das Hauptwerk dieser Richtung, »Tristan und Isolde«, hinterlassen hat. Ja, ich muß gestehen, Gottfried von Straßburg, der Verfasser dieses schönsten Gedichts des Mittelalters, ist vielleicht auch dessen größter Dichter, und er überragt noch alle

Herrlichkeit des Wolfram von Eschilbach, den wir im »Parzival« und in den Fragmenten des »Titurel« so sehr bewundern.

Es ist vielleicht jetzt erlaubt, den Meister Gottfried unbedingt zu rühmen und zu preisen. Zu seiner Zeit hat man sein Buch gewiß für gottlos und ähnliche Dichtungen, wozu schon der »Lancelot« gehörte, für gefährlich gehalten. Und es sind wirklich auch bedenkliche Dinge vorgefallen. Francesca da Polenta und ihr schöner Freund mußten teuer dafür büßen, daß sie eines Tages miteinander in einem solchen Buche lasen; – die größere Gefahr freilich bestand darin, daß sie plötzlich zu lesen aufhörten!

Die Poesie in allen diesen Gedichten des Mittelalters trägt einen bestimmten Charakter, wodurch sie sich von der Poesie der Griechen und Römer unterscheidet. In betreff dieses Unterschieds nennen wir erstere die romantische und letztere die klassische Poesie. Diese Benennungen aber sind nur unsichere Rubriken und führten bisher zu den unerquicklichsten Verwirrnissen, die noch gesteigert wurden, wenn man die antike Poesie statt klassisch auch plastisch nannte.

Hier lag besonders der Grund zu Mißverständnissen. Nämlich die Künstler sollen ihren Stoff immer plastisch bearbeiten, er mag christlich oder heidnisch sein, sie sollen ihn in klaren Umrissen darstellen, kurz: plastische Gestaltung soll in der romantisch modernen Kunst, ebenso wie in der antiken Kunst, die Hauptsache sein.

Anders ist es in der romantischen Kunst; da haben die Irrfahrten eines Ritters noch eine esoterische Bedeutung, sie deuten vielleicht auf die Irrfahrten des Lebens überhaupt; der Drache, der überwunden wird, ist Sünde; der Mandelbaum, der dem Helden aus der Ferne so tröstlich zuduftet, das ist die Dreieinigkeit, Gott-Vater und Gott-Sohn und Gott-Heiliger Geist, die zugleich Eins ausmachen, wie Nuß, Faser und Kern dieselbe Mandel sind.

Wenn Homer die Rüstung eines Helden schildert, so ist es eben nichts andres als eine gute Rüstung, die so und so viel Ochsen wert ist; wenn aber ein Mönch des Mittelalters in seinem Gedichte die Röcke der Muttergottes beschreibt, so kann man sich darauf verlassen, daß er sich unter diesen Röcken ebenso viele verschiedene Tugenden denkt, daß ein besonderer Sinn verborgen ist unter diesen heiligen Bedeckungen der unbefleckten Jungfrauschaft Maria, welche auch, da ihr Sohn der Mandelkern ist, ganz vernünftigerweise als Mandelblüte besungen wird. Das ist nun der Charakter der mittelalterlichen Poesie, die wir die romantische nennen.

Die klassische Kunst hatte nur das Endliche darzustellen, und ihre Gestalten konnten identisch sein mit der Idee des Künstlers. Die romantische Kunst hatte das Unendliche und lauter spiritualistische Beziehungen darzustellen oder vielmehr anzudeuten, und sie nahm ihre Zuflucht zu einem System traditioneller Symbole oder vielmehr zum Parabolischen, wie schon Christus selbst seine spiritualistischen Ideen durch allerlei schöne Parabeln deutlich zu machen suchte. Daher das Mystische, Rätselhafte, Wunderbare und Überschwengliche in den Kunstwerken des Mittelalters; die Phantasie macht ihre entsetzlichsten Anstrengungen, das Reingeistige durch sinnliche Bilder darzustellen, und sie erfindet die kolossalsten Tollheiten, sie stülpt den Pelion auf den Ossa, den »Parzival« auf den »Titurel«, um den Himmel zu erreichen.

Von der Musik des Mittelalters können wir nicht viel sagen. Es fehlen uns die Urkunden. Erst spät, im sechzehnten Jahrhundert, entstanden die Meisterwerke der katholischen Kirchenmusik, die man in ihrer Art nicht genug schätzen kann, da sie den christlichen Spiritualismus am reinsten aussprechen. Die rezitierenden Künste, spiritualistisch ihrer Natur nach, konnten im Christentum ein ziemliches Gedeihen finden.

Minder vorteilhaft war diese Religion für die bildenden Künste. Denn da auch diese den Sieg des Geistes über die Materie darstellen sollten und dennoch ebendiese Materie als Mittel ihrer Darstellung gebrauchen mußten, so hatten sie gleichsam eine unnatürliche Aufgabe zu lösen. Daher in Skulptur und Malerei jene abscheulichen Themata: Martyrbilder, Kreuzigungen, sterbende Heilige, Zerstörung des Fleisches. Die Aufgaben selbst waren ein Martyrium der Skulptur, und wenn ich jene verzerrten Bildwerke sehe, wo durch schieffromme Köpfe, lange, dünne Arme, magere Beine und ängstlich unbeholfene Gewänder die christliche Abstinenz und Entsinnlichung dargestellt

werden soll, so erfaßt mich unsägliches Mitleid mit den Künstlern
jener Zeit.

Die Maler waren wohl etwas begünstigter, da das Material ihrer
Darstellung, die Farbe, in seiner Unerfaßbarkeit, in seiner bunten
Schattenhaftigkeit dem Spiritualismus nicht so derb widerstrebte wie
das Material der Skulptoren; dennoch mußten auch sie, die Maler,
mit den widerwärtigsten Leidensgestalten die seufzende Leinwand
belasten. Wahrlich, wenn man manche Gemäldesammlung betrachtet
und nichts als Blutszenen, Stäupen und Hinrichtung dargestellt sieht,
so sollte man glauben, die alten Meister hätten diese Bilder für die
Galerie eines Scharfrichters gemalt.

Aber der menschliche Genius weiß sogar die Unnatur zu verklären,
vielen Malern gelang es, die unnatürliche Aufgabe schön und erhebend
zu lösen, und namentlich die Italiener wußten der Schönheit etwas
auf Kosten des Spiritualismus zu huldigen und sich zu jener Idealität
emporzuschwingen, die in so vielen Darstellungen der Madonna ihre
Blüte erreicht hat. Die katholische Klerisei hat überhaupt, wenn es
die Madonna galt, dem Sensualismus immer einige Zugeständnisse
gemacht. Dieses Bild einer unbefleckten Schönheit, die noch dabei von
Mutterliebe und Schmerz verklärt ist, hatte das Vorrecht, durch Dichter und Maler gefeiert und mit allen sinnlichen Reizen geschmückt zu
werden. Denn dieses Bild war ein Magnet, welcher die große Menge
in den Schoß des Christentums ziehen konnte. Madonna Maria war
gleichsam die schöne Dame du comptoir der katholischen Kirche,
die deren Kunden, besonders die Barbaren des Nordens, mit ihrem
himmlischen Lächeln anzog und festhielt.

Die Baukunst trug im Mittelalter denselben Charakter wie die andern Künste, wie denn überhaupt damals alle Manifestationen des
Lebens aufs wunderbarste miteinander harmonierten. Hier, in der
Architektur, zeigt sich dieselbe parabolische Tendenz wie in der Dichtkunst. Wenn wir jetzt in einen alten Dom treten, ahnen wir kaum
mehr den esoterischen Sinn seiner steinernen Symbolik. Nur der Ge-
samteindruck dringt uns unmittelbar ins Gemüt. Wir fühlen hier die
Erhebung des Geistes und die Zertretung des Fleisches. Das Innere

des Doms selbst ist ein hohes Kreuz, und wir wandeln da im Werkzeuge des Martyriums selbst; die bunten Fenster werfen auf uns ihre roten und grünen Lichter wie Blutstropfen und Eiter; Sterbelieder umwimmern uns; unter unseren Füßen Leichensteine und Verwesung, und mit den kolossalen Pfeilern strebt der Geist in die Höhe, sich schmerzlich losreißend von dem Leib, der wie ein müdes Gewand zu Boden sinkt.

Wenn man sie von außen erblickt, diese gotischen Dome, diese ungeheuren Bauwerke, die so luftig, so fein, so zierlich, so durchsichtig gearbeitet sind, daß man sie für ausgeschnitzelt, daß man sie für Brabanter Spitzen von Marmor halten sollte: dann fühlt man erst recht die Gewalt jener Zeit, die selbst den Stein so zu bewältigen wußte, daß er fast gespenstisch durchgeistet erscheint, daß sogar diese härteste Materie den christlichen Spiritualismus ausspricht.

Aber die Künste sind nur der Spiegel des Lebens, und wie im Leben der Katholizismus erlosch, so verhallte und erblich er auch in der Kunst. Zur Zeit der Reformation schwand allmählich die katholische Poesie in Europa, und an ihrer Stelle sehen wir die längst abgestorbene griechische Poesie wieder aufleben. Es war freilich nur ein künstlicher Frühling, ein Werk des Gärtners und nicht der Sonne, und die Bäume und Blumen steckten in engen Töpfen, und ein Glashimmel schützte sie vor Kälte und Nordwind.

In der Weltgeschichte ist nicht jedes Ereignis die unmittelbare Folge eines anderen, alle Ereignisse bedingen sich vielmehr wechselseitig. Keineswegs bloß durch die griechischen Gelehrten, die nach der Eroberung von Byzanz zu uns herüber emigriert, ist die Liebe für das Griechentum und die Sucht, es nachzuahmen, bei uns allgemein geworden, sondern auch in der Kunst wie im Leben regte sich ein gleichzeitiger Protestantismus; Leo X., der prächtige Medizäer, war ein ebenso eifriger Protestant wie Luther; und wie man zu Wittenberg in lateinischer Prosa protestierte, so protestierte man zu Rom in Stein, Farbe und Ottaverime. Oder bilden die marmornen Kraftgestalten des Michelangelo, die lachenden Nymphengesichter des Guilio Romano und die lebenstrunkene Heiterkeit in den Versen des Meisters

Ludovico nicht einen protestierenden Gegensatz zu dem altdüstern, abgehärmten Katholizismus? Die Maler Italiens polemisierten gegen das Pfaffentum vielleicht weit wirksamer als die sächsischen Theologen. Das blühende Fleisch auf den Gemälden des Tizian, das ist alles Protestantismus. Die Lenden seiner Venus sind viel gründlichere Thesen als die, welche der deutsche Mönch an die Kirchentüre von Wittenberg angeklebt. –

Es war damals, als hätten die Menschen sich plötzlich erlöst gefühlt von tausendjährigem Zwang; besonders die Künstler atmeten wieder frei, als ihnen der Alp des Christentums von der Brust gewälzt schien; enthusiastisch stürzten sie sich in das Meer griechischer Heiterkeit, aus dessen Schaum ihnen wieder die Schönheitsgöttinnen entgegentauchten; die Maler malten wieder die ambrosische Freude des Olymps; die Bildhauer meißelten wieder mit alter Lust die alten Heroen aus dem Marmorblock hervor; die Poeten besangen wieder das Haus des Atireus und des Lajos; es entstand die Periode der neuklassischen Poesie.

Wie sich in Frankreich unter Ludwig XIV. das moderne Leben am vollendetsten ausgebildet, so gewann hier jene neuklassische Poesie ebenfalls eine ausgebildete Vollendung, ja gewissermaßen eine selbständige Originalität. Durch den politischen Einfluß des großen Königs verbreitete sich diese neuklassische Poesie im übrigen Europa; in Italien, wo sie schon einheimisch geworden war, erhielt sie ein französisches Kolorit; mit den Anjous kamen auch die Helden der französischen Tragödie nach Spanien; sie gingen nach England mit Madame Henriette, und wir Deutschen, wie sich von selbst versteht, wir bauten dem gepuderten Olymp von Versailles unsere tölpischen Tempel. Der berühmteste Oberpriester derselben war Gottsched, jene große Allongeperücke, die unser teurer Goethe in seinen Memoiren so trefflich beschrieben hat.

Lessing war der literarische Arminius, der unser Theater von jener Fremdherrschaft befreite. Er zeigte uns die Nichtigkeit, die Lächerlichkeit, die Abgeschmacktheit jener Nachahmungen des französischen Theaters, das selbst wieder dem griechischen nachgeahmt schien. Aber nicht bloß durch seine Kritik, sondern auch durch seine eignen Kunst-

werke ward er der Stifter der neuern deutschen Originalliteratur. Alle
Richtungen des Geistes, alle Seiten des Lebens verfolgte dieser Mann
mit Enthusiasmus und Uneigennützigkeit. Kunst, Theologie, Alter-
tumswissenschaft, Dichtkunst, Theaterkritik, Geschichte, alles trieb
er mit demselben Eifer und zu demselben Zwecke. In allen seinen
Werken lebt dieselbe große soziale Idee, dieselbe fortschreitende Humanität, dieselbe Vernunftreligion, deren Johannes er war, und deren
Messias wir noch erwarten. Diese Religion predigte er immer, aber
leider oft ganz allein und in der Wüste. Und dann fehlte ihm auch die
Kunst, den Stein in Brot zu verwandeln; er verbrachte den größten Teil
seines Lebens in Armut und Drangsal; das ist ein Fluch, der fast auf
allen großen Geistern der Deutschen lastet und vielleicht erst durch
die politische Befreiung getilgt wird.

Mehr, als man ahnte, war Lessing auch politisch bewegt, eine Eigenschaft, die wir bei seinen Zeitgenossen gar nicht finden; wir mer-
ken jetzt erst, was er mit der Schilderung des Duodezdespotismus
in »Emilia Galotti« gemeint hat. Man hielt ihn damals nur für einen
Champion der Geistesfreiheit und Bekämpfer der klerikalen Intole-
ranz; denn seine theologischen Schriften verstand man schon besser.
Die Fragmente »über Erziehung des Menschengeschlechts«, welche
Eugene Rodrigue ins Französische übersetzt hat, können vielleicht den
Franzosen von der umfassenden Weite des Lessingschen Geistes einen
Begriff geben. Die beiden kritischen Schriften, welche den meisten
Einfluß auf die Kunst ausgeübt, sind seine »Hamburgische Drama-
turgie« und sein »Laokoon, oder über die Grenzen der Malerei und
Poesie«. Seine ausgezeichneten Theaterstücke sind: »Emilia Galotti«,
»Minna von Barnhelm« und »Nathan der Weise«.

Gotthold Ephraim Lessing ward geboren zu Kamenz in der Lausitz
den 22. Januar 1729 und starb zu Braunschweig den 15. Februar 1781.
Er war ein ganzer Mann, der, wenn er mit seiner Polemik das Alte
zerstörend bekämpfte, auch zu gleicher Zeit selber etwas Neues und
Besseres schuf; »er glich«, sagt ein deutscher Autor, »jenen frommen
Juden, die beim zweiten Tempelbau von den Angriffen der Feinde oft
gestört wurden und dann mit der einen Hand gegen diese kämpften

und mit der anderen Hand am Gotteshause weiter bauten.« Es ist hier nicht die Stelle, wo ich mehr von Lessing sagen dürfte; aber ich kann nicht umhin zu bemerken, daß er in der ganzen Literaturgeschichte derjenige Schriftsteller ist, den ich am meisten liebe.

Durch seine Bekämpfung des religiösen Aberglaubens beförderte er sogar die nüchterne Aufklärungssucht, die sich zu Berlin breit machte und im seligen Nikolai ihr Hauptorgan und in der »Allgemeinen deutschen Bibliothek« ihr Arsenal besaß. Die kläglichste Mittelmäßigkeit begann damals, widerwärtiger als je ihr Wesen zu treiben, und das Läppische und Leere blies sich auf wie der Frosch in der Fabel.

Später … ward der Calderon übersetzt und weit über den Shakespeare angepriesen; denn bei jenem fand man die Poesie des Mittelalters am reinsten ausgeprägt, und zwar in ihren beiden Hauptmomenten, Rittertum und Mönchtum. Die frommen Komödien des kastilianischen Priesterdichters, dessen poetische Blumen mit Weihwasser besprengt und kirchlich geräuchert sind, wurden jetzt nachgebildet mit all ihrer heiligen Grandezza, mit all ihrem sazerdotalen Luxus, mit all ihrer gebenedeiten Tollheit; und in Deutschland erblühten nun jene buntgläubigen, närrisch tiefsinnigen Dichtungen, in welchen man sich mystisch verliebte, wie in der »Andacht zum Kreuz«, oder zur Ehre der Mutter Gottes schlug, wie im »Standhaften Prinzen«; und Zacharias Werner trieb das Ding so weit, wie man es nur treiben konnte, ohne von Obrigkeits wegen in ein Narrenhaus eingesperrt zu werden.

Der politische Zustand Deutschlands war der christlich-altdeutschen Richtung noch besonders günstig. »Not lehrt beten«, sagt das Sprüchwort, und wahrlich, nie war die Not in Deutschland größer und daher das Volk dem Beten, der Religion, dem Christentum zugänglicher als damals. Kein Volk hegt mehr Anhänglichkeit für seine Fürsten wie das deutsche, und mehr noch als der traurige Zustand, worin das Land durch den Krieg und die Fremdherrschaft geraten, war es der jammervolle Anblick ihrer besiegten Fürsten, die sie zu den Füßen Napoleons kriechen sahen, was die Deutschen aufs unleidlichste betrübte; das ganze Volk glich jenen treuherzigen alten Dienern in großen Häusern, die alle Demütigungen, welche ihre gnädige Herrschaft erdulden muß, noch tiefer empfinden als diese selbst, und die im verborgenen ihre kummervollsten Tränen weinen, wenn etwa das herrschaftliche Silberzeug verkauft werden soll, und die sogar ihre ärmlichen Ersparnisse heimlich dazu verwenden, daß nicht bürgerliche Talglichter statt adliger Wachskerzen auf die herrschaftliche Tafel gesetzt werden, wie wir solches mit hinlänglicher Rührung in den alten Schauspielen sehen.

Die allgemeine Betrübnis fand Trost in der Religion, und es entstand ein pietistisches Hingeben in den Willen Gottes, von welchem allein die Hülfe erwartet wurde. Und in der Tat, gegen den Napoleon konnte auch gar kein anderer helfen als der liebe Gott selbst. Auf die weltlichen Heerscharen war nicht mehr zu rechnen, und man mußte vertrauensvoll den Blick nach dem Himmel wenden. Wir hätten auch den Napoleon ganz ruhig ertragen. Aber unsere Fürsten, während sie hofften, durch Gott von ihm befreit zu werden, gaben sie auch zugleich dem Gedanken Raum, daß die zusammengefaßten Kräfte ihrer Völker dabei sehr mitwirksam sein möchten: man suchte in dieser Absicht den Gemeinsinn unter den Deutschen zu wecken, und sogar die allerhöchsten Personen sprachen jetzt von deutscher Volkstümlichkeit, vom gemeinsamen deutschen Vaterlande, von der Vereinigung der christlich germanischen Stämme, von der Einheit Deutschlands.

Man befahl uns den Patriotismus, und wir wurden Patrioten; denn wir tun alles, was uns unsere Fürsten befehlen. Man muß sich aber unter diesem Patriotismus nicht dasselbe Gefühl denken, das hier in Frankreich diesen Namen führt. Der Patriotismus der Franzosen besteht darin, daß sein Herz erwärmt wird, durch diese Wärme sich ausdehnt, sich erweitert, daß es nicht mehr bloß die nächsten Angehörigen, sondern ganz Frankreich, das ganze Land der Zivilisation, mit seiner Liebe umfaßt; der Patriotismus des Deutschen hingegen besteht darin, daß sein Herz enger wird, daß es sich zusammenzieht wie Leder in der Kälte, daß er das Fremdländische haßt, daß er nicht mehr Weltbürger, nicht mehr Europäer, sondern nur ein enger Deutscher sein will.

Da sahen wir nun das idealische Flegeltum, das Herr Jahn in System gebracht; es begann die schäbige, plumpe, ungewaschene Opposition gegen eine Gesinnung, die eben das Herrlichste und Heiligste ist, was Deutschland hervorgebracht hat, nämlich gegen jene Humanität, gegen jene allgemeine Menschenverbrüderung, gegen jenen Kosmopolitismus, dem unsere großen Geister, Lessing, Herder, Schiller, Goethe, Jean Paul, dem alle Gebildeten in Deutschland immer gehuldigt haben. Was sich bald darauf in Deutschland ereignete, ist euch allzuwohl bekannt. Als Gott, der Schnee und die Kosaken die besten Kräfte des Napoleon zerstört hatten, erhielten wir Deutsche den allerhöchsten Befehl, uns vom fremden Joche zu befreien, und wir loderten auf in männlichem Zorn ob der allzulang ertragenen Knechtschaft, und wir begeisterten uns durch die guten Melodien und schlechten Verse der Körnerschen Lieder, und wir erkämpften die Freiheit; denn wir tun alles, was uns von unseren Fürsten befohlen wird.

In der Periode, wo dieser Kampf vorbereitet wurde, mußte eine Schule, die dem französischen Wesen feindlich gesinnt war und alles deutsch Volkstümliche in Kunst und Leben hervorrühmte, ihr treffliches Gedeihen finden. Die romantische Schule ging damals Hand in Hand mit dem Streben der Regierungen und der geheimen Gesellschaften, und Herr A. W. Schlegel konspirierte gegen Racine zu demselben Ziel, wie der Minister Stein gegen Napoleon konspirierte. Die Schule schwamm mit dem Strom der Zeit, nämlich mit dem Strom, der nach seiner Quelle zurückströmte. Als endlich der deutsche Patriotismus und die deutsche Nationalität vollständig siegte, triumphierte auch definitiv die volkstümlich-germanisch-christlich-romantische Schule, die »neudeutsch-religiös-patriotische Kunst«. Napoleon, der große Klassiker, der so klassisch wie Alexander und Cäsar, stürzte zu Boden, und die Herren August Wilhelm und Friedrich Schlegel, die kleinen Romantiker, die ebenso romantisch wie das Däumchen und der gestiefelte Kater, erhoben sich als Sieger.

Aber auch hier blieb jene Reaktion nicht aus, welche jeder Übertreibung auf dem Fuße folgt. Wie das spiritualistische Christentum eine Reaktion gegen die brutale Herrschaft des imperial römischen

Materialismus war; wie die erneuerte Liebe zur heiter griechischen
Kunst und Wissenschaft als eine Reaktion gegen den bis zur blöd-
sinnigsten Abtötung ausgearteten christlichen Spiritualismus zu betrachten ist; wie die Wiedererweckung der mittelalterlichen Romantik
ebenfalls für eine Reaktion gegen die nüchterne Nachahmerei der
antiken klassischen Kunst gelten kann: so sehen wir jetzt auch eine Reaktion gegen die Wiedereinführung jener katholisch-feudalistischen
Denkweise, jenes Rittertums und Pfaffentums, das in Bild und Wort
gepredigt worden und unter höchst befremdlichen Umständen. Als
nämlich die alten Künstler des Mittelalters, die empfohlenen Muster,
so hoch gepriesen und bewundert standen, hatte man ihre Vortrefflichkeit nur dadurch zu erklären gewußt, daß diese Männer an das
Thema glaubten, welches sie darstellten, daß sie in ihrer kunstlosen
Einfalt mehr leisten konnten als die späteren glaubenlosen Meister,
die es im Technischen viel weiter gebracht, daß der Glauben in ihnen
Wunder getan; – und in der Tat, wie konnte man die Herrlichkeiten
eines Fra Angelico da Fiesole oder das Gedicht des Bruder Ottfried
anders erklären!

Die Künstler allnun, die es mit der Kunst ernsthaft meinten und
die gottvolle Schiefheit jener Wundergemälde und die heilige Unbe-
holfenheit jener Wundergedichte, kurz das unerklärbar Mystische der
alten Werke nachahmen wollten: diese entschlossen sich, zu derselben
Hippokrene zu wandern, wo auch die alten Meister ihre mirakulöse
Begeisterung geschöpft; sie pilgerten nach Rom, wo der Statthalter
Christi mit der Milch seiner Eselin die schwindsüchtige deutsche
Kunst wieder stärken sollte; mit einem Worte, sie begaben sich in
den Schoß der alleinseligmachenden römisch-katholisch-apostolischen
Kirche. Bei mehreren Anhängern der romantischen Schule bedurfte es
keines formellen Übergangs, sie waren Katholiken von Geburt, z. B.
Herr Görres und Herr Clemens Brentano, und sie entsagten nur ihren
bisherigen freigeistigen Ansichten. Andere aber waren im Schoße der
protestantischen Kirche geboren und erzogen, z. B. Friedrich Schlegel,
Herr Ludwig Tieck, Novalis, Werner, Schütz, Carove, Adam Müller
usw., und ihr Übertritt zum Katholizismus bedurfte eines öffentlichen

Akts. Ich habe hier nur Schriftsteller erwähnt; die Zahl der Maler, die scharenweise das evangelische Glaubensbekenntnis und die Vernunft abschworen, war weit größer.

Wenn man nun sah, wie diese jungen Leute vor der römisch-katholischen Kirche gleichsam Queue machten und sich in den alten Geisteskerker wieder hineindrängten, aus welchem ihre Väter sich mit so vieler Kraft befreit hatten, da schüttelte man in Deutschland sehr bedenklich den Kopf. Als man aber entdeckte, daß eine Propaganda von Pfaffen und Junkern, die sich gegen die religiöse und politische Freiheit Europas verschworen, die Hand im Spiele hatte, daß es eigentlich der Jesuitismus war, welcher mit den süßen Tönen der Romantik die deutsche Jugend so verderblich zu verlocken wußte wie einst der fabelhafte Rattenfänger die Kinder von Hameln: da entstand großer Unmut und auflodernder Zorn unter den Freunden der Geistesfreiheit und des Protestantismus in Deutschland.

Ich habe Geistesfreiheit und Protestantismus zusammen genannt; ich hoffe aber, daß man mich, obgleich ich mich in Deutschland zur protestantischen Kirche bekenne, keiner Parteilichkeit für letztere beschuldigen wird. Wahrlich, ohne alle Parteilichkeit habe ich Geistesfreiheit und Protestantismus zusammen genannt; und in der Tat, es besteht in Deutschland ein freundschaftliches Verhältnis zwischen beiden. Auf jeden Fall sind sie beide verwandt und zwar wie Mutter und Tochter. Wenn man auch der protestantischen Kirche manche fatale Engsinnigkeit vorwirft, so muß man doch zu ihrem unsterblichen Ruhme bekennen: indem durch sie die freie Forschung in der christlichen Religion erlaubt und die Geister vom Joche der Autorität befreit wurden, hat die freie Forschung überhaupt in Deutschland Wurzel schlagen und die Wissenschaft sich selbständig entwickeln können.

Die deutsche Philosophie, obgleich sie sich jetzt neben die protestantische Kirche stellt, ja sich über sie heben will, ist doch immer nur ihre Tochter; als solche ist sie immer in betreff der Mutter zu einer schonenden Pietät verpflichtet, und die Verwandtschaftsinteressen verlangten es, daß sie sich verbündeten, als sie beide von der gemeinschaftlichen

Feindin, von dem Jesuitismus, bedroht waren. Alle Freunde der Gedankenfreiheit und der protestantischen Kirche, Skeptiker wie Orthodoxe, erhoben sich zu gleicher Zeit gegen die Restauratoren des Katholizismus; und wie sich von selbst versteht, die Liberalen, welche nicht eigentlich für die Interessen der Philosophie oder der protestantischen Kirche, sondern für die Interessen der bürgerlichen Freiheit besorgt waren, traten ebenfalls zu dieser Opposition. Aber in Deutschland waren die Liberalen bis jetzt auch immer zugleich Schulphilosophen und Theologen, und es ist immer dieselbe Idee der Freiheit, wofür sie kämpfen, sie mögen nun ein rein politisches oder ein philosophisches oder ein theologisches Thema behandeln...

Überhaupt kann man in Deutschland auf das Mitleid und die Tränendrüsen der großen Menge rechnen, wenn man in einer Polemik tüchtig mißhandelt wird. Die Deutschen gleichen dann jenen alten Weibern, die nie versäumen, einer Exekution zuzusehen, die sich da als die neugierigsten Zuschauer vordrängen, beim Anblick des armen Sünders und seiner Leiden aufs bitterste jammern und ihn sogar verteidigen. Diese Klageweiber, die bei literarischen Exekutionen so jammervoll sich gebärden, würden aber sehr verdrießlich sein, wenn der arme Sünder, dessen Auspeitschung sie eben erwarteten, plötzlich begnadigt würde und sie sich, ohne etwas gesehen zu haben, wieder nach Hause trollen müßten. Ihr vergrößerter Zorn trifft dann denjenigen, der sie in ihren Erwartungen getäuscht hat...

Mit diesem Namen (der „Rationalisten") bezeichnet man in Deutschland diejenigen Leute, die der Vernunft auch in der Religion ihre Rechte einräumen, im Gegensatz zu den Supernaturalisten, welche sich da mehr oder minder jeder Vernunfterkenntnis entäußert haben. Letztere, in ihrem Hasse gegen die armen Rationalisten, sind wie die Narren eines Narrenhauses, die, wenn sie auch von den entgegengesetztesten Narrheiten befangen sind, dennoch sich einigermaßen leidlich untereinander vertragen, aber mit der grimmigsten Erbitterung gegen denjenigen Mann erfüllt sind, den sie als ihren gemeinschaftlichen Feind betrachten, und der eben kein anderer ist als der Irrenarzt, der ihnen die Vernunft wiedergeben will.

Wurde nun die romantische Schule durch die Enthüllung der katholischen Umtriebe in der öffentlichen Meinung zugrunde gerichtet, so erlitt sie gleichzeitig in ihrem eigenen Tempel einen vernichtenden Einspruch, und zwar aus dem Munde eines jener Götter, die sie selbst dort aufgestellt. Nämlich Wolfgang Goethe trat von seinem Postamente herab und sprach das Verdammnisurteil über die Herren Schlegel, über dieselben Oberpriester, die ihn mit so viel Weihrauch umduftet. Diese Stimme vernichtete den ganzen Spuk; die Gespenster des Mittelalters entflohen; die Eulen verkrochen sich wieder in die obskuren Burgtrümmer; die Raben flatterten wieder nach ihren alten Kirchtürmen; Friedrich Schlegel ging nach Wien, wo er täglich Messe hörte und gebratene Hähndel aß; Herr August Wilhelm Schlegel zog sich zurück in die Pagode des Brahma.

Offen gestanden, Goethe hat damals eine sehr zweideutige Rolle gespielt, und man kann ihn nicht unbedingt loben. Es ist wahr, die Herren Schlegel haben es nie ehrlich mit ihm gemeint; vielleicht nur, weil sie in ihrer Polemik gegen die alte Schule auch einen lebenden Dichter als Vorbild aufstellen mußten und keinen geeigneteren fanden als Goethe, auch von diesem einigen literarischen Vorschub erwarteten, bauten sie ihm einen Altar und räucherten ihm und ließen das Volk vor ihm knien. Sie hatten ihn auch so ganz in der Nähe. Von Jena nach Weimar führt eine Allee hübscher Bäume, worauf Pflaumen wachsen, die sehr gut schmecken, wenn man durstig ist von der Sommerhitze; und diesen Weg wanderten die Schlegel sehr oft, und in Weimar hatten sie manche Unterredung mit dem Herren Geheimerat von Goethe, der immer ein sehr großer Diplomat war und die Schlegel ruhig anhörte, beifällig lächelte, ihnen manchmal zu essen gab, auch sonst einen Gefallen tat usw. Sie hatten sich auch an Schiller gemacht; aber dieser war ein ehrlicher Mann und wollte nichts von ihnen wissen. Der Briefwechsel zwischen ihm und Goethe, der vor drei Jahren gedruckt worden, wirft manches Licht auf das Verhältnis dieser beiden Dichter zu den Schlegeln. Goethe lächelt vornehm über sie hinweg; Schiller ist ärgerlich über ihre impertinente Skandalsucht, über ihre Manier, durch Skandal Aufsehen zu machen, und er nennt sie »Laffen«.

Mochte jedoch Goethe immerhin vornehm tun, so hatte er nichtsdestoweniger den größten Teil seiner Renommee den Schlegeln zu
verdanken. Diese haben das Studium seiner Werke eingeleitet und befördert. Die schnöde, beleidigende Art, womit er diese beiden Männer
am Ende ablehnte, riecht sehr nach Undank. Vielleicht verdroß es
aber den tiefschauenden Goethe, daß die Schlegel ihn nur als Mittel
zu ihren Zwecken gebrauchen wollten; vielleicht haben ihn, den Minister eines protestantischen Staates, diese Zwecke zu kompromittieren
gedroht; vielleicht war es gar der altheidnische Götterzorn, der in
ihm erwachte, als er das dumpfig katholische Treiben sah: – denn wie
Voß dem starren einäugigen Odin glich, so glich Goethe dem großen
Jupiter in Denkweise und Gestalt. Jener freilich mußte mit Thors
Hammer tüchtig zuschlagen; dieser brauchte nur das Haupt mit den
ambrosischen Locken unwillig zu schütteln, und die Schlegel zitterten
und krochen davon.

Es fehlte, wie schon gesagt, nicht an einer Opposition, die gegen
Goethe, diesen großen Baum, mit Erbitterung eiferte. Menschen von
den entgegengesetztesten Meinungen vereinigten sich zu solcher Opposition. Die Altgläubigen, die Orthodoxen, ärgerten sich, daß in dem
Stamme des großen Baumes keine Nische mit einem Heiligenbildchen
befindlich war, ja, daß sogar die nackten Dryaden des Heidentums
darin ihr Hexenwesen trieben, und sie hätten gern mit geweihter Axt,
gleich dem heiligen Bonifazius, diese alte Zaubereiche niedergefällt;
die Neugläubigen, die Bekenner des Liberalismus, ärgerten sich im
Gegenteil, daß man diesen Baum nicht zu einem Freiheitsbaum und
am allerwenigsten zu einer Barrikade benutzen konnte. In der Tat, der
Baum war zu hoch, man konnte nicht auf seinen Wipfel eine rote Mütze stecken und darunter die Carmagnole tanzen. Das große Publikum
aber verehrte diesen Baum, eben weil er so selbständig herrlich war,
weil er so lieblich die ganze Welt mit seinem Wohlduft erfüllte, weil seine Zweige so prachtvoll bis in den Himmel ragten, so daß es aussah, als
seien die Sterne nur die goldnen Früchte des großen Wunderbaums…

Letzteres, daß nämlich Schiller größer sei als Goethe, war der besondere Streitpunkt, den jenes Buch hervorgerufen. Man verfiel in die

Manie, die Produkte beider Dichter zu vergleichen, und die Meinungen teilten sich. Die Schillerianer pochten auf die sittliche Herrlichkeit eines Max Piccolomini, einer Thekla, eines Marquis Posa und sonstiger Schillerschen Theaterhelden, wogegen sie die Goetheschen Personen, eine Philine, ein Käthchen, ein Klärchen und dergleichen hübsche Kreaturen, für unmoralische Weibsbilder erklärten.

Die Goetheaner bemerkten lächelnd, daß letztere und auch die Goetheschen Helden schwerlich als moralisch zu vertreten wären, daß aber die Beförderung der Moral, die man von Goethes Dichtungen verlange, keineswegs der Zweck der Kunst sei: denn in der Kunst gäbe es keine Zwecke, wie in dem Weltbau selbst, wo nur der Mensch die Begriffe »Zweck und Mittel« hineingegrübelt: die Kunst, wie die Welt, sei ihrer selbst willen da, und wie die Welt ewig dieselbe bleibt, wenn auch in ihrer Beurteilung die Ansichten der Menschen unaufhörlich wechseln, so müsse auch die Kunst von den zeitlichen Ansichten der Menschen unabhängig bleiben; die Kunst müßte daher besonders unabhängig bleiben von der Moral, welche auf der Erde immer wechselt, sooft eine neue Religion emporsteigt und die alte Religion verdrängt.

In der Tat, da jedesmal nach Abfluß einer Reihe Jahrhunderte immer eine neue Religion in der Welt aufkommt und, indem sie in die Sitten übergeht, sich auch als eine neue Moral geltend macht: so würde jede Zeit die Kunstwerke der Vergangenheit als unmoralisch verketzern, wenn solche nach dem Maßstabe der zeitigen Moral beurteilt werden sollen. Wie wir es auch wirklich erlebt, haben gute Christen, welche das Fleisch als teuflisch verdammen, immer ein Ärgernis empfunden beim Anblick der griechischen Götterbilder; keusche Mönche haben der antiken Venus eine Schürze vorgebunden; sogar bis in die neuesten Zeiten hat man den nackten Statuen ein lächerliches Feigenblatt angeklebt; ein frommer Quäker hat sein ganzes Vermögen aufgeopfert, um die schönsten mythologischen Gemälde des Giulio Romano anzukaufen und zu verbrennen – wahrlich, er verdiente dafür in den Himmel zu kommen und dort täglich mit Ruten gepeitscht zu werden!

Eine Religion, welche etwa Gott nur in die Materie setzte und daher nur das Fleisch für göttlich hielte, müßte, wenn sie in die Sitten überginge, eine Moral hervorbringen, wonach nur diejenigen Kunstwerke preisenswert, die das Fleisch verherrlichen, und wonach im Gegenteil die christlichen Kunstwerke, die nur die Nichtigkeit des Fleisches darstellen, als unmoralisch zu verwerfen wären. Ja, die Kunstwerke, die in dem einen Lande moralisch, werden in einem anderen Lande, wo eine andere Religion in die Sitten übergegangen, als unmoralisch betrachtet werden können, z. B. unsere bildenden Künste erregen den Abscheu eines strenggläubigen Moslem, und dagegen manche Künste, die in den Haremen des Morgenlands für höchst unschuldig gelten, sind dem Christen ein Greuel. Da in Indien der Stand einer Bajadere durchaus nicht durch die Sitte fletriert ist, so gilt dort das Drama »Vasantasena«, dessen Heldin ein feiles Freudenmädchen, durchaus nicht für unmoralisch; wagte man es aber einmal, dieses Stück im Théâtre Français aufzuführen, so würde das ganze Parterre über Immoralität schreien, dasselbe Parterre, welches täglich mit Vergnügen die Intrigenstücke betrachtet, deren Heldinnen junge Witwen sind, die am Ende lustig heuraten, statt sich, wie die indische Moral es verlangt, mit ihren verstorbenen Gatten zu verbrennen.

Indem die Goetheaner von solcher Ansicht ausgehen, betrachten sie die Kunst als eine unabhängige zweite Welt, die sie so hoch stellen, daß alles Treiben der Menschen, ihre Religion und ihre Moral, wechselnd und wandelbar unter ihr hin sich bewegt. Ich kann aber dieser Ansicht nicht unbedingt huldigen; die Goetheaner ließen sich dadurch verleiten, die Kunst selbst als das Höchste zu proklamieren und von den Ansprüchen jener ersten wirklichen Welt, welcher doch der Vorrang gebührt, sich abzuwenden.

Schiller hat sich jener ersten Welt viel bestimmter angeschlossen als Goethe, und wir müssen ihn in dieser Hinsicht loben. Ihn, den Friedrich Schiller, erfaßte lebendig der Geist seiner Zeit, er rang mit ihm, er ward von ihm bezwungen, er folgte ihm zum Kampfe, er trug sein Banner, und es war dasselbe Banner, worunter man auch jenseits des Rheines so enthusiastisch stritt, und wofür wir noch immer bereit sind, unser bestes Blut zu vergießen. Schiller schrieb für die großen Ideen der Revolution, er zerstörte die geistigen Bastillen, er baute an dem

Tempel der Freiheit und zwar an jenem ganz großen Tempel, der alle Nationen gleich einer einzigen Brüdergemeinde umschließen soll; er war Kosmopolit. Er begann mit jenem Haß gegen die Vergangenheit, welchen wir in den »Räubern« sehen, wo er einem kleinen Titanen gleicht, der aus der Schule gelaufen ist und Schnaps getrunken hat und dem Jupiter die Fenster einwirft; er endigte mit jener Liebe für die Zukunft, die schon im »Don Karlos« wie ein Blumenwald hervorblüht, und er selber ist jener Marquis Posa, der zugleich Prophet und Soldat ist, der auch für das kämpft, was er prophezeit, und unter dem spanischen Mantel das schönste Herz trägt, das jemals in Deutschland geliebt und gelitten hat.

Der Poet, der kleine Nachschöpfer, gleicht dem lieben Gott auch darin, daß er seine Menschen nach dem eigenen Bilde erschafft. Wenn daher Karl Moor und der Marquis Posa ganz Schiller selbst sind, so gleicht Goethe seinem Werther, seinem Wilhelm Meister und seinem Faust, worin man die Phasen seines Geistes studieren kann. Wenn Schiller sich ganz in die Geschichte stürzt, sich für die gesellschaftlichen Fortschritte der Menschheit enthusiasmiert und die Weltgeschichte besingt: so versenkt sich Goethe mehr in die individuellen Gefühle, oder in die Kunst, oder in die Natur. Goethe, den Pantheisten, mußte die Naturgeschichte endlich als ein Hauptstudium beschäftigen, und nicht bloß in Dichtungen, sondern auch in wissenschaftlichen Werken gab er uns die Resultate seiner Forschungen. Sein Indifferentismus war ebenfalls ein Resultat seiner pantheistischen Weltansicht.

Es ist leider wahr, wir müssen es eingestehn, nicht selten hat der Pantheismus die Menschen zu Indifferentisten gemacht. Sie dachten: wenn alles Gott ist, so mag es gleichgültig sein, womit man sich beschäftigt, ob mit Wolken oder mit antiken Gemmen, ob mit Volksliedern oder mit Affenknochen, ob mit Menschen oder mit Komödianten. Aber da ist eben der Irrtum: Alles ist nicht Gott, sondern Gott ist alles; Gott manifestiert sich nicht in gleichem Maße in allen Dingen, er manifestiert sich vielmehr nach verschiedenen Graden in den verschiedenen Dingen, und jedes trägt in sich den Drang, einen höheren

Grad der Göttlichkeit zu erlangen; und das ist das große Gesetz des Fortschrittes in der Natur.

Die Erkenntnis dieses Gesetzes, das am tiefsinnigsten von den Saint-Simonisten offenbart worden, macht jetzt den Pantheismus zu einer Weltansicht, die durchaus nicht zum Indifferentismus führt, sondern zum aufopferungssüchtigsten Fortstreben. Nein, Gott manifestiert sich nicht gleichmäßig in allen Dingen, wie Wolfgang Goethe glaubte, der dadurch ein Indifferentist wurde und, statt mit den höchsten Menschheitsinteressen, sich nur mit Kunstspielsachen, Anatomie, Farbenlehre, Pflanzenkunde und Wolkenbeobachtungen beschäftigte: Gott manifestiert sich in den Dingen mehr oder minder, er lebt in dieser beständigen Manifestation, Gott ist in der Bewegung, in der Handlung, in der Zeit, sein heiliger Odem weht durch die Blätter der Geschichte, letztere ist das eigentliche Buch Gottes; und das fühlte und ahnte Friedrich Schiller, und er ward ein »rückwärtsgekehrter Prophet«, und er schrieb den »Abfall der Niederlande«, den »Dreißigjährigen Krieg« und die »Jungfrau von Orleans« und den »Tell«…

Diese wenigen Andeutungen erklären nun den Groll der verschiedenen Parteien, die in Deutschland gegen Goethe laut geworden. Die Orthodoxen waren ungehalten gegen den großen Heiden, wie man Goethe allgemein in Deutschland nennt; sie fürchteten seinen Einfluß auf das Volk, dem er durch lächelnde Dichtungen, ja durch die unscheinbarsten Liederchen seine Weltansicht einflößte; sie sahen in ihm den gefährlichsten Feind des Kreuzes, das ihm, wie er sagte, so fatal war wie Wanzen, Knoblauch und Tabak; nämlich so ungefähr lautet die Xenie, die Goethe auszusprechen wagte mitten in Deutschland, im Lande, wo jenes Ungeziefer, der Knoblauch, der Tabak und das Kreuz, in heiliger Allianz überall herrschend sind. Just dieses war es jedoch keineswegs, was uns, den Männern der Bewegung, an Goethe mißfiel.

Wie schon erwähnt, wir tadelten die Unfruchtbarkeit seines Wortes, das Kunstwesen, das durch ihn in Deutschland verbreitet wurde, das einen quietisierenden Einfluß auf die deutsche Jugend ausübte, das einer politischen Regeneration unseres Vaterlandes entgegenwirkte. Der indifferente Pantheist wurde daher von den entgegengesetztesten

Seiten angegriffen; um französisch zu sprechen, die äußerste Rechte und die äußerste Linke verbanden sich gegen ihn; und während der schwarze Pfaffe mit dem Kruzifix gegen ihn losschlug, rannte gegen ihn zu gleicher Zeit der wütende Sansculotte mit der Pike.

... eigentümlichere Dinge singt und sagt man von dem Doktor Faustus, welcher nicht bloß die Erkenntnis der Dinge, sondern auch die reellsten Genüsse vom Teufel verlangt hat, und das ist eben der Faust, der die Buchdruckerei erfunden und zur Zeit lebte, wo man anfing, gegen die strenge Kirchenautorität zu predigen und selbständig zu forschen; – so daß mit Faust die mittelalterliche Glaubensperiode aufhört und die moderne kritische Wissenschaftsperiode anfängt. Es ist in der Tat sehr bedeutsam, daß zur Zeit, wo nach der Volksmeinung der Faust gelebt hat, eben die Reformation beginnt, und daß er selber die Kunst erfunden haben soll, die dem Wissen einen Sieg über den Glauben verschafft, nämlich die Buchdruckerei, eine Kunst, die uns aber auch die katholische Gemütsruhe geraubt und uns in Zweifel und Revolutionen gestürzt – ein anderer als ich würde sagen, endlich in die Gewalt des Teufels geliefert hat.

Aber nein, das Wissen, die Erkenntnis der Dinge durch die Vernunft, die Wissenschaft, gibt uns endlich die Genüsse, um die uns der Glaube, das katholische Christentum, so lange geprellt hat; wir erkennen, daß die Menschen nicht bloß zu einer himmlischen, sondern auch zu einer irdischen Gleichheit berufen sind; die politische Brüderschaft, die uns von der Philosophie gepredigt wird, ist uns wohltätiger als die rein geistige Brüderschaft, wozu uns das Christentum verholfen; und das Wissen wird Wort, und das Wort wird Tat, und wir können noch bei Lebzeiten auf dieser Erde selig werden; – wenn wir dann noch obendrein der himmlischen Seligkeit, die uns das Christentum so bestimmt verspricht, nach dem Tode teilhaftig werden, so soll uns das sehr lieb sein.

Das hat nun längst schon das deutsche Volk tiefsinnig geahnt: denn das deutsche Volk ist selber jener gelehrte Doktor Faust, es ist selber jener Spiritualist, der mit dem Geiste endlich die Ungenügbarkeit des Geistes begriffen und nach materiellen Genüssen verlangt und dem

Fleische seine Rechte wiedergibt; – doch noch befangen in der Symbolik der katholischen Poesie, wo Gott als Repräsentant des Geistes und der Teufel als der Repräsentant des Fleisches gilt, bezeichnete man jene Rehabilitation des Fleisches als einen Abfall von Gott, als ein Bündnis mit dem Teufel.

Es wird aber noch einige Zeit dauern, ehe beim deutschen Volke in Erfüllung geht, was es so tiefsinnig in jenem Gedichte prophezeit hat, ehe es eben durch den Geist die Usurpationen des Geistes einsieht und die Rechte des Fleisches vindiziert. Das ist dann die Revolution, die große Tochter der Reformation.

Minder bekannt als der »Faust« ist hier in Frankreich Goethes »West-östlicher Divan«, ein späteres Buch, von welchem Frau v. Staël noch nicht Kenntnis hatte, und dessen wir hier besonders erwähnen müssen. Es enthält die Denk- und Gefühlsweise des Orients in blühenden Liedern und kernigen Sprüchen; und das duftet und glüht darin wie ein Harem voll verliebter Odalisken mit schwarzen geschminkten Gasellenaugen und sehnsüchtig weißen Armen…: – den berauschendsten Lebensgenuß hat hier Goethe in Verse gebracht, und diese sind so leicht, so glücklich, so hingehaucht, so ätherisch, daß man sich wundert, wie dergleichen in deutscher Sprache möglich war…

Dieser Selam aber bedeutet, daß der Okzident seines frierend mageren Spiritualismus überdrüssig geworden und an der gesunden Körperwelt des Orients sich wieder erlaben möchte. Goethe, nachdem er im »Faust« sein Mißbehagen an dem abstrakt Geistigen und sein Verlangen nach reellen Genüssen ausgesprochen, warf sich gleichsam mit dem Geiste selbst in die Arme des Sensualismus, indem er den »West-östlichen Divan« schrieb. – Erwähnenswert mag es auch sein, daß Goethe, indem er Persien und Arabien so freudig besang, gegen Indien den bestimmtesten Widerwillen aussprach. Ihm mißfiel an diesem Lande das Bizarre, Verworrene, Unklare, und vielleicht entstand diese Abneigung dadurch, daß er bei den sanskritischen Studien der Schlegel und ihrer Herren Freunde eine katholische Hinterlist witterte.

Diese Herren betrachteten nämlich Hindostan als die Wiege der katholischen Weltordnung, sie sahen dort das Musterbild ihrer Hierarchie, sie fanden dort ihre Dreieinigkeit, ihre Menschwerdung, ihre Buße, ihre Sühne, ihre Kasteiungen und alle ihre sonstigen geliebten Steckenpferde. Goethes Widerwillen gegen Indien reizte nicht wenig diese Leute, und Herr August Wilhelm Schlegel nannte ihn deshalb mit gläsernem Ärger »einen zum Islam bekehrten Heiden«.

In der Tat, die Übereinstimmung der Persönlichkeit mit dem Genius, wie man sie bei außerordentlichen Menschen verlangt, fand man ganz bei Goethe. Seine äußere Erscheinung war ebenso bedeutsam wie das Wort, das in seinen Schriften lebte; auch seine Gestalt war harmonisch, klar, freudig, edel gemessen, und man konnte griechische Kunst an ihm studieren wie an einer Antike. Dieser würdevolle Leib war nie gekrümmt von christlicher Wurmdemut; die Züge dieses Antlitzes waren nicht verzerrt von christlicher Zerknirschung; diese Augen waren nicht christlich sünderhaft scheu, nicht andächtelnd und himmelnd, nicht flimmernd bewegt: – nein, seine Augen waren ruhig wie die eines Gottes.

Wahrlich, als ich ihn in Weimar besuchte und ihm gegenüberstand, blickte ich unwillkürlich zur Seite, ob ich nicht auch neben ihm den Adler sähe mit den Blitzen im Schnabel. Ich war nahe daran, ihn griechisch anzureden; da ich aber merkte, daß er deutsch verstand, so erzählte ich ihm auf deutsch: daß die Pflaumen auf dem Wege zwischen Jena und Weimar sehr gut schmeckten. Ich hatte in so manchen langen Winternächten darüber nachgedacht, wieviel Erhabenes und Tiefsinniges ich dem Goethe sagen würde, wenn ich ihn mal sähe. Und als ich ihn endlich sah, sagte ich ihm, daß die sächsischen Pflaumen sehr gut schmeckten. Und Goethe lächelte.

Zweites Buch

I.

Der arme Fr. Schlegel, in den Schmerzen unserer Zeit sah er nicht die Schmerzen der Wiedergeburt, sondern die Agonie des Sterbens, und aus Todesangst flüchtete er sich in die zitternden Ruinen der

katholischen Kirche. Diese war jedenfalls der geeignetste Zufluchts-
ort für seine Gemütsstimmung. Er hatte viel heiteren Übermut im
Leben ausgeübt; aber er betrachtete solches als sündhaft, als Sünde,
die späterer Abbuße bedurfte, und der Verfasser der »Lucinde« mußte
notwendigerweise katholisch werden.

Die »Lucinde« ist ein Roman, und außer seinen Gedichten und
einem dem Spanischen nachgebildeten Drama, »Alarkos« geheißen,
ist jener Roman die einzige Originalschöpfung, die Fr. Schlegel hinterlassen. Es hat seinerzeit nicht an Lobpreisern dieses Romans gefehlt.
Der jetzige hochehrwürdige Herr Schleiermacher hat damals enthu-
siastische Briefe über die »Lucinde« herausgegeben. Es fehlte sogar
nicht an Kritikern, die dieses Produkt als ein Meisterstück priesen
und die bestimmt prophezeiten, daß es einst für das beste Buch in der
deutschen Literatur gelten werde. Man hätte diese Leute von Obrigkeits wegen festsetzen sollen, wie man in Rußland die Propheten, die
ein öffentliches Unglück prophezeien, vorläufig so lange einsperrt,
bis ihre Weissagung in Erfüllung gegangen. Nein, die Götter haben
unsere Literatur vor jenem Unglück bewahrt; der Schlegelsche Roman
wurde bald wegen seiner unzüchtigen Nichtigkeit allgemein verworfen
und ist jetzt verschollen.... Die Muttergottes mag es dem Verfasser
verzeihen, daß er dieses Buch geschrieben; nimmermehr verzeihen es
ihm die Musen.

Ich glaube, daß es Fr. Schlegeln mit dem Katholizismus Ernst war.
Von vielen seiner Freunde glaube ich es nicht. Es ist hier sehr schwer,
die Wahrheit zu ermitteln. Religion und Heuchelei sind Zwillings-
schwestern, und beide sehen sich so ähnlich, daß sie zuweilen nicht
voneinander zu unterscheiden sind. Dieselbe Gestalt, Kleidung und
Sprache. Nur dehnt die letztere von beiden Schwestern etwas weicher
die Worte und wiederholt öfter das Wörtchen »Liebe«. – Ich rede von
Deutschland; in Frankreich ist die eine Schwester gestorben, und wir
sehen die andere noch in tiefster Trauer.

Seit dem Erscheinen der Frau v. Staëlschen »De l'Allemagne« hat
Fr. Schlegel das Publikum noch mit zwei großen Werken beschenkt,
die vielleicht seine besten sind und jedenfalls die rühmlichste Erwäh-

nung verdienen. Es sind seine »Weisheit und Sprache der Indier« und seine »Vorlesungen über die Geschichte der Literatur«. Durch das erstgenannte Buch hat er bei uns das Studium des Sanskrit nicht bloß eingeleitet, sondern auch begründet... Zu tadeln habe ich nur den Hintergedanken des Buches. Es ist im Interesse des Katholizismus geschrieben. Nicht bloß die Mysterien desselben, sondern auch die ganze katholische Hierarchie und ihre Kämpfe mit der weltlichen Macht hatten diese Leute in den indischen Gedichten wiedergefunden. Im »Mahabharata« und im »Ramayana« sahen sie gleichsam ein Elefanten-Mittelalter. In der Tat, wenn in letzterwähntem Epos der König Wiswamitra mit dem Priester Wasischta hadert, so betrifft solcher Hader dieselben Interessen, um die bei uns der Kaiser mit dem Papste stritt, obgleich der Streitpunkt hier in Europa die Investitur und dort in Indien die Kuh Sabala genannt ward.

In betreff der Schlegelschen Vorlesungen über Literatur läßt sich Ähnliches rügen. Friedrich Schlegel übersieht hier die ganze Literatur von einem hohen Standpunkte aus, aber dieser hohe Standpunkt ist doch immer der Glockenturm einer katholischen Kirche. Und bei allem, was Schlegel sagt, hört man diese Glocken läuten; manchmal hört man sogar die Turmraben krächzen, die ihn umflattern. Mir ist, als dufte der Weihrauch des Hochamts aus diesem Buche, und als sähe ich aus den schönsten Stellen desselben lauter tonsurierte Gedanken hervorlauschen. Indessen trotz dieser Gebrechen wüßte ich kein besseres Buch dieses Fachs. Nur durch Zusammenstellung der Herderschen Arbeiten solcher Art könnte man sich eine bessere Übersicht der Literatur aller Völker verschaffen. Denn Herder saß nicht wie ein literarischer Großinquisitor zu Gericht über die verschiedenen Nationen und verdammte oder absolvierte sie nach dem Grade ihres Glaubens. Nein, Herder betrachtete die ganze Menschheit als eine große Harfe in der Hand des großen Meisters, jedes Volk dünkte ihm eine besonders gestimmte Saite dieser Riesenharfe, und er begriff die Universal-Harmonie ihrer verschiedenen Klänge.

Fr. Schlegel starb im Sommer 1829, wie man sagte, infolge einer gastronomischen Unmäßigkeit. Er wurde 57 Jahre alt. Sein Tod veranlagte einen der widerwärtigsten literarischen Skandale. Seine Freunde, die Pfaffenpartei, deren Hauptquartier in München, waren ungehalten über die inoffiziöse Weise, womit die liberale Presse diesen Todesfall besprochen; sie verlästerten und schimpften und schmähten daher die deutschen Liberalen. Jedoch von keinem derselben konnten sie sagen:, »daß er das Weib seines Gastfreundes verführt und noch lange Zeit nachher von den Almosen des beleidigten Gatten gelebt habe«.

Wir sind alle Menschen, wir steigen ins Grab und lassen zurück unser Wort, und wenn dieses seine Mission erfüllt hat, dann kehrt es zurück in die Brust Gottes, den Sammelplatz der Dichterworte, die Heimat aller Harmonie.

Wie Herr Tieck und die Schlegel trotz der eignen Ungläubigkeit dennoch den Untergang des Katholizismus bedauerten; wie sie diesen Glauben bei der Menge zu restaurieren wünschten; wie sie in dieser Absicht die protestantischen Nationalisten, die Aufklärer, die echten noch mehr als die falschen, mit Spott und Verlästerung befehdeten; wie sie gegen Männer, die im Leben und in der Literatur eine ehrsame Bürgerlichkeit beförderten, die grimmigste Abneigung hegten; wie sie diese Bürgerlichkeit als philisterhafte Kleinmisere persiflierten und dagegen beständig das große Heldenleben des feudalistischen Mittelalters gerühmt und gefeiert: so hat auch Aristophanes, welcher selber die Götter verspöttelte, dennoch die Philosophen gehaßt, die dem ganzen Olymp den Untergang bereiteten; er haßte den rationalistischen Sokrates, welcher eine bessere Moral predigte; er haßte die Dichter, die gleichsam schon ein modernes Leben aussprachen, welches sich von der früheren griechischen Götter-, Helden- und Königsperiode ebenso unterschied wie unsere jetzige Zeit von den mittelalterlichen Feudalzeiten; er haßte den Euripides, welcher nicht mehr wie Äschylus und Sophokles von dem griechischen Mittelalter trunken war, sondern sich schon der bürgerlichen Tragödie näherte.

Ich zweifle, ob sich Herr Schlegel der wahren Beweggründe bewußt war, warum er den Euripides so sehr herabsetzte, in Vergleichung mit Äschylus und Sophokles: ich glaube, ein unbewußtes Gefühl leitete ihn, in dem alten Tragiker roch er das modern demokratische und protestantische Element, welches schon dem ritterschaftlichen und olympisch katholischen Aristophanes so sehr verhaßt war.

Wie gesagt, die Beförderung der Eleganz ist ein Hauptverdienst des Herren Schlegel, und durch ihn kam auch in das Leben der deutschen Dichter mehr Zivilisation. Schon Goethe hatte das einflußreichste Beispiel gegeben, wie man ein deutscher Dichter sein kann und dennoch den äußerlichen Anstand zu bewahren vermag. In früheren Zeiten verachteten die deutschen Dichter alle konventionellen Formen, und der Name »deutscher Dichter« oder gar der Name »poetisches Genie« erlangte die unerfreulichste Bedeutung. Ein deutscher Dichter war ehemals ein Mensch, der einen abgeschabten, zerrissenen Rock trug, Kindtauf- und Hochzeitgedichte für einen Taler das Stück verfertigte, statt der guten Gesellschaft, die ihn abwies, desto bessere Getränke genoß, auch wohl des Abends betrunken in der Gosse lag, zärtlich geküßt von Lunas gefühlvollen Strahlen. Wenn sie alt geworden, pflegten diese Menschen noch tiefer in ihr Elend zu versinken, und es war freilich ein Elend ohne Sorge, oder dessen einzige Sorge darin besteht: wo man den meisten Schnaps für das wenigste Geld haben kann?

II.

(Die deutschen Theaterdichter; HJF) enthielten sich jeder höheren Weltanschauung; über die zwei wichtigsten Verhältnisse des Menschen, das politische und das religiöse, schwiegen sie mit großer Bescheidenheit …

Außer Goethe ist es Cervantes, welchen Herr Tieck am meisten nachgeahmt. Die humoristische Ironie, ich könnte auch sagen der ironische Humor, dieser beiden modernen Dichter verbreitet auch ihren Duft in den Novellen aus Herren Tiecks dritter Manier. Ironie und Humor sind da so verschmolzen, daß sie ein und dasselbe zu sein scheinen. Von dieser humoristischen Ironie ist viel bei uns die Rede, die Goethesche Kunstschule preist sie als eine besondere Herrlichkeit ihres Meisters, und sie spielt jetzt eine große Rolle in der deutschen Literatur. Aber sie ist nur ein Zeichen unserer politischen Unfreiheit, und

wie Cervantes zur Zeit der Inquisition zu einer humoristischen Ironie
seine Zuflucht nehmen mußte, um seine Gedanken anzudeuten, ohne
den Familiaren des heiligen Offiz eine faßbare Blöße zu geben: so
pflegte auch Goethe im Tone einer humoristischen Ironie dasjenige
zu sagen, was er, der Staatsminister und Höfling, nicht unumwunden auszusprechen wagte. Goethe hat nie die Wahrheit verschwiegen,
sondern, wo er sie nicht nackt zeigen durfte, hat er sie in Humor und
Ironie gekleidet. Die Schriftsteller, die unter Zensur und Geisteszwang
aller Art schmachten und doch nimmermehr ihre Herzensmeinung
verleugnen können, sind ganz besonders auf die ironische und humoristische Form angewiesen. Es ist der einzige Ausweg, welcher der
Ehrlichkeit noch übriggeblieben, und in der humoristisch-ironischen
Verstellung offenbart sich diese Ehrlichkeit noch am rührendsten...

Oder hat der tiefsinnige Spanier noch tiefer die menschliche Natur
verhöhnen wollen? Hat er vielleicht in der Gestalt des Don Quixote
unseren Geist und in der Gestalt des Sancho Pansa unseren Leib allego-
risiert, und das ganze Gedicht wäre alsdann nicht anders als ein großes
Mysterium, wo die Frage über den Geist und die Materie in ihrer
gräßlichsten Wahrheit diskutiert wird? So viel sehe ich in dem Buche,
daß der arme, materielle Sancho für die spirituellen Don Quixoterien
sehr viel leiden muß, daß er für die nobelsten Absichten seines Herrn
sehr oft die ignobelsten Prügel empfängt, und daß er immer verständiger ist als sein hochtrabender Herr; denn er weiß, daß Prügel sehr
schlecht, die Würstchen einer Olla-Potrida aber sehr gut schmecken.
Wirklich, der Leib scheint oft mehr Einsicht zu haben als der Geist,
und der Mensch denkt oft viel richtiger mit Rücken und Magen als
mit dem Kopf.

III.

Des Herren Schellings Einfluß auf die romantische Schule habe ich
bereits angedeutet. Da ich ihn später besonders besprechen werde,
kann ich mir hier seine ausführliche Beurteilung ersparen. Jedenfalls
verdient dieser Mann unsere größte Aufmerksamkeit. Denn in früherer

Zeit ist durch ihn in der deutschen Geisterwelt eine große Revolution entstanden, und in späterer Zeit hat er sich so verändert, daß die Unerfahrnen in die größten Irrtümer geraten, wenn sie den früheren Schelling mit dem jetzigen verwechseln möchten. Der frühere Schelling war ein kühner Protestant, der gegen den Fichteschen Idealismus protestierte.

Dieser Idealismus war ein sonderbares System, das besonders einem Franzosen befremdlich sein muß. Denn während in Frankreich eine Philosophie aufkam, die den Geist gleichsam verkörperte, die den Geist nur als eine Modifikation der Materie anerkannte, kurz, während hier der Materialismus herrschend geworden, erhob sich in Deutschland eine Philosophie, die ganz im Gegenteil nur den Geist als etwas Wirkliches annahm, die alle Materie nur für eine Modifikation des Geistes erklärte, die sogar die Existenz der Materie leugnete. Es schien fast, der Geist habe jenseits des Rheins Rache gesucht für die Beleidigung, die ihm diesseits des Rheines widerfahren.

Als man den Geist hier in Frankreich leugnete, da emigrierte er gleichsam nach Deutschland und leugnete dort die Materie. Fichte könnte man in dieser Beziehung als den Herzog von Braunschweig des Spiritualismus betrachten, und seine idealistische Philosophie wäre nichts als ein Manifest gegen den französischen Materialismus. Aber diese Philosophie, die wirklich die höchste Spitze des Spiritualismus bildet, konnte sich ebensowenig erhalten wie der krasse Materialismus der Franzosen, und Herr Schelling war der Mann, welcher mit der Lehre auftrat, daß die Materie oder, wie er es nannte, die Natur nicht bloß in unserem Geiste, sondern auch in der Wirklichkeit existiere, daß unsere Anschauung von den Dingen identisch sei mit den Dingen selbst. Dieses ist nun die Schellingsche Identitätslehre oder, wie man sie auch nennt, die Naturphilosophie.

Nichts ist lächerlicher als das reklamierte Eigentumsrecht an Ideen. Hegel hat freilich sehr viele Schellingsche Ideen zu seiner Philosophie benutzt; aber Herr Schelling hätte doch nie mit diesen Ideen etwas anzufangen gewußt. Er hat immer nur philosophiert, aber nimmermehr eine Philosophie geben können. Und dann dürfte man wohl behaupten, daß Herr Schelling mehr von Spinoza entlehnt hat, als Hegel von ihm selber. Wenn man den Spinoza einst aus seiner starren, altcartesianischen, mathematischen Form erlöst und ihn dem großen Publikum zugänglicher macht, dann wird sich vielleicht zeigen, daß er mehr als jeder andere über Ideendiebstahl klagen dürfte. Alle unsere heutigen Philosophen, vielleicht oft ohne es zu wissen, sehen sie durch die Brillen, die Baruch Spinoza geschliffen hat.

Mißgunst und Neid hat Engel zum Falle gebracht, und es ist leider nur zu gewiß, daß Unmut wegen Hegels immer steigendem Ansehen den armen Herren Schelling dahin geführt, wo wir ihn jetzt sehen, nämlich in die Schlingen der katholischen Propaganda, deren Hauptquartier zu München. Herr Schelling verriet die Philosophie an die katholische Religion. Alle Zeugnisse stimmen hierin überein, und es war längst vorauszusehen, daß es dazu kommen mußte. Aus dem Munde einiger Machthaber zu München hatte ich so oft die Worte gehört: man müsse den Glauben verbinden mit dem Wissen. Diese Phrase war unschuldig wie die Blume, und dahinter lauerte die Schlange.

Jetzt weiß ich, was ihr gewollt habt. Herr Schelling muß jetzt dazu dienen, mit allen Kräften seines Geistes die katholische Religion zu rechtfertigen, und alles, was er unter dem Namen Philosophie jetzt lehrt, ist nichts anders als eine Rechtfertigung des Katholizismus. Dabei spekulierte man noch auf den Nebenvorteil, daß der gefeierte Name die weisheitsdürstende deutsche Jugend nach München lockt und die jesuitische Lüge im Gewände der Philosophie sie desto leichter betört. Andächtig kniet diese Jugend nieder vor dem Manne, den sie für den Hohepriester der Wahrheit hält, und arglos empfängt sie aus seinen Händen die vergiftete Hostie.

Ein ähnlicher Geist ist Herr Joseph Görres, dessen ich schon mehrmals erwähnt, und der ebenfalls zur Schellingschen Schule gehört. Er ist in Deutschland bekannt unter dem Namen: »der vierte Alliierte«. So hatte ihn nämlich einst ein französischer Journalist genannt, im Jahr 1814, als er, beauftragt von der Heiligen Allianz, den Haß gegen Frankreich predigte. Von diesem Komplimente zehrt der Mann noch bis auf den heutigen Tag. Aber, in der Tat, niemand vermochte so gewaltig wie er vermittelst nationaler Erinnerungen den Haß der Deutschen gegen die Franzosen zu entflammen; und das Journal, das er in dieser Absicht schrieb, »der Rheinische Merkur«, ist voll von solchen Beschwörungsformeln, die, käme es wieder zum Kriege, noch immer einige Wirkung ausüben möchten. Seitdem kam Herr Görres fast in Vergessenheit. Die Fürsten hatten seiner nicht mehr nötig und ließen ihn laufen. Als er deshalb zu knurren anfing, verfolgten sie ihn sogar. Es ging ihnen wie den Spaniern auf der Insel Cuba, die im Kriege mit den Indianern ihre großen Hunde abgerichtet hatten, die nackten Wilden zu zerfleischen; als aber der Krieg zu Ende war und die Hunde, die an Menschenblut Geschmack gefunden, jetzt zuweilen auch ihre Herren in die Waden bissen, da mußten diese sich gewaltsam ihrer Bluthunde zu entledigen suchen.

Als Herr Görres, von den Fürsten verfolgt, nichts mehr zu beißen hatte, warf er sich in die Arme der Jesuiten, diesen dient er bis auf diese Stunde, und er ist eine Hauptstütze der katholischen Propaganda zu München. Dort sah ich ihn vor einigen Jahren in der Blüte seiner Erniedrigung. Vor einem Auditorium, das meistens aus katholischen Seminaristen bestand, hielt er Vorlesungen über allgemeine Weltgeschichte und war schon bis zum Sündenfall gekommen. Welch ein schreckliches Ende nehmen doch die Feinde Frankreichs! Der vierte Alliierte ist jetzt dazu verdammt, den katholischen Seminaristen, der École-Polytechnique des Obskurantismus, jahraus, jahrein, tagtäglich den Sündenfall zu erzählen!

In dem Vortrage des Mannes herrschte, wie in seinen Büchern, die größte Konfusion, die größte Begriff- und Sprachverwirrung, und nicht ohne Grund hat man ihn oft mit dem babylonischen Turm verglichen. Er gleicht wirklich einem ungeheuren Turm, worin hunderttausend Gedanken sich abarbeiten und sich besprechen und zurufen und zanken, ohne daß der eine den andern versteht. Manchmal schien der Lärm in seinem Kopfe ein wenig zu schweigen, und er sprach dann lang und langsam und langweilig, und von seinen mißmutigen Lippen fielen die monotonen Worte herab wie trübe Regentropfen von einer bleiernen Dachtraufe.

Wenn manchmal die alte demagogische Wildheit wieder in ihm
erwachte und mit seinen mönchisch frommen Demutsworten widerwärtig kontrastierte; wenn er christlich liebevoll wimmerte, während
er blutdürstig wütend hin und her sprang; dann glaubte man eine
tonsurierte Hyäne zu sehen.

Herr Görres ist geboren zu Koblenz den 25. Januar 1776.
Die übrigen Partikularitäten seines Lebens, wie die des Lebens der
meisten seiner Genossen, bitte ich mir zu erlassen. Ich habe vielleicht
in der Beurteilung seiner Freunde, der beiden Schlegel, die Grenze
überschritten, wie weit man das Leben dieser Leute besprechen darf.

Ach! wie betrübsam ist es, wenn man nicht bloß jene Dioskuren,
sondern wenn man überhaupt die Sterne unserer Literatur in der Nähe
betrachtet! Die Sterne des Himmels erscheinen uns aber vielleicht deshalb so schön und rein, weil wir weit von ihnen entfernt stehen und ihr
Privatleben nicht kennen. Es gibt gewiß dort ebenfalls manche Sterne,
welche lügen und betteln; Sterne, welche heucheln; Sterne, welche
gezwungen sind, alle möglichen Schlechtigkeiten zu begehen; Sterne,
welche sich einander küssen und verraten; Sterne, welche ihren Feinden und, was noch schmerzlicher ist, sogar ihren Freunden schmeicheln, ebensogut wie wir hier unten. Jene Kometen, die man dort oben
manchmal wie Mänaden des Himmels, mit aufgelöstem Strahlenhaar,
umherschweifen sieht, das sind vielleicht liederliche Sterne, die am
Ende sich reuig und devot in einen obskuren Winkel des Firmaments
verkriechen und die Sonne hassen.

Indem ich hier von deutschen Philosophen gesprochen, kann ich
nicht umhin, einen Irrtum zu berichtigen, den ich in betreff der deutschen Philosophie hier in Frankreich allzusehr verbreitet finde. Seit
nämlich einige Franzosen sich mit der Schellingschen und Hegelschen
Philosophie beschäftigt, die Resultate ihrer Studien in französischer
Sprache mitgeteilt, auch wohl auf französische Verhältnisse angewen-
det: seitdem klagen die Freunde des klaren Denkens und der Freiheit,
daß man aus Deutschland die aberwitzigsten Träumereien und Sophis-
men einführe, womit man die Geister zu verwirren und jede Lüge und
jeden Despotismus mit dem Scheine der Wahrheit und des Rechts zu

umkleiden verstünde. Mit einem Worte, diese edlen, für die Interessen des Liberalismus besorgten Leute klagen über den schändlichen Einfluß der deutschen Philosophie in Frankreich. Aber der armen deutschen Philosophie geschieht unrecht.

Denn erstens ist das keine deutsche Philosophie, was den Franzosen bisher unter diesem Titel, namentlich von Herren Victor Cousin, präsentiert worden. Herr Cousin hat sehr viel geistreiches Wischiwaschi, aber keine deutsche Philosophie vorgetragen. Zweitens die eigentliche deutsche Philosophie ist die, welche ganz unmittelbar aus Kants »Kritik der reinen Vernunft« hervorgegangen und, den Charakter dieses Ursprungs bewahrend, sich wenig um politische oder religiöse Verhältnisse, desto mehr aber um die letzten Gründe aller Erkenntnis bekümmerte. Es ist wahr, die metaphysischen Systeme der meisten deutschen Philosophen glichen nur allzusehr bloßem Spinnweb. Aber was schadete das? Konnte doch der Jesuitismus dieses Spinnweb nicht zu seinen Lügennetzen benutzen, und konnte doch ebensowenig der Despotismus seine Stricke daraus drehen; um die Geister zu binden.

Nur seit Schelling verlor die deutsche Philosophie diesen dünnen, aber harmlosen Charakter. Unsere Philosophen kritisierten seitdem nicht mehr die letzten Gründe der Erkenntnisse und des Seins überhaupt, sie schwebten nicht mehr in idealistischen Abstraktionen, sondern sie suchten Gründe, um das Vorhandene zu rechtfertigen, sie wurden Justifikatoren dessen, was da ist. Während unsere früheren Philosophen arm und entsagend in kümmerlichen Dachstübchen hockten und ihre Systeme ausgrübelten, stecken unsere jetzigen Philosophen in der brillanten Livree der Macht, sie wurden Staatsphilosophen, nämlich sie ersannen philosophische Rechtfertigungen aller Interessen des Staates, worin sie sich angestellt befanden.

Z. B. Hegel, Professor in dem protestantischen Berlin, hat in seinem Systeme auch die ganze evangelisch protestantische Dogmatik aufgenommen; und Herr Schelling, Professor in dem katholischen München, justifiziert jetzt in seinen Vorlesungen selbst die extravagantesten Lehrsätze der römisch-katholisch-apostolischen Kirche.

Ja, wie einst die alexandrinischen Philosophen allen ihren Scharfsinn aufgeboten, um durch allegorische Auslegungen die sinkende Religion des Jupiter vor dem gänzlichen Untergang zu bewahren, so versuchen unsere deutschen Philosophen etwas Ähnliches für die Religion Christi. Es kümmert uns wenig zu untersuchen, ob diese Philosophen einen uneigennützigen Zweck haben; sehen wir sie aber in Verbindung mit der Partei der Priester, deren materielle Interessen mit der Erhaltung des Katholizismus verknüpft sind, so nennen wir sie Jesuiten. Sie mögen sich aber nicht einbilden, daß wir sie mit den älteren Jesuiten verwechseln. Diese waren groß und gewaltig, voll Weisheit und Willenskraft. O der schwächlichen Zwerge, die da wähnen, sie würden die Schwierigkeiten besiegen, woran sogar jene schwarzen Riesen gescheitert!

Nie hat der menschliche Geist größere Kombinationen ersonnen als die, wodurch die alten Jesuiten den Katholizismus zu erhalten suchten. Aber es gelang ihnen nicht, weil sie nur für die Erhaltung des Katholizismus und nicht für den Katholizismus selbst begeistert waren. An letzterem an und für sich war ihnen eigentlich nicht viel gelegen; daher profanierten sie zuweilen das katholische Prinzip selbst, um es nur zur Herrschaft zu bringen; sie verständigten sich mit dem Heidentum, mit den Gewalthabern der Erde, beförderten deren Lüste, wurden Mörder und Handelsleute, und wo es darauf ankam, wurden sie sogar Atheisten.

Aber vergebens gewährten ihre Beichtiger die freundlichsten Absolutionen und buhlten ihre Kasuisten mit jedem Laster und Verbrechen. Vergebens haben sie mit den Laien in Kunst und Wissenschaft gewetteifert, um beide als Mittel zu benutzen. Hier wird ihre Ohnmacht ganz sichtbar. Sie beneideten alle großen Gelehrten und Künstler und konnten doch nichts Außerordentliches entdecken oder schaffen. Sie haben fromme Hymnen gedichtet und Dome gebaut; aber in ihren Gedichten weht kein freier Geist, sondern seufzt nur der zitternde Gehorsam für die Oberen des Ordens; und gar in ihren Bauwerken sieht man nur eine ängstliche Unfreiheit, steinerne Schmiegsamkeit, Erhabenheit auf Befehl. Mit Recht sagte einst Barrault: Die Jesuiten konnten die Erde nicht zum Himmel erheben, und sie zogen den Himmel herab zur Erde. Fruchtlos war all ihr Tun und Wirken. Aus der Lüge kann kein Leben erblühen, und Gott kann nicht gerettet werden durch den Teufel.

Herr Schelling ist geboren den 27. Januar 1775 in Württemberg.

IV.

Über das Verhältnis des Herren Schelling zur romantischen Schule habe ich nur wenig Andeutungen geben können. Sein Einfluß war meistens persönlicher Art. Dann ist auch, seit durch ihn die Naturphilosophie in Schwung gekommen, die Natur viel sinniger von den Dichtern aufgefaßt worden. Die einen versenkten sich mit allen ihren menschlichen Gefühlen in die Natur hinein; die anderen hatten einige Zauberformeln sich gemerkt, womit man etwas Menschliches aus der Natur hervorschauen und hervorsprechen lassen konnte.

Erstere waren die eigentlichen Mystiker und glichen in vieler Hinsicht den indischen Religiosen, die in der Natur aufgehen und endlich mit der Natur in Gemeinschaft zu fühlen beginnen. Die anderen waren vielmehr Beschwörer, sie riefen mit eigenem Willen sogar die feindlichen Geister aus der Natur hervor, sie glichen dem arabischen Zauberer, der nach Willkür jeden Stein zu beleben und jedes Leben zu versteinern weiß.

Zu den ersteren gehörte zunächst Novalis, zu den anderen zunächst Hoffmann. Novalis sah überall nur Wunder und liebliche Wunder; er belauschte das Gespräch der Pflanzen, er wußte das Geheimnis jeder jungen Rose, er identifizierte sich endlich mit der ganzen Natur, und als es Herbst wurde und die Blätter abfielen, da starb er. Hoffmann hingegen sah überall nur Gespenster, sie nickten ihm entgegen aus jeder chinesischen Teekanne und jeder Berliner Perücke; er war ein Zauberer, der die Menschen in Bestien verwandelte und diese sogar in königlich preußische Hofräte; er konnte die Toten aus den Gräbern hervorrufen, aber das Leben selbst stieß ihn von sich als einen trüben Spuk. Das fühlte er; er fühlte, daß er selbst ein Gespenst geworden;

die ganze Natur war ihm jetzt ein mißgeschliffener Spiegel, worin er tausendfältig verzerrt nur seine eigne Totenlarve erblickte, und seine Werke sind nichts anders als ein entsetzlicher Angstschrei in zwanzig Bänden.

Drittes Buch

I.

Herr Clemens Brentano mag wohl jetzt 50 Jahre alt sein, und er lebt zu Frankfurt einsiedlerisch zurückgezogen als ein korrespondierendes Mitglied der katholischen Propaganda. Sein Name ist in der letzten Zeit fast verschollen, und nur wenn die Rede von den Volksliedern, die er mit seinem verstorbenen Freunde Achim von Arnim herausgegeben, wird er noch zuweilen genannt. Er hat nämlich in Gemeinschaft mit letzterm unter dem Titel: »Des Knaben Wunderhorn« eine Sammlung Lieder herausgegeben, die sie teils noch im Munde des Volkes, teils auch in fliegenden Blättern und seltenen Druckschriften gefunden haben. Dieses Buch kann ich nicht genug rühmen; es enthält die holdseligsten Blüten des deutschen Geistes, und wer das deutsche Volk von einer liebenswürdigen Seite kennenlernen will, der lese diese Volkslieder.

In diesem Augenblick liegt dieses Buch vor mir, und es ist mir, als röche ich den Duft der deutschen Linden. Die Linde spielt nämlich eine Hauptrolle in diesen Liedern, in ihrem Schatten kosen des Abends die Liebenden, sie ist ihr Lieblingsbaum und vielleicht aus dem Grunde, weil das Lindenblatt die Form eines Menschenherzens zeigt. Diese Bemerkung machte einst ein deutscher Dichter, der mir am liebsten ist, nämlich ich. Auf dem Titelblatte jenes Buches ist ein Knabe, der das Horn bläst; und wenn ein Deutscher in der Fremde dieses Bild lange betrachtet, glaubt er die wohlbekanntesten Töne zu vernehmen, und es könnte ihn wohl dabei das Heimweh beschleichen …

II.

Wegen ihrer gemeinschaftlichen Herausgabe des »Wunderhorns« pflegt man auch sonst die Namen Brentano und Arnim zusammen zu nennen, und da ich ersteren besprochen, darf ich von dem andern um so weniger schweigen, da er in weit höherem Grade unsere Aufmerksamkeit verdient. Ludwig Achim von Arnim ist ein großer Dichter und war einer der originellsten Köpfe der romantischen Schule. Die Freunde des Phantastischen würden an diesem Dichter mehr als an jedem anderen deutschen Schriftsteller Geschmack finden. Er übertrifft hier den Hoffmann sowohl als den Novalis. Er wußte noch inniger als dieser in die Natur hineinzuleben und konnte weit grauenhaftere Gespenster beschwören als Hoffmann…

Ich glaube, Arnims Renommee konnte besonders deshalb nicht aufkommen, weil er seinen Freunden, der katholischen Partei, noch immer viel zu protestantisch blieb, und weil wieder die protestantische Partei ihn für einen Kryptokatholiken hielt.

Ihr Franzosen solltet doch endlich einsehen, daß das Grauenhafte nicht euer Fach, und daß Frankreich kein geeigneter Boden für Gespenster jener Art. Wenn ihr Gespenster beschwört, müssen wir lachen. Ja, wir Deutschen, die wir bei euren heitersten Witzen ganz ernsthaft bleiben können, wir lachen desto herzlicher bei euren Gespenstergeschichten. Denn eure Gespenster sind doch immer Franzosen; und französische Gespenster! welch ein Widerspruch in den Worten! In dem Wort »Gespenst« liegt so viel Einsames, Mürrisches, Deutsches, Schweigendes, und in dem Worte »Französisch« liegt hingegen so viel Geselliges, Artiges, Französisches, Schwatzendes! Wie könnte ein Franzose ein Gespenst sein, oder gar wie könnten in Paris Gespenster existieren! In Paris, im Foyer der europäischen Gesellschaft! Zwischen zwölf und ein Uhr, der Stunde, die nun einmal von jeher den Gespenstern zum Spuken angewiesen ist, rauscht noch das lebendigste Leben in den Gassen von Paris, in der Oper klingt eben dann das brausendste Finale, aus den Varietés und dem Gymnase strömen

die heitersten Gruppen, und das wimmelt und tänzelt und lacht und
schäkert auf den Boulevards, und man geht in die Soiree.

Wie müßte sich ein armes spukendes Gespenst unglücklich fühlen
in dieser heiteren Menschenbewegung! Und wie könnte ein Franzose,
selbst wenn er tot ist, den zum Spuken nötigen Ernst beibehalten,
wenn ihn von allen Seiten die bunteste Volkslust umjauchzt! Ich selbst,
obgleich ein Deutscher, im Fall ich tot wäre und hier in Paris des
Nachts spuken sollte, ich könnte meine Gespensterwürde gewiß nicht
behaupten, wenn mir etwa an einer Straßenecke irgendeine jener Göttinnen des Leichtsinns entgegenrennte, die einem dann so köstlich ins
Gesicht zu lachen wissen. Gäbe es wirklich in Paris Gespenster, so bin
ich überzeugt, gesellig wie die Franzosen sind, sie würden sich sogar als
Gespenster einander anschließen, sie würden bald Gespensterreunions
bilden, sie würden ein Totenkaffeehaus stiften, eine Totenzeitung he-
rausgeben, eine Pariser Totenrevue, und es gäbe bald Totensoirees, où
l'on fera de la musique. Ich bin überzeugt, die Gespenster würden sich
hier in Paris weit mehr amüsieren als bei uns die Lebenden. Was mich
betrifft, wüßte ich, daß man solcherweise in Paris als Gespenst existieren könnte, ich würde den Tod nicht mehr fürchten. Ich würde nur
Maßregeln treffen, daß ich am Ende auf dem Père Lachaise beerdigt
werde und in Paris spuken kann zwischen zwölf und ein Uhr. Welche
köstliche Stunde! Ihr deutschen Landsleute, wenn ihr nach meinem
Tode mal nach Paris kommt und mich des Nachts hier als Gespenst
erblickt, erschreckt nicht; ich spuke nicht in furchtbar unglücklich
deutscher Weise, ich spuke vielmehr zu meinem Vergnügen.

III.

… In der Tat, die Menschen sind ihrem innersten Wesen nach lauter
Doktrinäre; sie wissen immer eine Doktrin zu finden, die alle ihre
Entsagungen oder Begehrnisse justifiziert. In bösen, mageren Tagen,
wo die Freude ziemlich unerreichbar geworden, huldigen sie dem
Dogma der Abstinenz und behaupten, die irdischen Trauben seien

sauer; werden jedoch die Zeiten wohlhabender, wird es den Leuten möglich, emporzugelangen nach den schönen Früchten dieser Welt, dann tritt auch eine heitere Doktrin ans Licht, die dem Leben alle seine Süßigkeiten und sein volles, unveräußerliches Genußrecht vindiziert.

Nahen wir dem Ende der christlichen Fastenzeit, und bricht das rosige Weltalter der Freude schon leuchtend heran? Wie wird die heitere Doktrin die Zukunft gestalten? …

Man kann nämlich unsere neueste deutsche Literatur nicht besprechen, ohne ins tiefste Gebiet der Politik zu geraten. In Frankreich, wo sich die belletristischen Schriftsteller von der politischen Zeitbewegung zu entfernen suchen, sogar mehr als löblich, da mag man jetzt die Schöngeister des Tages beurteilen und den Tag selbst unbesprochen lassen können. Aber jenseits des Rheines werfen sich jetzt die belletristischen Schriftsteller mit Eifer in die Tagesbewegung, wovon sie sich so lange entfernt gehalten. Ihr Franzosen seid während fünfzig Jahren beständig auf den Beinen gewesen und seid jetzt müde; wir Deutsche hingegen haben bis jetzt am Studiertische gesessen und haben alte Klassiker kommentiert und möchten uns jetzt einige Bewegung machen.

Ich rede von Jean Paul Friedrich Richter… Er steht ganz isoliert in seiner Zeit, eben weil er im Gegensatz zu den beiden Schulen sich ganz seiner Zeit hingegeben und sein Herz ganz davon erfüllt war. Sein Herz und seine Schriften waren eins und dasselbe. Diese Eigenschaft, diese Ganzheit finden wir auch bei den Schriftstellern des heutigen jungen Deutschlands, die ebenfalls keinen Unterschied machen wollen zwischen Leben und Schreiben, die nimmermehr die Politik trennen von Wissenschaft, Kunst und Religion, und die zu gleicher Zeit Künstler, Tribüne und Apostel sind…

Ja, ich wiederhole das Wort Apostel, denn ich weiß kein bezeichnenderes Wort. Ein neuer Glaube beseelt sie mit einer Leidenschaft, von welcher die Schriftsteller der früheren Periode keine Ahnung hatten. Es ist dieses der Glaube an den Fortschritt, ein Glaube, der aus dem Wissen entsprang. Wir haben die Lande gemessen, die Naturkräfte gewogen, die Mittel der Industrie berechnet, und siehe, wir haben

ausgefunden: daß diese Erde groß genug ist; daß sie jedem hinlänglich Raum bietet, die Hütte seines Glückes darauf zu bauen; daß diese
Erde uns alle anständig ernähren kann, wenn wir alle arbeiten und
nicht einer auf Kosten des anderen leben will; und daß wir nicht nötig
haben, die größere und ärmere Klasse an den Himmel zu verweisen...

IV.

Im Mittelalter herrschte unter dem Volke die Meinung: wenn irgendein Gebäude zu errichten sei, müsse man etwas Lebendiges schlachten
und auf dem Blute desselben den Grundstein legen; dadurch werde
das Gebäude fest und unerschütterlich stehenbleiben. War es nun der
altheidnische Wahnwitz, daß man sich die Gunst der Götter durch
Blutopfer erwerbe, oder war es der Mißbegriff der christlichen Ver-
söhnungslehre, was diese Meinung von der Wunderkraft des Blutes,
von einer Heiligung durch Blut, von diesem Glauben an Blut hervorgebracht hat: genug, er war herrschend, und in Liedern und Sagen lebt
die schauerliche Kunde, wie man Kinder oder Tiere geschlachtet, um
mit ihrem Blute große Bauwerke zu festigen.

Heutzutage ist die Menschheit verständiger; wir glauben nicht mehr
an die Wunderkraft des Blutes, weder an das Blut eines Edelmanns
noch eines Gottes, und die große Menge glaubt nur an Geld. Besteht
nun die heutige Religion in der Geldwerdung Gottes oder in der Gott-
werdung des Geldes? Genug, die Leute glauben nur an Geld; nur dem
gemünzten Metall, den silbernen und goldenen Hostien, schreiben sie
eine Wunderkraft zu; das Geld ist der Anfang und das Ende aller ihrer
Werke; und wenn sie ein Gebäude zu errichten haben, so tragen sie
große Sorge, daß unter den Grundstein einige Geldstücke, eine Kapsel
mit allerlei Münzen, gelegt werden.

Ja, wie im Mittelalter alles, die einzelnen Bauwerke ebenso wie das
ganze Staats- und Kirchengebäude, auf den Glauben an Blut beruhte,
so beruhen alle unsere heutigen Institutionen auf den Glauben an
Geld, auf wirkliches Geld. Jenes war Aberglauben, doch dieses ist
der bare Egoismus. Ersteren zerstörte die Vernunft, letzteren wird das

Gefühl zerstören. Die Grundlage der menschlichen Gesellschaft wird einst eine bessere sein, und alle großen Herzen Europas sind schmerzhaft beschäftigt, diese neue bessere Basis zu entdecken.

V.

Vor zwanzig Jahren, ich war ein Knabe, ja damals, mit welcher überströmenden Begeisterung hätte ich den vortrefflichen Uhland zu feiern vermocht! Damals empfand ich seine Vortrefflichkeit vielleicht besser als jetzt; er stand mir näher an Empfindung und Denkvermögen. Aber so vieles hat sich seitdem ereignet! Was mir so herrlich dünkte, jenes chevalereske und katholische Wesen, jene Ritter, die im adligen Turnei sich hauen und stechen, jene sanften Knappen und sittigen Edelfrauen, jene Nordlandshelden und Minnesänger, jene Mönche und Nonnen, jene Vätergrüfte mit Ahnungsschauern, jene blassen Entsagungsgefühle mit Glockengeläute und das ewige Wehmutgewimmer, wie bitter ward es mir seitdem verleidet! Ja, einst war es anders. Wie oft auf den Trümmern des alten Schlosses zu Düsseldorf am Rhein saß ich und deklamierte vor mich hin das schönste aller Uhlandschen Lieder: „Der schöne Schäfer …" Das war die Zeit und der Ort, wo ich für die »Gedichte von Ludwig Uhland« begeistert war.

Dasselbe Buch habe ich wieder in Händen, aber zwanzig Jahre sind seitdem verflossen, ich habe unterdessen viel gehört und gesehen, gar viel, ich glaube nicht mehr an Menschen ohne Kopf, und der alte Spuk wirkt nicht mehr auf mein Gemüt. Das Haus, worin ich eben sitze und lese, liegt auf dem Boulevard Mont-Martre; und dort branden die wildesten Wogen des Tages, dort kreischen die lautesten Stimmen der modernen Zeit; das lacht, das grollt, das trommelt; im Sturmschritt schreitet vorüber die Nationalgarde; und jeder spricht französisch. – Ist das nun der Ort, wo man Uhlands Gedichte lesen kann? Dreimal habe ich den Schluß des obenerwähnten Gedichtes mir wieder vordeklamiert, aber ich empfinde nicht mehr das unnennbare Weh, das mich einst ergriff …

Vielleicht auch bin ich für solche Gedichte etwas kühl geworden, seitdem ich die Erfahrung gemacht, daß es eine weit schmerzlichere Liebe gibt als die, welche den Besitz des geliebten Gegenstandes niemals erlangt oder ihn durch den Tod verliert. In der Tat, schmerzlicher ist es, wenn der geliebte Gegenstand Tag und Nacht in unseren Armen liegt, aber durch beständigen Widerspruch, und blödsinnige Kapricen uns Tag und Nacht verleidet …

Vielleicht erging es Herren Uhland selber nicht besser als uns. Auch seine Stimmung muß sich seitdem etwas verändert haben. Mit geringen Ausnahmen hat er seit zwanzig Jahren keine neue Gedichte zu Markte gebracht. Ich glaube nicht, daß dieses schöne Dichtergemüt so kärglich von der Natur begabt gewesen und nur einen einzigen Frühling in sich trug. Nein, ich erkläre mir das Verstummen Uhlands vielmehr aus dem Widerspruch, worin die Neigungen seiner Muse mit den Ansprüchen seiner politischen Stellung geraten sind.

Der elegische Dichter, der die katholisch feudalistische Vergangenheit in so schönen Balladen und Romanzen zu besingen wußte, der Ossian des Mittelalters, wurde seitdem in der württembergischen Ständeversammlung ein eifriger Vertreter der Volksrechte, ein kühner Sprecher für Bürgergleichheit und Geistesfreiheit. Daß diese demokratische und protestantische Gesinnung bei ihm echt und lauter ist, bewies Herr Uhland durch die großen persönlichen Opfer, die er ihr brachte; hatte er einst den Dichterlorbeer errungen, so erwarb er auch jetzt den Eichenkranz der Bürgertugend. Aber eben weil er es mit der neuen Zeit so ehrlich meinte, konnte er das alte Lied von der alten Zeit nicht mehr mit der vorigen Begeisterung weitersingen …

VI.

… Die Schriftsteller, die in Deutschland das Mittelalter aus seinem Grabe hervorzogen, hatten andere Zwecke, wie man aus diesen Blättern ersehen wird, und die Wirkung, die sie auf die große Menge ausüben konnten, gefährdete die Freiheit und das Glück meines Vaterlandes. Die französischen Schriftsteller hatten nur artistische Interessen, und das französische Publikum suchte nur seine plötzlich erwachte Neugier zu befriedigen. Die meisten schauten in die Gräber der Vergangenheit nur in der Absicht, um sich ein interessantes Kostüm für den Karneval auszusuchen.

Die Mode des Gotischen war in Frankreich eben nur eine Mode, und sie diente nur dazu, die Lust der Gegenwart zu erhöhen. Man läßt sich die Haare mittelalterlich lang vom Haupte herabwallen, und bei der flüchtigsten Bemerkung des Friseurs, daß es nicht gut kleide, läßt man es kurz abschneiden mitsamt den mittelalterlichen Ideen, die dazugehören. Ach! in Deutschland ist das anders. Vielleicht eben weil das Mittelalter dort nicht, wie bei euch, gänzlich tot und verwest ist. Das deutsche Mittelalter liegt nicht vermodert im Grabe, es wird vielmehr manchmal von einem bösen Gespenste belebt und tritt am hellen, lichten Tage in unsere Mitte und saugt uns das rote Leben aus der Brust …

Ach! seht ihr nicht, wie Deutschland so traurig und bleich ist? zumal die deutsche Jugend, die noch unlängst so begeistert emporjubelte? Seht ihr nicht, wie blutig der Mund des bevollmächtigten Vampirs, der zu Frankfurt residiert und dort am Herzen des deutschen Volkes so schauerlich langsam und langweilig saugt?

Was ich in betreff des Mittelalters im allgemeinen angedeutet, findet auf die Religion desselben eine ganz besondere Anwendung. Loyalität erfordert, daß ich eine Partei, die man hierzulande die katholische nennt, aufs allerbestimmteste von jenen deplorablen Gesellen, die in Deutschland diesen Namen führen, unterscheide. Nur von letzteren habe ich in diesen Blättern gesprochen und zwar mit Ausdrücken, die mir immer noch viel zu gelinde dünken.

Es sind die Feinde meines Vaterlandes, ein kriechendes Gesindel, heuchlerisch, verlogen und von unüberwindlicher Feigheit. Das zischelt in Berlin, das zischelt in München, und während du auf dem Boulevard Montmartre wandelst, fühlst du plötzlich den Stich in der Ferse. Aber wir zertreten ihr das Haupt, der alten Schlange. Es ist die Partei der Lüge, es sind die Schergen des Despotismus und die Restauration aller Misere, aller Greul und Narretei der Vergangenheit. Wie himmelweit davon verschieden ist jene Partei, die man hier die katholische nennt, und deren Häupter zu den talentreichsten Schriftstellern Frankreichs gehören. Wenn sie auch nicht eben unsere Waffenbrüder sind, so kämpfen wir doch für dieselben Interessen, nämlich für die Interessen der Menschheit.

In der Liebe für dieselbe sind wir einig; wir unterscheiden uns nur in der Ansicht dessen, was der Menschheit frommt. Jene glauben, die Menschheit bedürfe nur des geistlichen Trostes, wir hingegen sind der Meinung, daß sie vielmehr des körperlichen Glückes bedarf. Wenn jene, die katholische Partei in Frankreich, ihre eigne Bedeutung verkennend, sich als die Partei der Vergangenheit, als die Restauratoren des Glaubens derselben, ankündigt, müssen wir sie gegen ihre eigne Aussage in Schutz nehmen.

Das achtzehnte Jahrhundert hat den Katholizismus in Frankreich so gründlich ekrasiert, daß fast gar keine lebende Spur davon übriggeblieben, und daß derjenige, welcher den Katholizismus in Frankreich wiederherstellen will, gleichsam eine ganz neue Religion predigt. Unter Frankreich verstehe ich Paris, nicht die Provinz; denn was die Provinz denkt, ist eine ebenso gleichgültige Sache, als was unsere Beine denken; der Kopf ist der Sitz unserer Gedanken. Man sagte mir, die Franzosen in der Provinz seien gute Katholiken; ich kann es weder bejahen noch verneinen; die Menschen, welche ich in der Provinz fand, sahen alle aus wie Meilenzeiger, welche ihre mehr oder minder große Entfernung von der Hauptstadt auf der Stirne geschrieben trugen. Die Frauen dort suchen vielleicht Trost im Christentum, weil sie nicht in Paris leben können.

In Paris selbst hat das Christentum seit der Revolution nicht mehr existiert, und schon früher hatte es hier alle reelle Bedeutung verloren. In einem abgelegenen Kirchwinkel lag es lauernd, das Christentum, wie eine Spinne, und sprang dann und wann hastig hervor, wenn es ein Kind in der Wiege oder einen Greis im Sarge erhaschen konnte. Ja, nur zu zwei Perioden, wenn er eben zur Welt kam, oder wenn er eben die Welt wieder verließ, geriet der Franzose in die Gewalt des katholischen

Priesters; während der ganzen Zwischenzeit war er bei Vernunft und lachte über Weihwasser und Ölung. Aber heißt das eine Herrschaft des Katholizismus? Eben weil dieser in Frankreich ganz erloschen war, konnte er unter Ludwig XVIII. und Karl X. durch den Reiz der Neuheit auch einige uneigennützige Geister für sich gewinnen. Der Katholizismus war damals so etwas Unerhörtes, so etwas Frisches, so etwas Überraschendes!

Die Religion, die kurz vor jener Zeit in Frankreich herrschte, war die klassische Mythologie, und diese schöne Religion war dem französischen Volke von seinen Schriftstellern, Dichtern und Künstlern mit solchem Erfolge gepredigt worden, daß die Franzosen zu Ende des vorigen Jahrhunderts im Handeln wie im Gedanken ganz heidnisch kostümiert waren. Während der Revolution blühte die klassische Religion in ihrer gewaltigsten Herrlichkeit; es war nicht ein alexandrinisches Nachäffen, Paris war eine natürliche Fortsetzung von Athen und Rom. Unter dem Kaiserreich erlosch wieder dieser antike Geist, die griechischen Götter herrschten nur noch im Theater, und die römische Tugend besaß nur noch das Schlachtfeld; ein neuer Glaube war aufgekommen, und dieser resümierte sich in dem heiligen Namen: Napoleon!

Dieser Glaube herrscht noch immer unter der Masse. Wer daher sagt, das französische Volk sei irreligiös, weil es nicht mehr an Christus und seine Heiligen glaubt, hat unrecht. Man muß vielmehr sagen: die Irreligiosität der Franzosen besteht darin, daß sie jetzt an einen Menschen glauben statt an die unsterblichen Götter. Man muß sagen: die Irreligiosität der Franzosen besteht darin, daß sie nicht mehr an den Jupiter glauben, nicht mehr an Diana, nicht mehr an Minerva, nicht mehr an Venus. Dieser letztere Punkt ist zweifelhaft; so viel weiß ich, in betreff der Grazien sind die Französinnen noch immer orthodox geblieben.

Ich hoffe, man wird diese Bemerkungen nicht mißverstehen; sie sollten ja eben dazu dienen, den Leser dieses Buches vor einem argen Mißverständnisse zu bewahren.

Zur Geschichte der Religion und Philosophie in Deutschland

Erstes Buch

Die Franzosen glaubten in der letzten Zeit zu einer Verständnis Deutschlands zu gelangen, wenn sie sich mit den Erzeugnissen unserer schönen Literatur bekannt machten. Hierdurch haben sie sich aber aus dem Zustande gänzlicher Ignoranz nur erst zur Oberflächlichkeit erhoben. Denn die Erzeugnisse unserer schönen Literatur bleiben für sie nur stumme Blumen, der ganze deutsche Gedanke bleibt für sie ein unwirtliches Rätsel, solange sie die Bedeutung der Religion und der Philosophie in Deutschland nicht kennen…

Große deutsche Philosophen, die etwa zufällig einen Blick in diese Blätter werfen, werden vornehm die Achseln zucken über den dürftigen Zuschnitt alles dessen, was ich hier vorbringe. Aber sie mögen gefälligst bedenken, daß das wenige, was ich sage, ganz klar und deutlich ausgedrückt ist, während ihre eignen Werke zwar sehr gründlich, unermeßbar gründlich, sehr tiefsinnig, stupend tiefsinnig, aber ebenso unverständlich sind. Was helfen dem Volke die verschlossenen Kornkammern, wozu es keinen Schlüssel hat? Das Volk hungert nach Wissen und dankt mir für das Stückchen Geistesbrot, das ich ehrlich mit ihm teile…

Ich glaube, es ist nicht Talentlosigkeit, was die meisten deutschen Gelehrten davon abhält, über Religion und Philosophie sich populär auszusprechen. Ich glaube, es ist Scheu vor den Resultaten ihres eignen Denkens, die sie nicht wagen, dem Volke mitzuteilen. Ich, ich habe nicht diese Scheu, denn ich bin kein Gelehrter, ich selber bin Volk. Ich bin kein Gelehrter, ich gehöre nicht zu den siebenhundert Weisen Deutschlands. Ich stehe mit dem großen Haufen vor den Pforten ihrer Weisheit, und ist da irgendeine Wahrheit durchgeschlüpft

und ist diese Wahrheit bis zu mir gelangt, dann ist sie weit genug: – ich
schreibe sie mit hübschen Buchstaben auf Papier und gebe sie dem
Setzer; der setzt sie in Blei und gibt sie dem Drucker; dieser druckt
sie, und sie gehört dann der ganzen Welt.

Die Religion, deren wir uns in Deutschland erfreuen, ist das Christentum. Ich werde also zu erzählen haben, was das Christentum ist,
wie es römischer Katholizismus geworden, wie aus diesem der Protestantismus und aus dem Protestantismus die deutsche Philosophie
hervorging.

Indem ich nun mit Besprechung der Religion beginne, bitte ich im
voraus alle frommen Seelen, sich beileibe nicht zu ängstigen. Fürchtet
nichts, fromme Seelen! Keine profanierende Scherze sollen euer Ohr
verletzen. Diese sind allenfalls noch nützlich in Deutschland, wo es
gilt, die Macht der Religion für den Augenblick zu neutralisieren. Wir
sind nämlich dort in derselben Lage wie ihr vor der Revolution, als das
Christentum im untrennbarsten Bündnisse stand mit dem alten Regime. Dieses konnte nicht zerstört werden, solange noch jenes seinen
Einfluß übte auf die Menge.

Voltaire mußte sein scharfes Gelächter erheben, ehe Sanson sein
Beil fallen lassen konnte. Jedoch wie durch dieses Beil, so wurde auch
durch jenes Lachen im Grunde nichts bewiesen, sondern nur bewirkt.
Voltaire hat nur den Leib des Christentums verletzen können. Alle
seine Späße, die aus der Kirchengeschichte geschöpft, alle seine Witze
über Dogmatik und Kultus, über die Bibel, dieses heiligste Buch der
Menschheit, über die Jungfrau Maria, diese schönste Blume der Poesie,
das ganze Diktionär philosophischer Pfeile, das er gegen Klerus und
Priesterschaft losschoß, verletzte nur den sterblichen Leib des Christentums, nicht dessen inneres Wesen, nicht dessen tieferen Geist, nicht
dessen ewige Seele.

Denn das Christentum ist eine Idee und als solche unzerstörbar und
unsterblich wie jede Idee. Was ist aber diese Idee?

Eben weil man diese Idee noch nicht klar begriffen und Äußer-
lichkeiten für die Hauptsache gehalten hat, gibt es noch keine Geschichte des Christentums. Zwei entgegengesetzte Parteien schreiben

die Kirchengeschichte und widersprechen sich beständig, doch die
eine, ebensowenig wie die andere, wird jemals bestimmt aussagen, was
eigentlich jene Idee ist, die dem Christentum als Mittelpunkt dient,
die sich in dessen Symbolik, im Dogma wie im Kultus, und in dessen
ganzer Geschichte zu offenbaren strebt und im wirklichen Leben der
christlichen Völker manifestiert hat!

... im Dogma wird eigentlich der Mann und im Manne eine Partei
verfolgt oder befördert. Ebenso geht's im Okzident; Rom wollte herrschen; »als seine Legionen gefallen, schickte es Dogmen in die Provinzen«; alle Glaubenszwiste hatten römische Usurpationen zum Grunde; es galt, die Obergewalt des römischen Bischofs zu konsolidieren.
Dieser war über eigentliche Glaubenspunkte immer sehr nachsichtig,
spie aber Feuer und Flamme, sobald die Rechte der Kirche angegriffen
wurden; er disputierte nicht viel über die Personen in Christus, sondern über die Konsequenzen der Isidorschen Dekretalen; er zentrali-
sierte seine Gewalt durch kanonisches Recht, Einsetzung der Bischöfe,
Herabwürdigung der fürstlichen Macht, Mönchsorden, Zölibat usw.

Aber war dieses das Christentum? Offenbart sich uns aus der Lektüre
dieser Geschichten die Idee des Christentums? Was ist diese Idee? ...
Doch sehen wir überall die Lehre von den beiden Prinzipien hervor-
treten; dem guten Christus steht der böse Satan entgegen; die Welt
des Geistes wird durch Christus, die Welt der Materie durch Satan
repräsentiert; jenem gehört unsere Seele, diesem unser Leib; und die
ganze Erscheinungswelt, die Natur, ist demnach ursprünglich böse,
und Satan, der Fürst der Finsternis, will uns damit ins Verderben
locken, und es gilt, allen sinnlichen Freuden des Lebens zu entsagen,
unsern Leib, das Lehn Satans, zu peinigen, damit die Seele sich desto
herrlicher emporschwinge in den lichten Himmel, in das strahlende
Reich Christi.

Diese Weltansicht, die eigentliche Idee des Christentums, hatte sich,
unglaublich schnell, über das ganze römische Reich verbreitet, wie
eine ansteckende Krankheit, das ganze Mittelalter hindurch dauerten
die Leiden, manchmal Fieberwut, manchmal Abspannung, und wir
Modernen fühlen noch immer Krämpfe und Schwäche in den Glie-

dern. Ist auch mancher von uns schon genesen, so kann er doch der allgemeinen Lazarettluft nicht entrinnen, und er fühlt sich unglücklich als der einzig Gesunde unter lauter Siechen.

Einst, wenn die Menschheit ihre völlige Gesundheit wiedererlangt, wenn der Friede zwischen Leib und Seele wiederhergestellt und sie wieder in ursprünglicher Harmonie sich durchdringen, dann wird man den künstlichen Hader, den das Christentum zwischen beiden gestiftet, kaum begreifen können. Die glücklichern und schöneren Generationen, die, gezeugt durch freie Wahlumarmung, in einer Religion der Freude emporblühen, werden wehmütig lächeln über ihre armen Vorfahren, die sich aller Genüsse dieser schönen Erde trübsinnig enthielten und, durch Abtötung der warmen farbigen Sinnlichkeit, fast zu kalten Gespenstern verblichen sind!

Ja, ich sage es bestimmt, unsere Nachkommen werden schöner und glücklicher sein als wir. Denn ich glaube an den Fortschritt, ich glaube, die Menschheit ist zur Glückseligkeit bestimmt, und ich hege also eine größere Meinung von der Gottheit als jene frommen Leute, die da wähnen, er habe den Menschen nur zum Leiden erschaffen. Schon hier auf Erden möchte ich, durch die Segnungen freier politischer und industrieller Institutionen, jene Seligkeit etablieren, die, nach der Meinung der Frommen, erst am Jüngsten Tage, im Himmel, stattfinden soll. Jenes ist vielleicht ebenso wie dieses eine törichte Hoffnung, und es gibt keine Auferstehung der Menschheit, weder im politisch-moralischen noch im apostolisch-katholischen Sinne.

Die Menschheit ist vielleicht zu ewigem Elend bestimmt, die Völker sind vielleicht auf ewig verdammt, von Despoten zertreten, von den Spießgesellen derselben exploitiert und von den Lakaien verhöhnt zu werden.

Ach, in diesem Falle müßte man das Christentum, selbst wenn man es als Irrtum erkannt, dennoch zu erhalten suchen, man müßte in der Mönchskutte und barfuß durch Europa laufen und die Nichtigkeit aller irdischen Güter und Entsagung predigen und den gegeißelten und verspotteten Menschen das tröstende Kruzifix vorhalten und ihnen nach dem Tode, dort oben, alle sieben Himmel versprechen.

Vielleicht eben weil die Großen dieser Erde ihrer Obermacht gewiß sind und im Herzen beschlossen haben, sie ewig zu unserem Unglück zu mißbrauchen, sind sie von der Notwendigkeit des Christentums für ihre Völker überzeugt, und es ist im Grunde ein zartes Menschlichkeitsgefühl, daß sie sich für die Erhaltung dieser Religion so viele Mühe geben!

Das endliche Schicksal des Christentums ist also davon abhängig, ob wir dessen noch bedürfen. Diese Religion war eine Wohltat für die leidende Menschheit während achtzehn Jahrhunderten, sie war providentiell, göttlich, heilig. Alles, was sie der Zivilisation genützt, indem sie die Starken zähmte und die Zahmen stärkte, die Völker verband durch gleiches Gefühl und gleiche Sprache, und was sonst noch von ihren Apologeten hervorgerühmt wird, das ist sogar noch unbedeutend in Vergleichung mit jener großen Tröstung, die sie durch sich selbst den Menschen angedeihen lassen. Ewiger Ruhm gebührt dem Symbol jenes leidenden Gottes, des Heilands mit der Dornenkrone, des gekreuzigten Christus, dessen Blut gleichsam der lindernde Balsam war, der in die Wunden der Menschheit herabrann.

Besonders der Dichter wird die schauerliche Erhabenheit dieses Symbols mit Ehrfurcht anerkennen. Das ganze System von Symbolen, die sich ausgesprochen in der Kunst und im Leben des Mittelalters, wird zu allen Zeiten die Bewunderung der Dichter erregen. In der Tat, welche kolossale Konsequenz in der christlichen Kunst, namentlich in der Architektur! Diese gotischen Dome, wie stehen sie im Einklang mit dem Kultus, und wie offenbart sich in ihnen die Idee der Kirche selber! Alles strebt da empor, alles transsubstanziiert sich: der Stein sproßt aus in Ästen und Laubwerk und wird Baum; die Frucht des Weinstocks und der Ähre wird Blut und Fleisch; der Mensch wird Gott; Gott wird reiner Geist! Ein ergiebiger, unversiegbar kostbarer Stoff für die Dichter ist das christliche Leben im Mittelalter.

Nur durch das Christentum konnten auf dieser Erde sich Zustände bilden, die so kecke Kontraste, so bunte Schmerzen und so abenteuerliche Schönheiten enthalten, daß man meinen sollte, dergleichen habe niemals in der Wirklichkeit existiert und das alles sei ein kolossaler

Fiebertraum, es sei der Fiebertraum eines wahnsinnigen Gottes. Die
Natur selber schien sich damals phantastisch zu vermummen; indessen, obgleich der Mensch, befangen in abstrakten Grübeleien, sich
verdrießlich von ihr abwendete, so weckte sie ihn doch manchmal
mit einer Stimme, die so schauerlich süß, so entsetzlich liebevoll, so
zaubergewaltig war, daß der Mensch unwillkürlich aufhorchte und
lächelte und erschrak und gar zu Tode erkrankte…

Diese Geschichte bedarf wohl keines Kommentars. Sie trägt ganz das
grauenhafte Gepräge einer Zeit, die alles, was süß und lieblich war, als
Teufelei verschrie. Die Nachtigall sogar wurde verleumdet, und man
schlug ein Kreuz, wenn sie sang. Der wahre Christ spazierte mit ängstlich verschlossenen Sinnen, wie ein abstraktes Gespenst, in der blühenden Natur umher. Dieses Verhältnis des Christen zur Natur werde
ich vielleicht in einem späteren Buche weitläufiger erörtern, wenn ich,
zum Verständnis der neuromantischen Literatur, den deutschen Volksglauben gründlich besprechen muß. Vorläufig kann ich nur bemerken,
daß französische Schriftsteller, mißleitet durch deutsche Autoritäten,
in großem Irrtume sind, wenn sie annehmen, der Volksglauben sei
während des Mittelalters überall in Europa derselbe gewesen. Nur über
das gute Prinzip, über das Reich Christi, hegte man in ganz Europa
dieselben Ansichten; dafür sorgte die römische Kirche, und wer hier
von der vorgeschriebenen Meinung abwich, war ein Ketzer.

Aber über das böse Prinzip, über das Reich des Satans, herrschten
verschiedene Ansichten in den verschiedenen Ländern, und im germanischen Norden hatte man ganz andere Vorstellungen davon wie
im romanischen Süden. Dieses entstand dadurch, daß die christliche
Priesterschaft die vorgefundenen alten Nationalgötter nicht als leere
Hirngespinste verwarf, sondern ihnen eine wirkliche Existenz ein-
räumte, aber dabei behauptete, alle diese Götter seien lauter Teufel
und Teufelinnen gewesen, die durch den Sieg Christi ihre Macht über
die Menschen verloren und sie jetzt durch Lust und List zur Sünde
verlocken wollen. Der ganze Olymp wurde nun eine luftige Hölle, und
wenn ein Dichter des Mittelalters die griechischen Göttergeschichten
noch so schön besang, so sah der fromme Christ darin doch nur Spuk

und Teufel. Der düstere Wahn der Mönche traf am härtesten die arme Venus; absonderlich diese galt für eine Tochter Beelzebubs …

Hier zeigt sich noch ganz die gnostische Ansicht von der Verschlechterung des ehemals Göttlichen, und in dieser Umgestaltung des früheren Nationalglaubens manifestiert sich am tiefsinnigsten die Idee des Christentums.

Der Nationalglaube in Europa, im Norden noch viel mehr als im Süden, war pantheistisch, seine Mysterien und Symbole bezogen sich auf einen Naturdienst, in jedem Elemente verehrte man wunderbare Wesen, in jedem Baume atmete eine Gottheit, die ganze Erscheinungswelt war durchgöttert; das Christentum verkehrte diese Ansicht, und an die Stelle einer durchgötterten Natur trat eine durchteufelte. Die heiteren, durch die Kunst verschönerten Gebilde der griechischen Mythologie, die mit der römischen Zivilisation im Süden herrschte, hat man jedoch nicht so leicht in häßliche, schauerliche Satanslarven verwandeln können wie die germanischen Göttergestalten, woran freilich kein besonderer Kunstsinn gemodelt hatte und die schon vorher so mißmütig und trübe waren wie der Norden selbst. Daher hat sich bei euch, in Frankreich, kein so finsterschreckliches Teufelstum bilden können wie bei uns, und das Geister- und Zauberwesen selber erhielt bei euch eine heitere Gestalt…

Ich habe mich vielleicht zu lange bei diesen kleinen Dämonen aufgehalten, und es ist Zeit, daß ich wieder zu den großen übergehe. Aber alle diese Geschichten illustrieren den Glauben und den Charakter des deutschen Volks. Jener Glaube war in den verflossenen Jahrhunderten ebenso gewaltig wie der Kirchenglaube. Als der gelehrte Doktor Remigius sein großes Buch über das Hexenwesen beendigt hatte, glaubte er seines Gegenstandes so kundig zu sein, daß er sich einbildete, jetzt selber hexen zu können; und, ein gewissenhafter Mann, wie er war, ermangelte er nicht, sich selber bei den Gerichten als Hexenmeister anzugehen, und infolge dieser Angabe wurde er als Hexenmeister verbrannt.

Diese Greuel entstanden nicht direkt durch die christliche Kirche, sondern indirekt dadurch, daß diese die altgermanische Nationalre-

ligion so tückisch verkehrt, daß sie die pantheistische Weltansicht
der Deutschen in eine pandämonische umgebildet, daß sie die früheren Heiligtümer des Volks in häßliche Teufelei verwandelt hatte.
Der Mensch läßt aber nicht gern ab von dem, was ihm und seinen
Vorfahren teuer und lieb war, und heimlich krämpen sich seine Empfindungen daran fest, selbst wenn man es verderbt und entstellt hat.
Daher erhält sich jener verkehrte Volksglaube vielleicht noch länger
als das Christentum in Deutschland, welches nicht wie jener in der
Nationalität wurzelt. Zur Zeit der Reformation schwand sehr schnell
der Glaube an die katholischen Legenden, aber keineswegs der Glaube
an Zauber und Hexerei.

Luther glaubt nicht mehr an katholische Wunder, aber er glaubt
noch an Teufelswesen. Seine »Tischreden« sind voll kurioser Ge-
schichtchen von Satanskünsten, Kobolden und Hexen. Er selber in
seinen Nöten glaubte manchmal mit dem leibhaftigen Gottseibeiuns
zu kämpfen. Auf der Wartburg, wo er das Neue Testament übersetzte,
ward er so sehr vom Teufel gestört, daß er ihm das Tintenfaß an den
Kopf schmiß. Seitdem hat der Teufel eine große Scheu vor Tinte, aber
noch weit mehr vor Druckerschwärze. Von der Schlauheit des Teufels
wird in den erwähnten Tischreden manch ergötzliches Stücklein erzählt …

Obgleich ich für unsern großen Meister Martin Luther den größten
Respekt hege, so will es mich doch bedünken, als habe er den Charak-
ter des Satans ganz verkannt. Dieser denkt durchaus nicht mit solcher
Geringschätzung vom Leibe, wie hier erwähnt wird. Was man auch
Böses vom Teufel erzählen mag, so hat man ihm doch nie nachsagen
können, daß er ein Spiritualist sei.

Aber mehr noch als die Gesinnung des Teufels verkannte Martin Luther die Gesinnung des Papstes und der katholischen Kirche. Bei meiner strengen Unparteilichkeit muß ich beide, ebenso wie den Teufel,
gegen den allzu eifrigen Mann in Schutz nehmen. Ja, wenn man mich
aufs Gewissen früge, würde ich eingestehn, daß der Papst, Leo X.,
eigentlich weit vernünftiger war als Luther und daß dieser die letzten
Gründe der katholischen Kirche gar nicht begriffen hat. Denn Luther

hatte nicht begriffen, daß die Idee des Christentums, die Vernichtung der Sinnlichkeit, gar zu sehr in Widerspruch war mit der menschlichen Natur, als daß sie jemals im Leben ganz ausführbar gewesen sei; er hatte nicht begriffen, daß der Katholizismus gleichsam ein Konkordat war zwischen Gott und dem Teufel, d.h. zwischen dem Geist und der Materie, wodurch die Alleinherrschaft des Geistes in der Theorie ausgesprochen wird, aber die Materie in den Stand gesetzt wird, alle ihre annullierten Rechte in der Praxis auszuüben.

Daher ein kluges System von Zugeständnissen, welche die Kirche zum Besten der Sinnlichkeit gemacht hat, obgleich immer unter Formen, welche jeden Akt der Sinnlichkeit fletrieren und dem Geiste seine höhnischen Usurpationen verwahren. Du darfst den zärtlichen Neigungen des Herzens Gehör geben und ein schönes Mädchen umarmen, aber du mußt eingestehn, daß es eine schändliche Sünde war, und für diese Sünde mußt du Abbuße tun. Daß diese Abbuße durch Geld geschehen konnte, war ebenso wohltätig für die Menschheit wie nützlich für die Kirche. Die Kirche ließ sozusagen Wergeld bezahlen für jeden fleischlichen Genuß, und da entstand eine Taxe für alle Sorten von Sünden, und es gab heilige Kolporteurs, welche, im Namen der römischen Kirche, die Ablaßzettel für jede taxierte Sünde im Lande feilboten, und ein solcher war jener Tetzel, wogegen Luther zuerst auftrat.

Unsere Historiker meinen, dieses Protestieren gegen den Ablaßhandel sei ein geringfügiges Ereignis gewesen, und erst durch römischen Starrsinn sei Luther, der anfangs nur gegen einen Mißbrauch der Kirche geeifert, dahin getrieben worden, die ganze Kirchenautorität in ihrer höchsten Spitze anzugreifen. Aber das ist eben ein Irrtum, der Ablaßhandel war kein Mißbrauch, er war eine Konsequenz des ganzen Kirchensystems, und indem Luther ihn angriff, hatte er die Kirche selbst angegriffen, und diese mußte ihn als Ketzer verdammen.

Leo X., der feine Florentiner, der Schüler des Polizian, der Freund des Raffael, der griechische Philosoph mit der dreifachen Krone, die ihm das Konklav vielleicht deshalb erteilte, weil er an einer Krankheit litt, die keineswegs durch christliche Abstinenz entsteht und damals

noch sehr gefährlich war… Leo von Medicis, wie mußte er lächeln
über den armen, keuschen, einfältigen Mönch, der da wähnte, das
Evangelium sei die Charte des Christentums und diese Charte müsse
eine Wahrheit sein! Er hat vielleicht gar nicht gemerkt, was Luther
wollte, indem er damals viel zu sehr beschäftigt war mit dem Bau
der Peterskirche, dessen Kosten eben mit den Ablaßgeldern bestritten
wurden, so daß die Sünde ganz eigentlich das Geld hergab zum Bau
dieser Kirche, die dadurch gleichsam ein Monument sinnlicher Lust
wurde, wie jene Pyramide, die ein ägyptisches Freudenmädchen für
das Geld erbaute, das sie durch Prostitution erworben.

Von diesem Gotteshause könnte man vielleicht eher als von dem
Kölner Dome behaupten, daß es durch den Teufel erbaut worden.
Diesen Triumph des Spiritualismus, daß der Sensualismus selber ihm
seinen schönsten Tempel bauen mußte, daß man eben für die Menge
Zugeständnisse, die man dem Fleische machte, die Mittel erwarb,
den Geist zu verherrlichen, dieses begriff man nicht im deutschen
Norden. Denn hier, weit eher als unter dem glühenden Himmel
Italiens, war es möglich, ein Christentum auszuüben, das der Sinnlichkeit die allerwenigsten Zugeständnisse macht. Wir Nordländer
sind kälteren Blutes, und wir bedurften nicht soviel Ablaßzettel für
fleischliche Sünden, als uns der väterlich besorgte Leo zugeschickt
hatte. Das Klima erleichtert uns die Ausübung der christlichen Tugenden, und am 31. Oktober 1517, als Luther seine Thesen gegen
den Ablaß an die Türe der Augustinerkirche anschlug, war der Stadt-
graben von Wittenberg vielleicht schon zugefroren, und man konnte
dort Schlittschuhe laufen, welches ein sehr kaltes Vergnügen und also
keine Sünde ist.

Ich habe mich oben vielleicht schon mehrmals der Worte Spiritualismus und Sensualismus bedient; diese Worte beziehen sich aber hier
nicht, wie bei den französischen Philosophen, auf die zwei verschiedenen Quellen unserer Erkenntnisse, ich gebrauche sie vielmehr, wie
schon aus dem Sinne meiner Rede immer von selber hervorgeht, zur
Bezeichnung jener beiden verschiedenen Denkweisen, wovon die eine
den Geist dadurch verherrlichen will, daß sie die Materie zu zerstören

strebt, während die andere die natürlichen Rechte der Materie gegen die Usurpationen des Geistes zu vindizieren sucht.

Auf obige Anfänge der lutherischen Reformation, die schon den ganzen Geist derselben offenbaren, muß ich ebenfalls besonders aufmerksam machen, da man hier in Frankreich über die Reformation noch die alten Mißbegriffe hegt, die Bossuet durch seine »Histoire des variations« verbreitet hat und die sich sogar bei heutigen Schriftstellern geltend machen. Die Franzosen begriffen nur die negative Seite der Reformation, sie sahen darin nur einen Kampf gegen den Katholizismus und glaubten manchmal, dieser Kampf sei jenseits des Rheines immer aus denselben Gründen geführt worden wie diesseits, in Frankreich. Aber die Gründe waren dort ganz andere als hier und ganz entgegengesetzte.

Der Kampf gegen den Katholizismus in Deutschland war nichts anders als ein Krieg, den der Spiritualismus begann, als er einsah, daß er nur den Titel der Herrschaft führte und nur de jure herrschte, während der Sensualismus, durch hergebrachten Unterschleif, die wirkliche Herrschaft ausübte und de facto herrschte; – die Ablaßkrämer wurden fortgejagt, die hübschen Priesterkonkubinen wurden gegen kalte Eheweiber umgetauscht, die reizenden Madonnenbilder wurden zerbrochen, es entstand hie und da der sinnenfeindlichste Puritanismus.

Der Kampf gegen den Katholizismus in Frankreich, im siebenzehnten und achtzehnten Jahrhundert, war hingegen ein Krieg, den der Sensualismus begann, als er sah, daß er de facto herrschte und dennoch jeder Akt seiner Herrschaft von dem Spiritualismus, der de jure zu herrschen behauptete, als illegitim verhöhnt und in der empfindlichsten Weise fletriert wurde. Statt daß man nun in Deutschland mit keuschem Ernste kämpfte, kämpfte man in Frankreich mit schlüpfrigem Spaße; und statt daß man dort eine theologische Disputation führte, dichtete man hier irgendeine lustige Satire. Der Gegenstand dieser letzteren war gewöhnlich, den Widerspruch zu zeigen, worin der Mensch mit sich selbst gerät, wenn er ganz Geist sein will; und da erblühten die köstlichsten Historien von frommen Männern, welche

ihrer tierischen Natur unwillkürlich unterliegen oder gar alsdann den
Schein der Heiligkeit retten wollen und zur Heuchelei ihre Zuflucht
nehmen.

Schon die Königin von Navarra schilderte in ihren Novellen solche
Mißstände, das Verhältnis der Mönche zu den Weibern ist ihr gewöhnliches Thema, und sie will alsdann nicht bloß unser Zwerch-
fell, sondern auch das Mönchstum erschüttern. Die boshafteste Blüte
solcher komischen Polemik ist unstreitig der »Tartüff« von Molière;
denn dieser ist nicht bloß gegen den Jesuitismus seiner Zeit gerichtet,
sondern gegen das Christentum selbst, ja gegen die Idee des Christentums, gegen den Spiritualismus.

… dadurch wurde nicht bloß die gewöhnliche Scheinheiligkeit persifliert, sondern auch die allgemeine Lüge, die aus der Unausführ-
barkeit der christlichen Idee notwendig entsteht; persifliert wurde
dadurch das ganze System von Konzessionen, die der Spiritualismus
dem Sensualismus machen mußte.

… wenn man die letzten sichtbaren Reste des Katholizismus vertilgen würde, könnte es sich leicht ereignen, daß die Idee desselben sich
in eine neue Form, gleichsam in einen neuen Leib flüchtet und, sogar
den Namen Christentum ablegend, in dieser Umwandlung uns noch
weit verdrießlicher belästigen könnte als in ihrer jetzigen gebrochenen,
ruinierten und allgemein diskreditierten Gestalt. Ja, es hat sein Gutes,
daß der Spiritualismus durch eine Religion und eine Priesterschaft
repräsentiert werde, wovon die erstere ihre beste Kraft schon verloren
und letztere mit dem ganzen Freiheitsenthusiasmus unserer Zeit in
direkter Opposition steht.

Aber warum ist uns denn der Spiritualismus so sehr zuwider? Ist
er etwas so Schlechtes? Keineswegs. Rosenöl ist eine kostbare Sache,
und ein Fläschchen desselben ist erquicksam, wenn man in den verschlossenen Gemächern des Harem seine Tage vertrauern muß. Aber
wir wollen dennoch nicht, daß man alle Rosen dieses Lebens zertrete
und zerstampfe, um einige Tropfen Rosenöl zu gewinnen, und mögen
diese noch so tröstsam wirken. Wir sind vielmehr wie die Nachtigallen, die sich gern an der Rose selber ergötzen und von ihrer errötend

blühenden Erscheinung ebenso beseligt werden wie von ihrem unsichtbaren Dufte.

Ich habe oben geäußert, daß es eigentlich der Spiritualismus war, welcher bei uns den Katholizismus angriff. Aber dieses gilt nur vom Anfang der Reformation; sobald der Spiritualismus in das alte Kirchengebäude Bresche geschossen, stürzte der Sensualismus hervor mit all seiner lang verhaltenen Glut, und Deutschland wurde der wildeste Tummelplatz von Freiheitsrausch und Sinnenlust. Die unterdrückten Bauern hatten in der neuen Lehre geistliche Waffen gefunden, mit denen sie den Krieg gegen die Aristokratie führen konnten; die Lust zu einem solchen Kriege war schon seit anderthalb Jahrhundert vorhanden. Zu Münster lief der Sensualismus nackt durch die Straßen, in der Gestalt des Jan van Leiden, und legte sich mit seinen zwölf Weibern in jene große Bettstelle, welche noch heute auf dem dortigen Rathause zu sehen ist. Die Klosterpforten öffneten sich überall, und Nonnen und Mönchlein stürzten sich in die Arme und schnäbelten sich. Ja, die äußere Geschichte jener Zeit besteht fast aus lauter sensualischen Emeuten; wie wenig Resultate davon geblieben, wie der Spiritualismus jene Tumultuanten wieder unterdrückte, wie er allmählich im Norden seine Herrschaft sicherte, aber durch einen Feind, den er im eigenen Busen erzogen, nämlich durch die Philosophie, zu Tode verwundet wurde, sehen wir später. Es ist dieses eine sehr verwickelte Geschichte, schwer zu entwirren.

Der katholischen Partei wird es leicht, nach Belieben die schlimmsten Motive hervorzukehren, und wenn man sie sprechen hört, galt es nur, die frechste Sinnlichkeit zu legitimieren und die Kirchengüter zu plündern. Freilich, die geistigen Interessen müssen immer mit den materiellen Interessen eine Allianz schließen, um zu siegen. Aber der Teufel hatte die Karten so sonderbar gemischt, daß man über die Intentionen nichts Sicheres mehr sagen kann.

Die erlauchten Leute, die Anno 1521 im Reichssaale zu Worms versammelt waren, mochten wohl allerlei Gedanken im Herzen tragen, die im Widerspruch standen mit den Worten ihres Mundes. Da saß ein junger Kaiser, der sich, mit jugendlicher Herrscherwonne, in

seinen neuen Purpurmantel wickelte und sich heimlich freute, daß
der stolze Römer, der die Vorgänger im Reiche so oft mißhandelt und
noch immer seine Anmaßungen nicht aufgegeben, jetzt die wirksams-
te Zurechtweisung gefunden. Der Repräsentant jenes Römers hatte
seinerseits wieder die geheime Freude, daß ein Zwiespalt unter jenen
Deutschen entstand, die, wie betrunkene Barbaren, so oft das schöne
Italien überfallen und ausgeplündert und es noch immer mit neu-
en Überfällen und Plünderungen bedrohten. Die weltlichen Fürsten
freuten sich, daß sie mit der neuen Lehre sich auch zu gleicher Zeit
die alten Kirchengüter zu Gemüte führen konnten. Die hohen Prälaten überlegten schon, ob sie nicht ihre Köchinnen heuraten und ihre
Kurstaaten, Bistümer und Abteien auf ihre männlichen Sprößlinge
vererben könnten. Die Abgeordneten der Städte freuten sich einer
neuen Erweiterung ihrer Unabhängigkeit. Jeder hatte hier was zu gewinnen und dachte heimlich an irdische Vorteile.

Doch ein Mann war dort, von dem ich überzeugt bin, daß er nicht
an sich dachte, sondern nur an die göttlichen Interessen, die er vertreten sollte. Dieser Mann war Martin Luther, der arme Mönch, den die
Vorsehung auserwählt, jene römische Weltmacht zu brechen, wogegen
schon die stärksten Kaiser und kühnsten Weisen vergeblich angekämpft.
Aber die Vorsehung weiß sehr gut, auf welche Schultern sie ihre Lasten
legt; hier war nicht bloß eine geistige, sondern auch eine physische Kraft
nötig. Eines durch klösterliche Strenge und Keuschheit von Jugend
auf gestählten Leibes bedurfte es, um die Mühseligkeiten eines solchen
Amtes zu ertragen. Unser teurer Meister war damals noch mager und
sah sehr blaß aus, so daß die roten, wohlgefütterten Herren des Reichs-
tags fast mit Mitleid auf den armseligen Mann in der schwarzen Kutte
herabsahen. Aber er war doch ganz gesund, und seine Nerven waren so
fest, daß ihn der glänzende Tumult nicht im mindesten einschüchterte,
und gar seine Lunge muß stark gewesen sein. Denn nachdem er seine
lange Verteidigung gesprochen, mußte er, weil der Kaiser kein Hoch-
deutsch verstand, sie in lateinischer Sprache wiederholen.

Ich ärgere mich jedesmal, wenn ich daran denke; denn unser teurer
Meister stand neben einem offenen Fenster, der Zugluft ausgesetzt,

während ihm der Schweiß von der Stirne troff. Durch das lange Reden mochte er wohl sehr ermüdet und sein Gaumen mochte wohl etwas trocken geworden sein. ›Der muß jetzt großen Durst haben‹, dachte gewiß der Herzog von Braunschweig; wenigstens lesen wir, daß er dem Martin Luther drei Kannen des besten Eimbecker Biers in die Herberge zuschickte. Ich werde diese edle Tat dem Hause Braunschweig nie vergessen.

Wie von der Reformation, so hat man auch von ihren Helden sehr falsche Begriffe in Frankreich. Die nächste Ursache dieses Nichtbegreifens liegt wohl darin, daß Luther nicht bloß der größte, sondern auch der deutscheste Mann unserer Geschichte ist; daß in seinem Charakter alle Tugenden und Fehler der Deutschen aufs großartigste vereinigt sind, daß er auch persönlich das wunderbare Deutschland repräsentiert. Dann hatte er auch Eigenschaften, die wir selten vereinigt finden und die wir gewöhnlich sogar als feindliche Gegensätze antreffen. Er war zugleich ein träumerischer Mystiker und ein praktischer Mann in der Tat. Seine Gedanken hatten nicht bloß Flügel, sondern auch Hände; er sprach und handelte. Er war nicht bloß die Zunge, sondern auch das Schwert seiner Zeit. Auch war er zugleich ein kalter scholastischer Wortklauber und ein begeisterter, gottberauschter Prophet. Wenn er des Tags über mit seinen dogmatischen Distinktionen sich mühsam abgearbeitet, dann griff er des Abends zu seiner Flöte und betrachtete die Sterne und zerfloß in Melodie und Andacht.

Derselbe Mann, der wie ein Fischweib schimpfen konnte, er konnte auch weich sein wie eine zarte Jungfrau. Er war manchmal wild wie der Sturm, der die Eiche entwurzelt, und dann war er wieder sanft wie der Zephir, der mit Veilchen kost. Er war voll der schauerlichsten Gottesfurcht, voll Aufopferung zu Ehren des Heiligen Geistes, er konnte sich ganz versenken ins reine Geisttum; und dennoch kannte er sehr gut die Herrlichkeiten dieser Erde und wußte sie zu schätzen, und aus seinem Munde erblühte der famose Wahlspruch: »Wer nicht liebt Wein, Weiber und Gesang, der bleibt ein Narr sein Leben lang.« Er war ein kompletter Mensch, ich möchte sagen, ein absoluter Mensch, in welchem Geist und Materie nicht getrennt sind. Ihn einen

Spiritualisten zu nennen wäre daher ebenso irrig, als nennte man ihn einen Sensualisten. Wie soll ich sagen, er hatte etwas Ursprüngliches, Unbegreifliches, Mirakulöses, wie wir es bei allen providentiellen Männern finden, etwas Schauerlich-Naives, etwas Tölpelhaft-Kluges, etwas Erhaben-Borniertes, etwas Unbezwingbar-Dämonisches.

Luthers Vater war Bergmann zu Mansfeld, und da war der Knabe oft bei ihm in der unterirdischen Werkstatt, wo die mächtigen Metalle wachsen und die starken Urquellen rieseln, und das junge Herz hatte vielleicht unbewußt die geheimsten Naturkräfte in sich eingesogen oder wurde gar gefeit von den Berggeistern. Daher mag auch soviel Erdstoff, soviel Leidenschaftschlacke an ihm klebengeblieben sein, wie man dergleichen ihm hinlänglich vorwirft. Man hat aber unrecht, ohne jene irdische Beimischung hätte er nicht ein Mann der Tat sein können. Reine Geister können nicht handeln.

Ruhm dem Luther! Ewiger Ruhm dem teuren Manne, dem wir die Rettung unserer edelsten Güter verdanken und von dessen Wohltaten wir noch heute leben! Es ziemt uns wenig, über die Beschränktheit seiner Ansichten zu klagen. Der Zwerg, der auf den Schultern des Riesen steht, kann freilich weiter schauen als dieser selbst, besonders wenn er eine Brille aufgesetzt; aber zu der erhöhten Anschauung fehlt das hohe Gefühl, das Riesenherz, das wir uns nicht aneignen können. Es ziemt uns noch weniger, über seine Fehler ein herbes Urteil zu fällen; diese Fehler haben uns mehr genutzt als die Tugenden von tausend andern. Die Feinheit des Erasmus und die Milde des Melanchthon hätten uns nimmer so weit gebracht wie manchmal die göttliche Brutalität des Bruder Martin.

Ja, der Irrtum in betreff des Beginnes, wie ich ihn oben angedeutet, hat die kostbarsten Früchte getragen, Früchte, woran sich die ganze Menschheit erquickt. Von dem Reichstage an, wo Luther die Autorität des Papstes leugnet und öffentlich erklärt, »daß man seine Lehre durch die Aussprüche der Bibel selbst oder durch vernünftige Gründe widerlegen müsse!«, da beginnt ein neues Zeitalter in Deutschland. Die Kette, womit der heilige Bonifaz die deutsche Kirche an Rom gefesselt, wird entzweigehauen.

Diese Kirche, die vorher einen integrierenden Teil der großen Hierarchie bildete, zerfällt in religiöse Demokratien. Die Religion selber wird eine andere; es verschwindet daraus das indisch-gnostische Element, und wir sehen, wie sich wieder das judäisch-deistische Element darin erhebt. Es entsteht das evangelische Christentum. Indem die notwendigsten Ansprüche der Materie nicht bloß berücksichtigt, sondern auch legitimiert werden, wird die Religion wieder eine Wahrheit. Der Priester wird Mensch und nimmt ein Weib und zeugt Kinder, wie Gott es verlangt. Dagegen Gott selbst wird wieder ein himmlischer Hagestolz ohne Familie; die Legitimität seines Sohnes wird bestritten; die Heiligen werden abgedankt; den Engeln werden die Flügel beschnitten; die Muttergottes verliert alle ihre Ansprüche an die himmlische Krone, und es wird ihr untersagt, Wunder zu tun.

Überhaupt von nun an, besonders seit die Naturwissenschaften so große Fortschritte machen, hören die Wunder auf. Sei es nun, daß es den lieben Gott verdrießt, wenn ihm die Physiker so mißtrauisch auf die Finger sehen …: sogar in der jüngsten Zeit, wo die Religion so sehr gefährdet ist, hat er es verschmäht, sie durch irgendein eklatantes Wunder zu unterstützen. Vielleicht wird er von jetzt an, bei allen neuen Religionen, die er auf dieser Erde einführt, sich auf gar keine heiligen Kunststücke mehr einlassen und die Wahrheiten der neuen Lehren immer durch die Vernunft beweisen; was auch am vernünftigsten ist…

Indessen wenn bei uns in Deutschland, durch den Protestantismus, mit den alten Mirakeln auch sehr viele andere Poesie verlorenging, so gewannen wir doch mannigfaltigen Ersatz. Die Menschen wurden tugendhafter und edler. Der Protestantismus hatte den günstigsten Einfluß auf jene Reinheit der Sitten und jene Strenge in der Ausübung der Pflichten, welche wir gewöhnlich Moral nennen; ja, der Protestantismus hat in manchen Gemeinden eine Richtung genommen, wodurch er am Ende mit dieser Moral ganz zusammenfällt und das Evangelium nur als schöne Parabel gültig bleibt. Besonders sehen wir jetzt eine erfreuliche Veränderung im Leben der Geistlichen. Mit dem Zölibat verschwanden auch fromme Unzüchten und Mönchslaster.

Unter den protestantischen Geistlichen finden wir nicht selten die tugendhaftesten Menschen, Menschen, vor denen selbst die alten Stoiker Respekt hätten. Man muß zu Fuß, als armer Student, durch Norddeutschland wandern, um zu erfahren, wieviel Tugend, und damit ich der Tugend ein schönes Beiwort gebe, wieviel evangelische Tugend manchmal in so einer scheinlosen Pfarrerwohnung zu finden ist. Wie oft, des Winterabends, fand ich da eine gastfreie Aufnahme, ich, ein Fremder, der keine andere Empfehlung mitbrachte, außer daß ich Hunger hatte und müde war. Wenn ich dann gut gegessen und gut geschlafen hatte und des Morgens weiterziehen wollte, kam der alte Pastor im Schlafrock und gab mir noch den Segen auf den Weg, welches mir nie Unglück gebracht hat; und die gutmütig geschwätzige Frau Pastorin steckte mir einige Butterbröte in die Tasche, welche mich nicht minder erquickten; und in schweigender Ferne standen die schönen Predigertöchter mit ihren errötenden Wangen und Veilchenaugen, deren schüchternes Feuer, noch in der Erinnerung, für den ganzen Wintertag mein Herz erwärmte.

Indem Luther den Satz aussprach, daß man seine Lehre nur durch die Bibel selber oder durch vernünftige Gründe widerlegen müsse, war der menschlichen Vernunft das Recht eingeräumt, die Bibel zu erklären, und sie, die Vernunft, war als oberste Richterin in allen religiösen Streitfragen anerkannt. Dadurch entstand in Deutschland die sogenannte Geistesfreiheit oder, wie man sie ebenfalls nennt, die Denkfreiheit. Das Denken ward ein Recht, und die Befugnisse der Vernunft wurden legitim. Freilich, schon seit einigen Jahrhunderten hatte man ziemlich frei denken und reden können, und die Scholastiker haben über Dinge disputiert, wovon wir kaum begreifen, wie man sie im Mittelalter auch nur aussprechen durfte.

Aber dieses geschah vermittelst der Distinktion, welche man zwischen theologischer und philosophischer Wahrheit machte, eine Distinktion, wodurch man sich gegen Ketzerei ausdrücklich verwahrte; und das geschah auch nur innerhalb den Hörsälen der Universitäten und in einem gotisch abstrusen Latein, wovon doch das Volk nichts verstehen konnte, so daß wenig Schaden für die Kirche dabei zu befürchten war. Dennoch hatte die Kirche solches Verfahren nie eigentlich erlaubt, und dann und wann hat sie auch wirklich einen armen Scholastiker verbrannt. Jetzt aber, seit Luther, machte man gar keine Distinktion mehr zwischen theologischer und philosophischer Wahrheit, und man disputierte auf öffentlichem Markt und in der deutschen Landessprache und ohne Scheu und Furcht. Die Fürsten, welche die Reformation annahmen, haben diese Denkfreiheit legitimiert, und eine wichtige, weltwichtige Blüte derselben ist die deutsche Philosophie.

In der Tat, nicht einmal in Griechenland hat der menschliche Geist sich so frei aussprechen können wie in Deutschland, seit der Mitte des vorigen Jahrhunderts bis zur französischen Invasion. Namentlich in Preußen herrschte eine grenzenlose Gedankenfreiheit. Der Marquis von Brandenburg hatte begriffen, daß er, der nur durch das protestantische Prinzip ein legitimer König von Preußen sein konnte, auch die protestantische Denkfreiheit aufrechterhalten mußte. Seitdem freilich haben sich die Dinge verändert, und der natürliche Schirmvogt unserer protestantischen Denkfreiheit hat sich, zur Unterdrückung derselben, mit der ultramontanen Partei verständigt, und er benutzt oft dazu die Waffe, die das Papsttum zuerst gegen uns ersonnen und angewandt: die Zensur.

Sonderbar! Wir Deutschen sind das stärkste und das klügste Volk. Unsere Fürstengeschlechter sitzen auf allen Thronen Europas, unsere Rothschilde beherrschen alle Börsen der Welt, unsere Gelehrten regieren in allen Wissenschaften, wir haben das Pulver erfunden und die Buchdruckerei; – und dennoch, wer bei uns eine Pistole losschießt, bezahlt drei Taler Strafe, und wenn wir in den »Hamburger Korrespondent« setzen wollen: »Meine liebe Gattin ist in Wochen gekommen, mit einem Töchterlein, schön wie die Freiheit!«, dann greift der Herr Doktor Hoffmann zu seinem Rotstift und streicht uns »die Freiheit«.

Wird dieses noch lange geschehen können? Ich weiß nicht. Aber ich weiß, die Frage der Preßfreiheit, die jetzt in Deutschland so heftig diskutiert wird, knüpft sich bedeutungsvoll an die obigen Betrachtungen, und ich glaube, ihre Lösung ist nicht schwer, wenn man bedenkt, daß

die Preßfreiheit nichts anderes ist als die Konsequenz der Denkfreiheit
und folglich ein protestantisches Recht. Für Rechte dieser Art hat der
Deutsche schon sein bestes Blut gegeben, und er dürfte wohl dahin
gebracht werden, noch einmal in die Schranken zu treten.

Dasselbe ist anwendbar auf die Frage von der akademischen Freiheit,
die jetzt so leidenschaftlich die Gemüter in Deutschland bewegt. Seit
man entdeckt zu haben glaubt, daß auf den Universitäten am meisten
politische Aufregung, nämlich Freiheitsliebe, herrscht, seitdem wird
den Souveränen von allen Seiten insinuiert, daß man diese Institute
unterdrücken oder doch wenigstens in gewöhnliche Unterrichtsanstal-
ten verwandeln müsse.

Mißverstand ist sowohl auf seiten der armen Professoren, die als
Vertreter, wie auf seiten der Regierungsbeamten, die als Gegner der
Universitäten öffentlich auftreten. Nur die katholische Propaganda in
Deutschland begreift die Bedeutung derselben, diese frommen Obs-
kuranten sind die gefährlichsten Gegner unseres Universitätssystems,
diese wirken dagegen meuchlerisch mit Lug und Trug, und gar wenn
sich einer von ihnen den liebevollen Anschein gibt, als wollte er den
Universitäten das Wort reden, offenbart sich die jesuitische Intrige.
Wohl wissen diese feigen Heuchler, was hier auf dem Spiel steht, zu
gewinnen. Denn mit den Universitäten fällt auch die protestantische
Kirche, die seit der Reformation nur in jenen wurzelt, so daß die
ganze protestantische Kirchengeschichte der letzten Jahrhunderte fast
nur aus den theologischen Streitigkeiten der Wittenberger, Leipziger,
Tübinger und halleschen Universitätsgelehrten besteht. Die Konsis-
torien sind nur der schwache Abglanz der theologischen Fakultät, sie
verlieren mit dieser allen Halt und Charakter und sinken in die öde
Abhängigkeit der Ministerien oder gar der Polizei.

Doch laßt uns solchen melancholischen Betrachtungen nicht zuviel
Raum geben, um so mehr, da wir hier noch von dem providentiellen
Manne zu reden haben, durch welchen so Großes für das deutsche
Volk geschehen. Ich habe oben gezeigt, wie wir durch ihn zur größten
Denkfreiheit gelangt. Aber dieser Martin Luther gab uns nicht bloß
die Freiheit der Bewegung, sondern auch das Mittel der Bewegung,

dem Geist gab er nämlich einen Leib. Er gab dem Gedanken auch das Wort. Er schuf die deutsche Sprache.

Dieses geschah, indem er die Bibel übersetzte.

In der Tat, der göttliche Verfasser dieses Buchs scheint es ebensogut wie wir andere gewußt zu haben, daß es gar nicht gleichgültig ist, durch wen man übersetzt wird, und er wählte selber seinen Übersetzer und verlieh ihm die wundersame Kraft, aus einer toten Sprache, die gleichsam schon begraben war, in eine andere Sprache zu übersetzen, die noch gar nicht lebte.

Man besaß zwar die Vulgata, die man verstand, sowie auch die Septuaginta, die man schon verstehen konnte. Aber die Kenntnis des Hebräischen war in der christlichen Welt ganz erloschen. Nur die Juden, die sich, hie und da, in einem Winkel dieser Welt verborgen hielten, bewahrten noch die Traditionen dieser Sprache. Wie ein Gespenst, das einen Schatz bewacht, der ihm einst im Leben anvertraut worden, so saß dieses gemordete Volk, dieses Volk-Gespenst, in seinen dunklen Gettos und bewahrte dort die hebräische Bibel; und in diese verrufenen Schlupfwinkel sah man die deutschen Gelehrten heimlich hinabsteigen, um den Schatz zu heben, um die Kenntnis der hebräischen Sprache zu erwerben. Als die katholische Geistlichkeit merkte, daß ihr von dieser Seite Gefahr drohte, daß das Volk auf diesem Seitenweg zum wirklichen Wort Gottes gelangen und die römischen Fälschungen entdecken konnte, da hätte man gern auch die jüdische Tradition unterdrückt, und man ging damit um, alle hebräischen Bücher zu vernichten, und am Rhein begann die Bücherverfolgung, wogegen unser vortrefflicher Doktor Reuchlin so glorreich gekämpft hat.

Wie aber Luther zu der Sprache gelangt ist, worin er seine Bibel übersetzte, ist mir bis auf diese Stunde unbegreiflich… Ich bekenne daher offenherzig, ich weiß nicht, wie die Sprache, die wir in der Lutherischen Bibel finden, entstanden ist. Aber ich weiß, daß durch diese Bibel, wovon die junge Presse, die schwarze Kunst, Tausende von Exemplaren ins Volk schleuderte, die Lutherische Sprache in wenigen Jahren über ganz Deutschland verbreitet und zur allgemeinen Schriftsprache erhoben wurde. Diese Schriftsprache herrscht noch immer

in Deutschland und gibt diesem politisch und religiös zerstückelten
Lande eine literärische Einheit.

Ein solches unschätzbares Verdienst mag uns bei dieser Sprache dafür
entschädigen, daß sie, in ihrer heutigen Ausbildung, etwas von jener
Innigkeit entbehrt, welche wir bei Sprachen, die sich aus einem einzigen Dialekt gebildet, zu finden pflegen. Die Sprache in Luthers Bibel
entbehrt jedoch durchaus nicht einer solchen Innigkeit, und dieses
alte Buch ist eine ewige Quelle der Verjüngung für unsere Sprache.
Alle Ausdrücke und Wendungen, die in der Lutherischen Bibel stehn,
sind deutsch, der Schriftsteller darf sie immerhin noch gebrauchen;
und da dieses Buch in den Händen der ärmsten Leute ist, so bedürfen
diese keiner besonderen gelehrten Anleitung, um sich literarisch aussprechen zu können.

Dieser Umstand wird, wenn bei uns die politische Revolution aus-
bricht, gar merkwürdige Erscheinungen zur Folge haben. Die Freiheit
wird überall sprechen können, und ihre Sprache wird biblisch sein.

Luthers Originalschriften haben ebenfalls dazu beigetragen, die
deutsche Sprache zu fixieren. Durch ihre polemische Leidenschaft-
lichkeit drangen sie tief in das Herz der Zeit. Ihr Ton ist nicht immer
sauber. Aber man macht auch keine religiöse Revolution mit Oran-
genblüte. Zu dem groben Klotz gehört manchmal ein grober Keil.
In der Bibel ist Luthers Sprache, aus Ehrfurcht vor dem gegenwärtigen Geist Gottes, immer in eine gewisse Würde gebannt. In seinen
Streitschriften hingegen überläßt er sich einer plebejischen Roheit, die
oft ebenso widerwärtig wie grandios ist. Seine Ausdrücke und Bilder
gleichen dann jenen riesenhaften Steinfiguren, die wir in indischen
oder ägyptischen Tempelgrotten finden und deren grelles Kolorit und
abenteuerliche Häßlichkeit uns zugleich abstößt und anzieht. Durch
diesen barocken Felsenstil erscheint uns der kühne Mönch manchmal
wie ein religiöser Danton, ein Prediger des Berges, der, von der Höhe
desselben, die bunten Wortblöcke hinabschmettert auf die Häupter
seiner Gegner.

Merkwürdiger und bedeutender als diese prosaischen Schriften sind
Luthers Gedichte, die Lieder, die, in Kampf und Not, aus seinem

Gemüte entsprossen. Sie gleichen manchmal einer Blume, die auf einem Felsen wächst, manchmal einem Mondstrahl, der über ein bewegtes Meer hinzittert. Luther liebte die Musik, er hat sogar einen Traktat über diese Kunst geschrieben, und seine Lieder sind daher außerordentlich melodisch. Auch in dieser Hinsicht gebührt ihm der Name: Schwan von Eisleben. Aber er war nichts weniger als ein milder Schwan in manchen Gesängen, wo er den Mut der Seinigen anfeuert und sich selber zur wildesten Kampflust begeistert. Ein Schlachtlied war jener trotzige Gesang, womit er und seine Begleiter in Worms einzogen. Der alte Dom zitterte bei diesen neuen Klängen, und die Raben erschraken in ihren obskuren Turmnestern. Jenes Lied, die Marseiller Hymne der Reformation, hat bis auf unsere Tage seine begeisternde Kraft bewahrt.

> Eine feste Burg ist unser Gott,
> Ein' gute Wehr und Waffen,
> Er hilft uns frei aus aller Not,
> Die uns jetzt hat betroffen.
> Der alte böse Feind,
> Mit Ernst er's jetzt meint,
> Groß Macht und viel List
> Sein grausam Rüstung ist,
> Auf Erd' ist nicht sein'sgleichen.
> Mit unsrer Macht ist nichts getan,
> Wir sind gar bald verloren,
> Es streit' für uns der rechte Mann,
> Den Gott selbst hat erkoren.
> Fragst du, wer es ist?
> Er heißt Jesus Christ,
> Der Herr Zebaoth,
> Und ist kein andrer Gott,
> Das Feld muß er behalten.
> Und wenn die Welt voll Teufel wär
> Und wollten uns verschlingen,

So fürchten wir uns nicht so sehr,
Es soll uns doch gelingen;
Der Fürst dieser Welt,
Wie sauer er sich stellt,
Tut er uns doch nicht,
Das macht, er ist gericht't,
Ein Wörtlein kann ihn fällen.
Das Wort sie sollen lassen stahn,
Und keinen Dank dazu haben,
Es ist bei uns wohl auf dem Plan
Mit seinem Geist und Gaben.
Nehmen sie uns den Leib,
Gut, Ehr', Kind und Weib,
Laß fahren dahin,
Sie haben's kein Gewinn,
Das Reich muß uns doch bleiben.

Zweites Buch

Im vorigen Buche haben wir von der großen religiösen Revolution gehandelt, die von Martin Luther in Deutschland repräsentiert ward. Jetzt haben wir von der philosophischen Revolution zu sprechen, die aus jener hervorging, ja, die eben nichts anderes ist wie die letzte Konsequenz des Protestantismus.

Ehe wir aber erzählen, wie diese Revolution durch Immanuel Kant zum Ausbruch kam, müssen die philosophischen Vorgänge im Auslande, die Bedeutung des Spinoza, die Schicksale der Leibnizischen Philosophie, die Wechselverhältnisse dieser Philosophie und der Religion, die Reibungen derselben, ihr Zerwürfnis u. dgl. m. erwähnt werden. Beständig aber halten wir im Auge diejenigen von den Fragen der Philosophie, denen wir eine soziale Bedeutung beimessen und zu deren Lösung sie mit der Religion konkurriert.

Dieses ist nun die Frage von der Natur Gottes. »Gott ist Anfang und Ende aller Weisheit!« sagen die Gläubigen in ihrer Demut, und der Philosoph, in allem Stolze seines Wissens, muß diesem frommen Spruche beistimmen.

Nicht Baco, wie man zu lehren pflegt, sondern René Descartes ist der Vater der neuern Philosophie, und in welchem Grade die deutsche Philosophie von ihm abstammt, werden wir ganz deutlich zeigen.

René Descartes ist ein Franzose, und dem großen Frankreich gebührt auch hier der Ruhm der Initiative. Aber das große Frankreich, das geräuschvolle, bewegte, vielschwatzende Land der Franzosen, war nie ein geeigneter Boden für Philosophie, diese wird vielleicht niemals darauf gedeihen, und das fühlte René Descartes, und er ging nach Holland, dem stillen, schweigenden Lande der Trekschuiten und Holländer, und dort schrieb er seine philosophischen Werke. Nur dort konnte er seinen Geist von dem traditionellen Formalismus befreien und eine ganze Philosophie aus reinen Gedanken emporbauen, die weder dem Glauben noch der Empirie abgeborgt sind, wie es seitdem von jeder wahren Philosophie verlangt wird. Nur dort konnte er so tief in des Denkens Abgründe sich versenken, daß er es in den letzten Gründen des Selbstbewußtseins ertappte und er eben durch den Gedanken das Selbstbewußtsein konstatieren konnte, in dem weltberühmten Satze: Cogito, ergo sum.

Aber auch vielleicht nirgends anders als in Holland konnte Descartes es wagen, eine Philosophie zu lehren, die mit allen Traditionen der Vergangenheit in den offenbarsten Kampf geriet. Ihm gebührt die Ehre, die Autonomie der Philosophie gestiftet zu haben; diese brauchte nicht mehr die Erlaubnis zum Denken von der Theologie zu erbetteln und durfte sich jetzt als selbständige Wissenschaft neben dieselbe hinstellen. Ich sage nicht: derselben entgegensetzen, denn es galt damals der Grundsatz: die Wahrheiten, wozu wir durch die Philosophie gelangen, sind am Ende dieselben, welche uns auch die Religion überliefert.

Die Scholastiker, wie ich schon früher bemerkt, hatten hingegen der Religion nicht bloß die Suprematie über die Philosophie eingeräumt, sondern auch diese letztere für ein nichtiges Spiel, für eitel Wortfechterei erklärt, sobald sie mit den Dogmen der Religion in Widerspruch geriet. Den Scholastikern war es nur darum zu tun, ihre Gedanken

auszusprechen, gleichviel unter welcher Bedingung. Sie sagten ein mal
eins ist eins und bewiesen es; aber sie setzten lächelnd hinzu, das ist
wieder ein Irrtum der menschlichen Vernunft, die immer irrt, wenn
sie mit den Beschlüssen der ökumenischen Konzilien in Widerspruch
gerät; ein mal eins ist drei, und das ist die wahre Wahrheit, wie uns
längst offenbart worden, im Namen des Vaters, des Sohnes und des
Heiligen Geistes!

Die Scholastiker bildeten, im geheim, eine philosophische Opposition gegen die Kirche. Aber öffentlich heuchelten sie die größte
Unterwürfigkeit, kämpften sogar in manchen Fällen für die Kirche,
und bei Aufzügen paradierten sie im Gefolge derselben, ungefähr wie
die französischen Oppositionsdeputierten bei den Feierlichkeiten der
Restauration. Die Komödie der Scholastiker dauerte mehr als sechs
Jahrhunderte, und sie wurde immer trivialer. Indem Descartes den
Scholastizismus zerstörte, zerstörte er auch die verjährte Opposition
des Mittelalters. Die alten Besen waren durch das lange Fegen stumpf
geworden, es klebte daran allzuviel Kehricht, und die neue Zeit verlangte neue Besen. Nach jeder Revolution muß die bisherige Opposition abdanken; es geschehen sonst große Dummheiten. Wir haben's
erlebt. Weniger war es nun die katholische Kirche als vielmehr die alten
Gegner derselben, der Nachtrab der Scholastiker, welche sich zuerst
gegen die Cartesianische Philosophie erhoben. Erst 1663 verbot sie
der Papst…

Der Materialismus hat in Frankreich seine Mission erfüllt. Er voll-
bringt jetzt vielleicht dasselbe Werk in England, und auf Locke fußen
dort die revolutionären Parteien, namentlich die Benthamisten, die
Prädikanten der Utilität. Diese sind gewaltige Geister, die den rechten
Hebel ergriffen, womit man John Bull in Bewegung setzen kann. John
Bull ist ein geborener Materialist, und sein christlicher Spiritualis-
mus ist meistens eine traditionelle Heuchelei oder doch nur materielle
Borniertheit – sein Fleisch resigniert sich, weil ihm der Geist nicht
zu Hülfe kommt. Anders ist es in Deutschland, und die deutschen
Revolutionäre irren sich, wenn sie wähnen, daß eine materialistische
Philosophie ihren Zwecken günstig sei. Ja, es ist dort gar keine all-

gemeine Revolution möglich, solange ihre Prinzipien nicht aus einer
volkstümlicheren, religiöseren und deutscheren Philosophie deduziert
und durch die Gewalt derselben herrschend geworden. Welche Philosophie ist dieses? Wir werden sie späterhin unumwunden besprechen.
Ich sage: unumwunden, denn ich rechne darauf, daß auch Deutsche
diese Blätter lesen.

Deutschland hat von jeher eine Abneigung gegen den Materialismus
bekundet und wurde deshalb, während anderthalb Jahrhunderte, der
eigentliche Schauplatz des Idealismus…

… Leibniz war weder ein Tor noch ein Schuft, und von seiner har-
monischen Höhe konnte er sehr gut das ganze Christentum verteidigen. Ich sage das ganze Christentum, denn er verteidigte es gegen
das halbe Christentum. Er zeigte die Konsequenz der Orthodoxen im
Gegensatze zur Halbheit ihrer Gegner. Mehr hat er nie gewollt. Und
dann stand er auf jenem Indifferenzpunkte, wo die verschiedensten
Systeme nur verschiedene Seiten derselben Wahrheit sind. Diesen In-
differenzpunkt hat späterhin auch Herr Schelling erkannt, und Hegel
hat ihn wissenschaftlich begründet, als ein System der Systeme. In
gleicher Weise beschäftigte sich Leibniz mit einer Harmonie zwischen
Plato und Aristoteles. Auch in der späteren Zeit ist diese Aufgabe oft
genug bei uns vorgekommen. Ist sie gelöst worden?

Nein, wahrhaftig nein! Denn diese Aufgabe ist eben nichts anders
als eine Schlichtung des Kampfes zwischen Idealismus und Materialismus… Plato und Aristoteles! Das sind nicht bloß die zwei Systeme,
sondern auch die Typen zweier verschiedenen Menschennaturen, die
sich, seit undenklicher Zeit, unter allen Kostümen, mehr oder minder
feindselig entgegenstehen. Vorzüglich das ganze Mittelalter hindurch,
bis auf den heutigen Tag, wurde solchermaßen gekämpft, und dieser
Kampf ist der wesentlichste Inhalt der christlichen Kirchengeschichte. Von Plato und Aristoteles ist immer die Rede, wenn auch unter
anderem Namen.

Schwärmerische, mystische, platonische Naturen offenbaren aus den
Abgründen ihres Gemütes die christlichen Ideen und die entsprechen-
den Symbole. Praktische, ordnende, aristotelische Naturen bauen aus

diesen Ideen und Symbolen ein festes System, eine Dogmatik und einen Kultus. Die Kirche umschließt endlich beide Naturen, wovon die einen sich meistens im Klerus und die anderen im Mönchstum verschanzen, aber sich unablässig befehden. In der protestantischen Kirche zeigt sich derselbe Kampf, und das ist der Zwiespalt zwischen Pietisten und Orthodoxen, die den katholischen Mystikern und Dogmatikern in einer gewissen Weise entsprechen. Die protestantischen Pietisten sind Mystiker ohne Phantasie, und die protestantischen Orthodoxen sind Dogmatiker ohne Geist.

Ich spreche von Benedikt Spinoza.

Ein großer Genius bildet sich durch einen anderen großen Genius, weniger durch Assimilierung als durch Reibung. Ein Diamant schleift den andern. So hat die Philosophie des Descartes keineswegs die des Spinoza hervorgebracht, sondern nur befördert. Daher zunächst finden wir bei dem Schüler die Methode des Meisters; dieses ist ein großer Gewinn. Dann finden wir bei Spinoza, wie bei Descartes, die der Mathematik abgeborgte Beweisführung. Dieses ist ein großes Gebrechen. Die mathematische Form gibt dem Spinoza ein herbes Äußere. Aber dieses ist wie die herbe Schale der Mandel; der Kern ist um so erfreulicher.

Bei der Lektüre des Spinoza ergreift uns ein Gefühl wie beim Anblick der großen Natur in ihrer lebendigsten Ruhe. Ein Wald von himmelhohen Gedanken, deren blühende Wipfel in wogender Bewegung sind, während die unerschütterlichen Baumstämme in der ewigen Erde wurzeln. Es ist ein gewisser Hauch in den Schriften des Spinoza, der unerklärlich. Man wird angeweht wie von den Lüften der Zukunft. Der Geist der hebräischen Propheten ruhte vielleicht noch auf ihrem späten Enkel. Dabei ist ein Ernst in ihm, ein selbstbewußter Stolz, eine Gedankengrandezza, die ebenfalls ein Erbteil zu sein scheint; denn Spinoza gehörte zu jenen Märtyrerfamilien, die damals von den allerkatholischsten Königen aus Spanien vertrieben worden. Dazu kommt noch die Geduld des Holländers, die sich ebenfalls, wie im Leben, so auch in den Schriften des Mannes, niemals verleugnet hat.

Konstatiert ist es, daß der Lebenswandel des Spinoza frei von allem
Tadel war und rein und makellos wie das Leben seines göttlichen Vet-
ters, Jesu Christi. Auch wie dieser litt er für seine Lehre, wie dieser trug
er die Dornenkrone. Überall, wo ein großer Geist seinen Gedanken
ausspricht, ist Golgatha.

Teurer Leser, wenn du mal nach Amsterdam kömmst, so laß dir
dort von dem Lohnlakaien die spanische Synagoge zeigen. Diese ist
ein schönes Gebäude, und das Dach ruht auf vier kolossalen Pfeilern,
und in der Mitte steht die Kanzel, wo einst der Bannfluch ausgesprochen wurde über den Verächter des mosaischen Gesetzes, den Hidalgo
Don Benedikt de Spinoza. Bei dieser Gelegenheit wurde auf einem
Bockshorne geblasen, welches Schofar heißt. Es muß eine furchtbare
Bewandtnis haben mit diesem Horne… Mit diesem Horne wurde die
Exkommunikation des Spinoza akkompagniert, er wurde feierlich aus-
gestoßen aus der Gemeinschaft Israels und unwürdig erklärt, hinfüro
den Namen Jude zu tragen. Seine christlichen Feinde waren großmütig
genug, ihm diesen Namen zu lassen. Die Juden aber, die Schweizer-
garde des Deismus, waren unerbittlich, und man zeigt den Platz vor
der spanischen Synagoge zu Amsterdam, wo sie einst mit ihren langen
Dolchen nach dem Spinoza gestochen haben.

Ich konnte nicht umhin, auf solche persönliche Mißgeschicke des
Mannes besonders aufmerksam zu machen. Ihn bildete nicht bloß die
Schule, sondern auch das Leben. Das unterscheidet ihn von den meisten Philosophen, und in seinen Schriften erkennen wir die mittelbaren
Einwirkungen des Lebens. Die Theologie war für ihn nicht bloß eine
Wissenschaft. Ebenso die Politik. Auch diese lernte er in der Praxis
kennen. Der Vater seiner Geliebten wurde wegen politischer Vergehen
in den Niederlanden gehenkt. Und nirgends in der Welt wird man
schlechter gehenkt wie in den Niederlanden. Ihr habt keinen Begriff
davon, wie unendlich viele Vorbereitungen und Zeremonien dabei
stattfinden. Der Delinquent stirbt zugleich vor Langerweile, und der
Zuschauer hat dabei hinlängliche Muße zum Nachdenken. Ich bin
daher überzeugt, daß Benedikt Spinoza über die Hinrichtung des alten
van Ende sehr viel nachgedacht hat, und so wie er früher die Religion

mit ihren Dolchen begriffen, so begriff er auch jetzt die Politik mit ihren Stricken. Kunde davon gibt sein »Tractatus politicus«.

Ich habe nur die Art und Weise hervorzuheben, wie die Philosophen mehr oder minder miteinander verwandt sind, und ich zeige nur die Verwandtschaftsgrade und die Erbfolge. Diese Philosophie des Spinoza, des dritten Sohnes des René Descartes, wie er sie in seinem Hauptwerk, in der »Ethik«, doziert, ist von dem Materialismus seines Bruders Locke ebensosehr entfernt wie von dem Idealismus seines Bruders Leibniz. Spinoza quält sich nicht analytisch mit der Frage über die letzten Gründe unserer Erkenntnisse. Er gibt uns seine große Synthese, seine Erklärung von der Gottheit.

Nur Unverstand und Böswilligkeit konnten dieser Lehre das Beiwort »atheistisch« beilegen. Keiner hat sich jemals erhabener über die Gottheit ausgesprochen wie Spinoza.

Ich werde in der Folge weniger das System als vielmehr die Anschauungsweise des Spinoza mit dem Namen Pantheismus bezeichnen. Bei letzterem wird, ebensogut wie bei dem Deismus, die Einheit Gottes angenommen… Die Hebräer denken sich Gott als einen donnernden Tyrannen; die Christen als einen liebenden Vater; die Schüler Rousseaus, die ganze Genfer Schule, denken sich ihn als einen weisen Künstler, der die Welt verfertigt hat, ungefähr wie ihr Papa seine Uhren verfertigt, und als Kunstverständige bewundern sie das Werk und preisen den Meister dort oben.

Dem Deisten, welcher also einen außerweltlichen oder überweltlichen Gott annimmt, ist nur der Geist heilig, indem er letzteren gleichsam als den göttlichen Atem betrachtet, den der Weltschöpfer dem menschlichen Leibe, dem aus Lehm gekneteten Werk seiner Hände, eingeblasen hat. Die Juden achteten daher den Leib als etwas Geringes, als eine armselige Hülle des Ruach hakodasch, des heiligen Hauchs, des Geistes, und nur diesem widmeten sie ihre Sorgfalt, ihre Ehrfurcht, ihren Kultus. Sie wurden daher ganz eigentlich *das* Volk des Geistes, keusch, genügsam, ernst, abstrakt, halsstarrig, geeignet zum Martyrtum, und ihre sublimste Blüte ist Jesus Christus. Dieser ist im wahren Sinne des Wortes der inkarnierte Geist, und tiefsinnig bedeutungsvoll ist die schöne Legende, daß ihn eine leiblich unberührte, immakulierte Jungfrau, nur durch geistige Empfängnis, zur Welt gebracht habe.

Hatten aber die Juden den Leib nur mit Geringschätzung betrachtet, so sind die Christen auf dieser Bahn noch weiter gegangen und betrachteten ihn als etwas Verwerfliches, als etwas Schlechtes, als das Übel selbst. Da sehen wir nun, einige Jahrhunderte nach Christi Geburt, eine Religion emporsteigen, welche ewig die Menschheit in Erstaunen setzen und den spätesten Geschlechtern die schauerlichste Bewunderung abtrotzen wird. Ja, es ist eine große, heilige, mit unendlicher Seligkeit erfüllte Religion, die dem Geiste auf dieser Erde die unbedingteste Herrschaft erobern wollte – aber diese Religion war eben allzu erhaben, allzu rein, allzu gut für diese Erde, wo ihre Idee nur in der Theorie proklamiert, aber niemals in der Praxis ausgeführt werden konnte. Der Versuch einer Ausführung [231] dieser Idee hat in der Geschichte unendlich viel herrliche Erscheinungen hervorgebracht, und die Poeten aller Zeiten werden noch lange davon singen und sagen. Der Versuch, die Idee des Christentums zur Ausführung zu bringen, ist jedoch, wie wir endlich sehen, aufs kläglichste verunglückt, und dieser unglückliche Versuch hat der Menschheit Opfer gekostet, die unberechenbar sind, und trübselige Folge derselben ist unser jetziges soziales Unwohlsein in ganz Europa.

Wenn wir noch, wie viele glauben, im Jugendalter der Menschheit leben, so gehörte das Christentum gleichsam zu ihren überspanntesten Studentenideen, die weit mehr ihrem Herzen als ihrem Verstande Ehre machen. Die Materie, das Weltliche, überließ das Christentum den Händen Cäsars und seiner jüdischen Kammerknechte und begnügte sich damit, ersterem die Suprematie abzusprechen und letztere in der öffentlichen Meinung zu fletrieren – aber siehe! das gehaßte Schwert und das verachtete Geld erringen dennoch am Ende die Obergewalt, und die Repräsentanten des Geistes müssen sich mit ihnen verständigen. Ja, aus diesem Verständnis ist sogar eine solidarische Allianz geworden.

Nicht bloß die römischen, sondern auch die englischen, die preußischen, kurz, alle privilegierten Priester haben sich verbündet mit

Cäsar und Konsorten zur Unterdrückung der Völker. Aber durch diese Verbündung geht die Religion des Spiritualismus desto schneller zu grunde. Zu dieser Einsicht gelangen schon einige Priester, und um die Religion zu retten, gehen sie sich das Ansehen, als entsagten sie jener verderblichen Allianz, und sie laufen über in unsere Reihen, sie setzen die rote Mütze auf, sie schwören Tod und Haß allen Königen, den sieben Blutsäufern, sie verlangen die irdische Gütergleichheit, sie fluchen, trotz Marat und Robespierre. – Unter uns gesagt, wenn ihr sie genau betrachtet, so findet ihr: sie lesen Messe in der Sprache des Jakobinismus, und wie sie einst dem Cäsar das Gift beigebracht, versteckt in der Hostie, so suchen sie jetzt dem Volke ihre Hostien beizubringen, indem sie solche in revolutionärem Gifte verstecken; denn sie wissen, wir lieben dieses Gift.

Vergebens jedoch ist all euer Bemühen! Die Menschheit ist aller Hostien überdrüssig und lechzt nach nahrhafterer Speise, nach echtem Brot und schönem Fleisch. Die Menschheit lächelt mitleidig über jene Jugendideale, die sie trotz aller Anstrengung nicht verwirklichen konnte, und sie wird männlich praktisch. Die Menschheit huldigt jetzt dem irdischen Nützlichkeitssystem, sie denkt ernsthaft an eine bürgerlich wohlhabende Einrichtung, an vernünftigen Haushalt und an Bequemlichkeit für ihr späteres Alter. Da ist wahrlich nicht mehr die Rede davon, das Schwert in den Händen des Cäsars und gar den Säckel in den Händen seiner Knechte zu lassen. Dem Fürstendienst wird die privilegierte Ehre entrissen, und die Industrie wird der alten Schmach entlastet.

Die nächste Aufgabe ist, gesund zu werden; denn wir fühlen uns noch sehr schwach in den Gliedern. Die heiligen Vampire des Mittelalters haben uns soviel Lebensblut ausgesaugt. Und dann müssen der Materie noch große Sühnopfer geschlachtet werden, damit sie die alten Beleidigungen verzeihe. Es wäre sogar ratsam, wenn wir Festspiele anordneten und der Materie noch mehr außerordentliche Entschädigungsehren erwiesen. Denn das Christentum, unfähig, die Materie zu vernichten, hat sie überall fletriert, es hat die edelsten Genüsse herabgewürdigt, und die Sinne mußten heucheln, und es entstand Lüge und Sünde. Wir müssen unseren Weibern neue Hemden und neue Gedanken anziehen, und alle unsere Gefühle müssen wir durchräuchern, wie nach einer überstandenen Pest.

Der nächste Zweck aller unserer neuen Institutionen ist solchermaßen die Rehabilitation der Materie, die Wiedereinsetzung derselben in ihre Würde, ihre moralische Anerkennung, ihre religiöse Heiligung, ihre Versöhnung mit dem Geiste.

Gott ist identisch mit der Welt. Er manifestiert sich in den Pflanzen, die ohne Bewußtsein ein kosmisch-magnetisches Leben führen. Er manifestiert sich in den Tieren, die in ihrem sinnlichen Traumleben eine mehr oder minder dumpfe Existenz empfinden. Aber am herrlichsten manifestiert er sich in dem Menschen, der zugleich fühlt und denkt, der sich selbst individuell zu unterscheiden weiß von der objektiven Natur und schon in seiner Vernunft die Ideen trägt, die sich ihm in der Erscheinungswelt kundgeben. Im Menschen kommt die Gottheit zum Selbstbewußtsein, und solches Selbstbewußtsein offenbart sie wieder durch den Menschen.

Aber dieses geschieht nicht in dem einzelnen und durch den einzelnen Menschen, sondern in und durch die Gesamtheit der Menschen, so daß jeder Mensch nur einen Teil des Gottweltalls auffaßt und darstellt, alle Menschen zusammen aber das ganze Gottweltall in der Idee und in der Realität auffassen und darstellen werden. Jedes Volk vielleicht hat die Sendung, einen bestimmten Teil jenes Gottweltalls zu erkennen und kundzugeben, eine Reihe von Erscheinungen zu begreifen und eine Reihe von Ideen zur Erscheinung zu bringen und das Resultat den nachfolgenden Völkern, denen eine ähnliche Sendung obliegt, zu überliefern. Gott ist daher der eigentliche Held der Weltgeschichte, diese ist sein beständiges Denken, sein beständiges Handeln, sein Wort, seine Tat; und von der ganzen Menschheit kann man mit Recht sagen, sie ist eine Inkarnation Gottes!

Wir befördern das Wohlsein der Materie, das materielle Glück der Völker, nicht weil wir gleich den Materialisten den Geist mißachten, sondern weil wir wissen, daß die Göttlichkeit des Menschen sich auch in seiner leiblichen Erscheinung kundgibt und das Elend den Leib, das Bild Gottes, zerstört oder aviliert und der Geist dadurch ebenfalls

zugrunde geht. Das große Wort der Revolution, das Saint-Just ausgesprochen: Le pain est le droit du peuple, lautet bei uns: Le pain est le
droit divin de l'homme. Wir kämpfen nicht für die Menschenrechte
des Volks, sondern für die Gottesrechte des Menschen.

… Deutschland ist der gedeihlichste Boden des Pantheismus; dieser
ist die Religion unserer größten Denker, unserer besten Künstler, und
der Deismus, wie ich späterhin erzählen werde, ist dort längst in der
Theorie gestürzt. Er erhält sich dort nur noch in der gedankenlosen
Masse, ohne vernünftige Berechtigung, wie so manches andere. Man
sagt es nicht, aber jeder weiß es; der Pantheismus ist das öffentliche
Geheimnis in Deutschland. In der Tat, wir sind dem Deismus entwachsen. Wir sind frei und wollen keinen donnernden Tyrannen. Wir
sind mündig und bedürfen keiner väterlichen Vorsorge. Auch sind wir
keine Machwerke eines großen Mechanikus. Der Deismus ist eine
Religion für Knechte, für Kinder, für Genfer, für Uhrmacher.

Die Sprache der Römer kann nie ihren Ursprung verleugnen. Sie
ist eine Kommandosprache für Feldherren, eine Dekretalsprache für
Administratoren, eine Justizsprache für Wucherer, eine Lapidarsprache
für das steinharte Römervolk. Sie wurde die geeignete Sprache für den
Materialismus. Obgleich das Christentum, mit wahrhaft christlicher
Geduld, länger als ein Jahrtausend sich damit abgequält, diese Sprache
zu spiritualisieren, so ist es ihm doch nicht gelungen…

In der ganzen Kirchengeschichte gibt es keine verwickeltere Partie
als die Streitigkeiten der protestantischen Theologen seit dem Dreißigjährigen Krieg. Nur das spitzfindige Gezänke der Byzantiner ist
damit zu vergleichen; jedoch war dieses nicht so langweilig, da große,
staatsinteressante Hofintrigen sich dahinter versteckten, statt daß die
protestantische Klopffechterei meistens in dem Pedantismus enger
Magisterköpfe und Schulfüchse ihren Grund hatte. Die Universitäten, besonders Tübingen, Wittenberg, Leipzig und Halle, sind die
Schauplätze jener theologischen Kämpfe. Die zwei Parteien, die wir,
im katholischen Gewande, während dem ganzen Mittelalter kämpfen
sahen, die platonische und die aristotelische, haben nur Kostüme ge-
wechselt und befehden sich nach wie vor.

Ihr wißt, ich bin kein Anhänger des Katholizismus. In meinen jetzigen religiösen Überzeugungen lebt zwar nicht mehr die Dogmatik, aber doch immer der Geist des Protestantismus. Ich bin also für die protestantische Kirche noch immer parteiisch. Und doch muß ich, der Wahrheit wegen, eingestehen, daß ich nie in den Annalen des Papismus solche Miserabilitäten gefunden habe, wie in der Berliner »Evangelischen Kirchenzeitung« bei dem erwähnten Skandal zum Vorschein kamen. Die feigsten Mönchstücken, die kleinlichsten Klosterränke sind noch immer noble Gutmütigkeiten in Vergleichung mit den christlichen Heldentaten, die unsere protestantischen Orthodoxen und Pietisten gegen die verhaßten Rationalisten ausübten. Von dem Haß, der bei solchen Gelegenheiten zum Vorschein kommt, habt ihr Franzosen keinen Begriff. Die Deutschen sind aber überhaupt vindikativer als die romanischen Völker.

Das kommt daher, sie sind Idealisten auch im Haß. Wir hassen uns nicht um Außendinge, wie ihr, etwa wegen beleidigter Eitelkeit, wegen eines Epigramms, wegen einer nicht erwiderten Visitenkarte, nein, wir hassen bei unsern Feinden das Tiefste, das Wesentlichste, das in ihnen ist, den Gedanken. Ihr Franzosen seid leichtfertig und oberflächlich, wie in der Liebe, so auch im Haß. Wir Deutschen hassen gründlich, dauernd; da wir zu ehrlich, auch zu unbeholfen sind, um uns mit schneller Perfidie zu rächen, so hassen wir bis zu unserem letzten Atemzug.

Von dem Augenblick an, wo eine Religion bei der Philosophie Hülfe begehrt, ist ihr Untergang unabwendlich. Sie sucht sich zu verteidigen und schwatzt sich immer tiefer ins Verderben hinein. Die Religion, wie jeder Absolutismus, darf sich nicht justifizieren. Prometheus wird an den Felsen gefesselt von der schweigenden Gewalt. Ja, Äschylus läßt die personifizierte Gewalt kein einziges Wort reden. Sie muß stumm sein. Sobald die Religion einen räsonierenden Katechismus drucken läßt, sobald der politische Absolutismus eine offizielle Staatszeitung herausgibt, haben beide ein Ende. Aber das ist eben unser Triumph, wir haben unsere Gegner zum Sprechen gebracht, und sie müssen uns Rede stehn.

Seitdem nun, wie ich oben erzählt, die Religion Hülfe suchte bei der Philosophie, wurden von den deutschen Gelehrten, außer der neuen Einkleidung, noch unzählige Experimente mit ihr angestellt. Man wollte ihr eine neue Jugend bereiten … Zuerst wurde ihr zur Ader gelassen, alles abergläubische Blut wurde ihr langsam abgezapft; um mich bildlos auszudrücken: es wurde der Versuch gemacht, allen historischen Inhalt aus dem Christentume herauszunehmen und nur den moralischen Teil zu bewahren. Hierdurch ward nun das Christentum zu einem reinen Deismus.

Christus hörte auf, Mitregent Gottes zu sein, er wurde gleichsam mediatisiert, und nur noch als Privatperson fand er anerkennende Verehrung. Seinen moralischen Charakter lobte man über alle Maßen. Man konnte nicht genug rühmen, welch ein braver Mensch er gewesen sei. Was die Wunder betrifft, die er verrichtet, so erklärte man sie physikalisch, oder man suchte sowenig Aufhebens als möglich davon zu machen. Wunder, sagten einige, waren nötig in jenen Zeiten des Aberglaubens, und ein vernünftiger Mann, der irgendeine Wahrheit zu verkündigen hatte, bediente sich ihrer gleichsam als Annonce. Diese Theologen, die alles Historische aus dem Christentume schieden, heißen Rationalisten, und gegen diese wendete sich sowohl die Wut der Pietisten als auch der Orthodoxen, die sich seitdem minder heftig befehdeten und nicht selten verbündeten. Was die Liebe nicht vermochte, das vermochte der gemeinschaftliche Haß, der Haß gegen die Rationalisten.

Diese Richtung in der protestantischen Theologie beginnt mit dem ruhigen Semler, den ihr nicht kennt, erstieg schon eine besorgliche Höhe mit dem klaren Teller, den ihr auch nicht kennt, und erreichte ihren Gipfel mit dem seichten Bahrdt, an dessen Bekanntschaft ihr nichts verliert. Die stärksten Anregungen kamen von Berlin, wo Friedrich der Große und der Buchhändler Nicolai regierten. Über ersteren, den gekrönten Materialismus, seid ihr hinlänglich unterrichtet.

In dem heutigen Deutschland haben sich die Umstände geändert, und die Partei der Blumen und der Nachtigallen ist eng verbunden mit der Revolution. Uns gehört die Zukunft, und es dämmert schon herauf die Morgenröte des Sieges. Wenn einst sein schöner Tag sein Licht über unser ganzes Vaterland ergießt, dann gedenken wir auch der Toten; dann gedenken wir gewiß auch deiner, alter Nicolai, armer Märtyrer der Vernunft! Wir werden deine Asche nach dem deutschen Pantheon tragen, der Sarkophag umgeben vom jubelnden Triumphzug und begleitet vom Chor der Musikanten, unter deren Blasinstrumenten beileibe keine Querpfeife sein wird; wir werden auf deinem Sarg die anständigste Lorbeerkrone legen, und wir werden uns alle mögliche Mühe geben, nicht dabei zu lachen.

Wie Luther das Papsttum, so stürzte Mendelssohn den Talmud, und zwar in derselben Weise, indem er nämlich die Tradition verwarf, die Bibel für die Quelle der Religion erklärte und den wichtigsten Teil derselben übersetzte. Er zerstörte hierdurch den jüdischen wie Luther den christlichen Katholizismus. In der Tat, der Talmud ist der Katholizismus der Juden. Er ist ein gotischer Dom, der zwar mit kindischen Schnörkeleien überladen, aber doch durch seine himmelkühne Riesenhaftigkeit uns in Erstaunen setzt. Er ist eine Hierarchie von Religionsgesetzen, die oft die putzigsten, lächerlichsten Subtilitäten betreffen, aber so sinnreich einander über- und untergeordnet sind, einander stützen und tragen und so furchtbar konsequent zusammenwirken, daß sie ein grauenhaft trotziges, kolossales Ganze bilden.

Nach dem Untergang des christlichen Katholizismus mußte auch der jüdische, der Talmud, untergehen. Denn der Talmud hatte alsdann seine Bedeutung verloren; er diente nämlich nur als Schutzwerk gegen Rom, und ihm verdanken es die Juden, daß sie dem christlichen Rom ebenso heldenmütig wie einst dem heidnischen Rom widerstehen konnten. Und sie haben nicht bloß widerstanden, sondern auch gesiegt. Der arme Rabbi von Nazareth, über dessen sterbendes Haupt der heidnische Römer die hämischen Worte schrieb: »König der Juden« – ebendieser dornengekrönte, mit dem ironischen Purpur behängte Spottkönig der Juden wurde am Ende der Gott der Römer, und sie mußten vor ihm niederknien! Wie das heidnische Rom wurde auch das christliche Rom besiegt, und dieses wurde sogar tributär.

Wenn du, teurer Leser, dich in den ersten Tagen des Trimesters nach der Straße Lafitte verfügen willst, und zwar nach dem Hotel Numero funfzehn, so siehst du dort vor einem hohen Portal eine schwerfällige Kutsche, aus welcher ein dicker Mann hervorsteigt. Dieser begibt sich die Treppe hinauf nach einem kleinen Zimmer, wo ein blonder junger Mensch sitzt, der dennoch älter ist, als er wohl aussieht, und in dessen vornehmer grandseigneurlicher Nonchalance dennoch etwas so Solides liegt, etwas so Positives, etwas so Absolutes, als habe er alles Geld dieser Welt in seiner Tasche. Und wirklich, er hat alles Geld dieser Welt in seiner Tasche, und er heißt Monsieur James de Rothschild, und der dicke Mann ist Monsignor Grimbaldi, Abgesandter Seiner Heiligkeit des Papstes, und er bringt in dessen Namen die Zinsen der römischen Anleihe, den Tribut von Rom.

Wozu jetzt noch der Talmud?

Aber seit Luther hat Deutschland keinen größeren und besseren Mann hervorgebracht als Gotthold Ephraim Lessing. Diese beiden sind unser Stolz und unsere Wonne. In der Trübnis der Gegenwart schauen wir hinauf nach ihren tröstenden Standbildern, und sie nicken eine glänzende Verheißung…

Gleich dem Luther wirkte Lessing nicht nur, indem er etwas Bestimmtes tat, sondern indem er das deutsche Volk bis in seine Tiefen aufregte und indem er eine heilsame Geisterbewegung hervorbrachte, durch seine Kritik, durch seine Polemik. Er war die lebendige Kritik seiner Zeit, und sein ganzes Leben war Polemik. Diese Kritik machte sich geltend im weitesten Bereiche des Gedankens und des Gefühls, in der Religion, in der Wissenschaft, in der Kunst. Diese Polemik überwand jeden Gegner und erstarkte nach jedem Siege. Lessing, wie er selbst eingestand, bedurfte eben des Kampfes zu der eignen Geistesentwickelung. Er glich ganz jenem fabelhaften Normann, der die Talente, Kenntnisse und Kräfte derjenigen Männer erbte, die er im Zweikampf erschlug, und in dieser Weise endlich mit allen möglichen Vorzügen und Vortrefflichkeiten begabt war.

Begreiflich ist es, daß solch ein streitlustiger Kämpe nicht geringen Lärm in Deutschland verursachte, in dem stillen Deutschland, das

damals noch sabbatlich stiller war als heute. Verblüfft wurden die
meisten ob seiner literarischen Kühnheit. Aber eben diese kam ihm
hülfreich zustatten; denn Oser! ist das Geheimnis des Gelingens in der
Literatur, ebenso wie in der Revolution – und in der Liebe. Vor dem
Lessingschen Schwerte zitterten alle. Kein Kopf war vor ihm sicher.
Ja, manchen Schädel hat er sogar aus Übermut heruntergeschlagen,
und dann war er dabei noch so boshaft, ihn vom Boden aufzuheben
und dem Publikum zu zeigen, daß er inwendig hohl war. Wen sein
Schwert nicht erreichen konnte, den tötete er mit den Pfeilen seines
Witzes. Die Freunde bewunderten die bunten Schwungfedern dieser
Pfeile; die Feinde fühlten die Spitze in ihren Herzen. Der Lessingsche
Witz gleicht nicht jenem Enjouement, jener Gaité, jenen springenden
Saillies, wie man hierzuland dergleichen kennt. Sein Witz war kein
kleines französisches Windhündchen, das seinem eigenen Schatten
nachläuft; sein Witz war vielmehr ein großer deutscher Kater, der mit
der Maus spielt, ehe er sie würgt.

Ja, Polemik war die Lust unseres Lessings, und daher überlegte er nie
lange, ob auch der Gegner seiner würdig war. So hat er, eben durch
seine Polemik, manchen Namen der wohlverdientesten Vergessenheit
entrissen. Mehre winzige Schriftstellerlein hat er mit dem geistreichs-
ten Spott, mit dem köstlichsten Humor gleichsam umsponnen, und
in den Lessingschen Werken erhalten sie sich nun für ewige Zeiten
wie Insekten, die sich in einem Stück Bernstein verfangen. Indem er
seine Gegner tötete, machte er sie zugleich unsterblich. Wer von uns
hätte jemals etwas von jenem Klotz erfahren, an welchen Lessing soviel Hohn und Scharfsinn verschwendet! Die Felsenblöcke, die er auf
diesen armen Antiquar geschleudert und womit er ihn zerschmettert,
sind jetzt dessen unverwüstliches Denkmal.

Merkwürdig ist es, daß jener witzigste Mensch in Deutschland auch
zugleich der ehrlichste war. Nichts gleicht seiner Wahrheitsliebe. Lessing machte der Lüge nicht die mindeste Konzession, selbst wenn er
dadurch, in der gewöhnlichen Weise der Weltklugen, den Sieg der
Wahrheit befördern konnte. Er konnte alles für die Wahrheit tun, nur
nicht lügen. »Wer darauf denkt«, sagte er einst, »die Wahrheit unter

allerlei Larven und Schminken an den Mann zu bringen, der möchte wohl gern ihr Kuppler sein, aber ihr Liebhaber ist er nie gewesen.«

Ich sage, Lessing hat den Luther fortgesetzt. Nachdem Luther uns von der Tradition befreit und die Bibel zur alleinigen Quelle des Christentums erhoben hatte, da entstand, wie ich schon oben erzählt, ein starrer Wortdienst, und der Buchstabe der Bibel herrschte ebenso tyrannisch wie einst die Tradition. Zur Befreiung von diesem tyrannischen Buchstaben hat nun Lessing am meisten beigetragen. Wie Luther ebenfalls nicht der einzige war, der die Tradition bekämpft, so kämpfte Lessing zwar nicht allein, aber doch am gewaltigsten gegen den Buchstaben. Hier erschallt am lautesten seine Schlachtstimme. Hier schwingt er sein Schwert am freudigsten, und es leuchtet und tötet.

Lessing starb zu Braunschweig, im Jahr 1781, verkannt, gehaßt und verschrien. In demselben Jahre erschien zu Königsberg die »Kritik der reinen Vernunft« von Immanuel Kant. Mit diesem Buche, welches durch sonderbare Verzögerung erst am Ende der achtziger Jahre allgemein bekannt wurde, beginnt eine geistige Revolution in Deutschland, die mit der materiellen Revolution in Frankreich die sonderbarsten Analogien bietet und dem tieferen Denker ebenso wichtig dünken muß wie jene. Sie entwickelt sich mit denselben Phasen, und zwischen beiden herrscht der merkwürdigste Parallelismus. Auf beiden Seiten des Rheines sehen wir denselben Bruch mit der Vergangenheit, der Tradition wird alle Ehrfurcht aufgekündigt; wie hier in Frankreich jedes Recht, so muß dort in Deutschland jeder Gedanke sich justifizieren, und wie hier das Königtum, der Schlußstein der alten sozialen Ordnung, so stürzt dort der Deismus, der Schlußstein des geistigen alten Regimes.

Von dieser Katastrophe, von dem 21. Januar des Deismus, sprechen wir im folgenden Stücke. Ein eigentümliches Grauen, eine geheimnisvolle Pietät erlaubt uns heute nicht, weiterzuschreiben.

Unsere Brust ist voll von entsetzlichem Mitleid – es ist der alte Jehova selber, der sich zum Tode bereitet. Wir haben ihn so gut gekannt, von seiner Wiege an, in Ägypten, als er unter göttlichen Kälbern,

Krokodilen, heiligen Zwiebeln, Ibissen und Katzen erzogen wurde –
Wir haben ihn gesehen, wie er diesen Gespielen seiner Kindheit und
den Obelisken und Sphinxen seines heimatlichen Niltals ade sagte und
in Palästina, bei einem armen Hirtenvölkchen, ein kleiner Gottkönig
wurde und in einem eigenen Tempelpalast wohnte – Wir sahen ihn
späterhin, wie er mit der assyrisch-babylonischen Zivilisation in Berührung kam und seine allzu menschlichen Leidenschaften ablegte,
nicht mehr lauter Zorn und Rache spie, wenigstens nicht mehr wegen
jeder Lumperei gleich donnerte – Wir sahen ihn auswandern nach
Rom, der Hauptstadt, wo er aller Nationalvorurteile entsagte und
die himmlische Gleichheit aller Völker proklamierte und mit solchen
schönen Phrasen gegen den alten Jupiter Opposition bildete und so
lange intrigierte, bis er zur Herrschaft gelangte und vom Kapitole
herab die Stadt und die Welt, urbem et orbem, regierte – Wir sahen,
wie er sich noch mehr vergeistigte, wie er sanftselig wimmerte, wie
er ein liebevoller Vater wurde, ein allgemeiner Menschenfreund, ein
Weltbeglücker, ein Philanthrop – es konnte ihm alles nichts helfen –
Hört ihr das Glöckchen klingeln? Kniet nieder – Man bringt die
Sakramente einem sterbenden Gotte.

Drittes Buch

Es geht die Sage, daß ein englischer Mechanikus, der schon die künst-
lichsten Maschinen erdacht, endlich auch auf den Einfall geraten,
einen Menschen zu fabrizieren; dies sei ihm auch endlich gelungen,
das Werk seiner Hände konnte sich ganz wie ein Mensch gebärden
und betragen, es trug in der ledernen Brust sogar eine Art menschlichen Gefühls, das von den gewöhnlichen Gefühlen der Engländer
nicht gar zu sehr verschieden war, es konnte in artikulierten Tönen
seine Empfindungen mitteilen, und eben das Geräusch der innern
Räder, Raspeln und Schrauben, das man dann vernahm, gab diesen
Tönen eine echt englische Aussprache; kurz, dieses Automat war ein
vollendeter Gentleman, und zu einem echten Menschen fehlte ihm
gar nichts als eine Seele.

Diese aber hat ihm der englische Mechanikus nicht geben können, und das arme Geschöpf, das sich solchen Mangels bewußt worden, quälte nun Tag und Nacht seinen Schöpfer mit der Bitte, ihm eine Seele zu geben. Solche Bitte, die sich immer dringender wiederholte, wurde jenem Künstler endlich so unerträglich, daß er vor seinem eignen Kunstwerk die Flucht ergriff. Das Automat aber nahm gleich Extrapost, verfolgte ihn nach dem Kontinente, reist beständig hinter ihm her, erwischt ihn manchmal und schnarrt und grunzt ihm dann entgegen: »Give me a soul!« Diesen beiden Gestalten begegnen wir nun in allen Ländern, und nur wer ihr besonderes Verhältnis kennt, begreift ihre sonderbare Hast und ihren ängstlichen Mißmut. Wenn man aber dieses besondere Verhältnis kennt, so sieht man darin wieder etwas Allgemeines, man sieht, wie ein Teil des englischen Volks seines mechanischen Daseins überdrüssig ist und eine Seele verlangt, der andere Teil aber aus Angst vor solcherlei Begehrnis in die Kreuz und die Quer getrieben wird, beide aber es daheim nicht mehr aushalten können.

Dieses ist eine grauenhafte Geschichte. Es ist entsetzlich wenn die Körper, die wir geschaffen haben, von uns eine Seele verlangen. Weit grauenhafter, entsetzlicher, unheimlicher ist es jedoch, wenn wir eine Seele geschaffen und diese von uns ihren Leib verlangt und uns mit diesem Verlangen verfolgt. Der Gedanke, den wir gedacht, ist eine solche Seele, und er läßt uns keine Ruhe, bis wir ihm seinen Leib gegeben, bis wir ihn zur sinnlichen Erscheinung gefördert. Der Gedanke will Tat, das Wort will Fleisch werden. Und wunderbar! der Mensch, wie der Gott der Bibel, braucht nur seinen Gedanken auszusprechen, und es gestaltet sich die Welt, es wird Licht oder es wird Finsternis, die Wasser sondern sich von dem Festland, oder gar wilde Bestien kommen zum Vorschein. Die Welt ist die Signatur des Wortes.

Kant hat durch den schwerfälligen, steifleinenen Stil seines Hauptwerks sehr vielen Schaden gestiftet. Denn die geistlosen Nachahmer äfften ihn nach in dieser Äußerlichkeit, und es entstand bei uns der Aberglaube, daß man kein Philosoph sei, wenn man gut schriebe.

Gott ist, nach Kant, ein Noumen. Infolge seiner Argumentation ist jenes transzendentale Idealwesen, welches wir bisher Gott genannt, nichts anders als eine Erdichtung. Es ist durch eine natürliche Illusion entstanden. Ja, Kant zeigt, wie wir von jenem Noumen, von Gott, gar nichts wissen können und wie sogar jede künftige Beweisführung seiner Existenz unmöglich sei.

Nach mehrmaligem Durchstudieren des Kantschen Hauptbuchs glaubte ich zu erkennen, daß die Polemik gegen jene bestehenden Beweise für das Dasein Gottes überall hervorlauscht, und ich würde sie weitläufiger besprechen, wenn mich nicht ein religiöses Gefühl davon abhielte. Schon daß ich jemanden das Dasein Gottes diskutieren sehe, erregt in mir eine so sonderbare Angst, eine so unheimliche Beklemmung, wie ich sie einst in London zu New-Bedlam empfand, als ich, umgehen von lauter Wahnsinnigen, meinen Führer aus den Augen verlor. »Gott ist alles, was da ist«, und Zweifel an ihm ist Zweifel an das Leben selbst, es ist der Tod.

So verwerflich auch jede Diskussion über das Dasein Gottes ist, desto preislicher ist das Nachdenken über die Natur Gottes. Dieses Nachdenken ist ein wahrhafter Gottesdienst unser Gemüt wird dadurch abgezogen vom Vergänglichen und Endlichen und gelangt zum Bewußtsein der Urgüte und der ewigen Harmonie. Dieses Bewußtsein durchschauert den Gefühlsmenschen im Gebet oder bei der Betrachtung kirchlicher Symbole; der Denker findet diese heilige Stimmung in der Ausübung jener erhabenen Geisteskraft, welche wir Vernunft nennen und deren höchste Aufgabe es ist, die Natur Gottes zu erforschen. Ganz besonders religiöse Menschen beschäftigen sich mit dieser Aufgabe von Kind auf, geheimnisvoll sind sie davon schon bedrängt, durch die erste Regung der Vernunft.

Der Verfasser dieser Blätter ist sich einer solchen frühen, ursprünglichen Religiosität aufs freudigste bewußt, und sie hat ihn nie verlassen. Gott war immer der Anfang und das Ende aller meiner Gedanken. Wenn ich jetzt frage: Was ist Gott, was ist seine Natur?, so frug ich schon als kleines Kind: Wie ist Gott? wie sieht er aus? Und damals konnte ich ganze Tage in den Himmel hinaufsehen und war des Abends sehr betrübt, daß ich niemals das allerheiligste Angesicht Gottes, sondern immer nur graue, blöde Wolkenfratzen erblickt hatte.

Ganz konfus machten mich die Mitteilungen aus der Astronomie, womit man damals, in der Aufklärungsperiode, sogar die kleinsten Kinder nicht verschonte, und ich konnte mich nicht genug wundern, daß alle diese tausend Millionen Sterne ebenso große, schöne Erdkugeln seien wie die unsrige und über all dieses leuchtende Weltengewimmel ein einziger Gott waltete.

Einst im Traume, erinnere ich mich, sah ich Gott, ganz oben in der weitesten Ferne. Er schaute vergnüglich zu einem kleinen Himmelsfenster hinaus, ein frommes Greisengesicht mit einem kleinen Judenbärtchen, und er streute eine Menge Saatkörner herab, die, während sie vom Himmel niederfielen, im unendlichen Raum gleichsam aufgingen, eine ungeheure Ausdehnung gewannen, bis sie lauter strahlende, blühende, bevölkerte Welten wurden, jede so groß wie unsere eigene Erdkugel. Ich habe dieses Gesicht nie vergessen können, noch oft im Traume sah ich den heiteren Alten aus seinem kleinen Himmelfenster die Weltensaat herabschütten; ich sah ihn einst sogar mit den Lippen schnalzen, wie unsere Magd, wenn sie den Hühnern ihr Gerstenfutter zuwarf. Ich konnte nur sehen, wie die fallenden Saatkörner sich immer zu großen, leuchtenden Weltkugeln ausdehnten; aber die etwanigen großen Hühner, die vielleicht irgendwo mit aufgesperrten Schnäbeln lauerten, um mit den hingestreuten Weltkugeln gefüttert zu werden, konnte ich nicht sehen.

Ich enthalte mich, wie gesagt, aller popularisierenden Erörterung der Kantschen Polemik gegen jene Beweise. Ich begnüge mich, zu versichern, daß der Deismus seitdem im Reiche der spekulativen Vernunft erblichen ist. Diese betrübende Todesnachricht bedarf vielleicht einiger Jahrhunderte, ehe sie sich allgemein verbreitet hat – wir aber haben längst Trauer angelegt. De profundis!

Ihr meint, wir könnten jetzt nach Hause gehn? Beileibe! es wird noch ein Stück aufgeführt. Nach der Tragödie kommt die Farce.

Immanuel Kant hat bis hier den unerbittlichen Philosophen traciert, er hat den Himmel gestürmt, er hat die ganze Besatzung über die Klinge springen lassen, der Oberherr der Welt schwimmt unbewiesen in seinem Blute, es gibt jetzt keine Allbarmherzigkeit mehr, keine Vatergüte, keine jenseitige Belohnung für diesseitige Enthaltsamkeit, die Unsterblichkeit der Seele liegt in den letzten Zügen – das röchelt, das stöhnt –, und der alte (Diener; HJF) Lampe steht dabei mit seinem Regenschirm unterm Arm, als betrübter Zuschauer, und Angstschweiß und Tränen rinnen ihm vom Gesichte.

Da erbarmt sich Immanuel Kant und zeigt, daß er nicht bloß ein großer Philosoph, sondern auch ein guter Mensch ist, und er überlegt, und halb gutmütig und halb ironisch spricht er: »Der alte Lampe muß einen Gott haben, sonst kann der arme Mensch nicht glücklich sein – der Mensch soll aber auf der Welt glücklich sein – das sagt die praktische Vernunft – meinetwegen – so mag auch die praktische Vernunft die Existenz Gottes verbürgen.« Infolge dieses Arguments unterscheidet Kant zwischen der theoretischen Vernunft und der praktischen Vernunft, und mit dieser, wie mit einem Zauberstäbchen, belebte er wieder den Leichnam des Deismus, den die theoretische Vernunft getötet.

Hat vielleicht Kant die Resurrektion nicht bloß des alten Lampe wegen, sondern auch der Polizei wegen unternommen? Oder hat er wirklich aus Überzeugung gehandelt? Hat er eben dadurch, daß er alle Beweise für das Dasein Gottes zerstörte, uns recht zeigen wollen, wie mißlich es ist, wenn wir nichts von der Existenz Gottes wissen können? Er handelte da fast ebenso weise wie mein westfälischer Freund, welcher alle Laternen auf der Grohnderstraße zu Göttingen zerschlagen hatte und uns nun dort, im Dunkeln stehend, eine lange Rede hielt über die praktische Notwendigkeit der Laternen, welche er nur [271] deshalb theoretisch zerschlagen habe, um uns zu zeigen, wie wir ohne dieselben nichts sehen können.

Das deutsche Volk läßt sich nicht leicht bewegen; ist es aber einmal in irgendeine Bahn hineinbewegt, so wird es dieselbe mit beharrlichster Ausdauer bis ans Ende verfolgen. So zeigten wir uns in den Angelegenheiten der Religion. So zeigten wir uns nun auch in der Philosophie. Werden wir uns ebenso konsequent weiterbewegen in der Politik?

… Ist das nicht, wie er leibt und lebt, der ministerielle, schlichtende, vertuschende Goethe? Er rügt im Grunde nur, daß Fichte das gesprochen, was er dachte, und daß er es nicht in den hergebrachten verhüllenden Ausdrücken gesprochen. Er tadelt nicht den Gedanken, sondern das Wort. Daß der Deismus in der deutschen Denkerwelt seit Kant vernichtet sei, war, wie ich schon einmal gesagt, ein Geheimnis, das jeder wußte, das man aber nicht laut auf dem Markte ausschreien sollte. Goethe war sowenig Deist wie Fichte; denn er war Pantheist. Aber eben von der Höhe des Pantheismus konnte Goethe, mit seinem scharfen Auge, die Haltlosigkeit der Fichteschen Philosophie am besten durchschauen, und seine milden Lippen mußten darob lächeln. Den Juden, was doch die Deisten am Ende alle sind, mußte Fichte ein Greuel sein; dem großen Heiden war er bloß eine Torheit.

»Der große Heide« ist nämlich der Name, den man in Deutschland dem Goethe beilegt. Doch ist dieser Name nicht ganz passend. Das Heidentum des Goethe ist wunderbar modernisiert. Seine starke Heidennatur bekundet sich in dem klaren, scharfen Auffassen aller äußeren Erscheinungen, aller Farben und Gestalten; aber das Christentum hat ihn zu gleicher Zeit mit einem tieferen Verständnis begabt, trotz seines sträubenden Widerwillens hat das Christentum ihn eingeweiht in die Geheimnisse der Geisterwelt, er hat vom Blute Christi genossen, und dadurch verstand er die verborgensten Stimmen der Natur, gleich Siegfried, dem Nibelungenheld, der plötzlich die Sprache der Vögel verstand, als ein Tropfen Blut des erschlagenen Drachen seine Lippen benetzte.

In der Tat, unsere ersten Romantiker handelten aus einem pantheistischen Instinkt, den sie selbst nicht begriffen. Das Gefühl, das sie für Heimweh nach der katholischen Mutterkirche hielten, war tieferen Ursprungs, als sie selbst ahnten, und ihre Verehrung und Vorliebe für die Überlieferungen des Mittelalters, für dessen Volksglauben, Teufeltum, Zauberwesen, Hexerei… alles das war eine bei ihnen plötzlich erwachte, aber unbegriffene Zurückneigung nach dem Pantheismus der alten Germanen, und in der schnöde beschmutzten und boshaft verstümmelten Gestalt liebten sie eigentlich nur die vorchristliche Religion ihrer Väter. Hier muß ich erinnern an das erste Buch, wo ich gezeigt, wie das Christentum die Elemente der altgermanischen

Religion in sich aufgenommen, wie diese nach schmählichster Umwandlung sich im Volksglauben des Mittelalters erhalten haben, so daß
der alte Naturdienst als lauter böse Zauberei, die alten Götter als lauter
häßliche Teufel und ihre keuschen Priesterinnen als lauter ruchlose
Hexen betrachtet wurden.

Die Verirrungen unserer ersten Romantiker lassen sich von diesem
Gesichtspunkte aus etwas milder beurteilen, als es sonst geschieht.
Sie wollten das katholische Wesen des Mittelalters restaurieren, weil
sie fühlten, daß von den Heiligtümern ihrer ältesten Väter, von den
Herrlichkeiten ihrer frühesten Nationalität sich noch manches darin
erhalten hat; es waren diese verstümmelten und geschändeten Reli-
quien, die ihr Gemüt so sympathetisch anzogen, und sie haßten den
Protestantismus und den Liberalismus, die dergleichen mitsamt der
ganzen katholischen Vergangenheit zu vertilgen streben.

Wie es halsstarrigen Menschen eigentümlich, so hat sich Fichte in
seiner »Appellation an das Publikum« und seiner gerichtlichen Verantwortung noch derber und greller ausgesprochen, und zwar mit
Ausdrücken, die unser tiefstes Gemüt verletzen. Wir, die wir an einen
wirklichen Gott glauben, der unseren Sinnen in der unendlichen Ausdehnung und unserem Geiste in dem unendlichen Gedanken sich
offenbart, wir, die wir einen sichtbaren Gott verehren in der Natur
und seine unsichtbare Stimme in unserer eigenen Seele vernehmen,
wir werden widerwärtig berührt von den grellen Worten, womit Fichte
unseren Gott für ein bloßes Hirngespinst erklärt und sogar ironisiert.

Es ist zweifelhaft, in der Tat, ob es Ironie oder bloßer Wahnsinn
ist, wenn Fichte den lieben Gott von allem sinnlichen Zusatze so
rein befreit, daß er ihm sogar die Existenz abspricht, weil Existieren
ein sinnlicher Begriff und nur als sinnlicher möglich ist! Die Wissen-
schaftslehre, sagt er, kennt kein anderes Sein als das sinnliche, und da
nur den Gegenständen der Erfahrung ein Sein zugeschrieben werden
kann, so ist dieses Prädikat bei Gott nicht zu gebrauchen. Demnach
hat der Fichtesche Gott keine Existenz, er ist nicht, er manifestiert sich
nur als reines Handeln, als eine Ordnung von Begebenheiten, als ordo
ordinans, als das Weltgesetz.

Der Fichtesche Idealismus gehört zu den kolossalsten Irrtümern, die jemals der menschliche Geist ausgeheckt. Er ist gottloser und verdammlicher als der plumpste Materialismus.

Ich glaube, mit dem Versuch, das Absolute intellektuell anzuschauen, ist die philosophische Laufbahn des Herrn Schelling beschlossen. Ein größerer Denker tritt jetzt auf, der die Naturphilosophie zu einem vollendeten System ausbildet, aus ihrer Synthese die ganze Welt der Erscheinungen erklärt, die großen Ideen seiner Vorgänger durch größere Ideen ergänzt, sie durch alle Disziplinen durchführt und also wissenschaftlich begründet. Er ist ein Schüler des Herrn Schelling, aber ein Schüler, der allmählich im Reiche der Philosophie aller Macht seines Meisters sich bemeisterte, diesem herrschsüchtig über den Kopf wuchs und ihn endlich in die Dunkelheit verstieß.

Es ist der große Hegel, der größte Philosoph, den Deutschland seit Leibniz erzeugt hat. Es ist keine Frage, daß er Kant und Fichte weit überragt. Er ist scharf wie jener und kräftig wie dieser und hat dabei noch einen konstituierenden Seelenfrieden, eine Gedankenharmonie, die wir bei Kant und Fichte nicht finden, da in diesen mehr der revolutionäre Geist waltet. Diesen Mann mit Herrn Joseph Schelling zu vergleichen ist gar nicht möglich; denn Hegel war ein Mann von Charakter. Und wenn er auch, gleich Herrn Schelling, dem Bestehenden in Staat und Kirche einige allzu bedenkliche Rechtfertigungen verlieh, so geschah dieses doch für einen Staat, der dem Prinzip des Fortschrittes wenigstens in der Theorie huldigt, und für eine Kirche, die das Prinzip der freien Forschung als ihr Lebenselement betrachtet; und er machte daraus kein Hehl, er war aller seiner Absichten eingeständig.

Herr Schelling hingegen windet sich wurmhaft in den Vorzimmern eines sowohl praktischen wie theoretischen Absolutismus, und er handlangert in der Jesuitenhöhle, wo Geistesfesseln geschmiedet werden; und dabei will er uns weismachen, er sei noch immer unverändert derselbe Lichtmensch, der er einst war, er verleugnet seine Verleugnung, und zu der Schmach des Abfalls fügt er noch die Feigheit der Lüge!

Wir dürfen es nicht verhehlen, weder aus Pietät noch aus Klugheit, wir wollen es nicht verschweigen: Der Mann, welcher einst am kühnsten in Deutschland die Religion des Pantheismus ausgesprochen, welcher die Heiligung der Natur und die Wiedereinsetzung des Menschen in seine Gottesrechte am lautesten verkündet, dieser Mann ist abtrünnig geworden von seiner eigenen Lehre, er hat den Altar verlassen, den er selber eingeweiht, er ist zurückgeschlichen in den Glaubensstall der Vergangenheit, er ist jetzt gut katholisch und predigt einen außerweltlichen, persönlichen Gott, »der die Torheit begangen habe, die Welt zu erschaffen«.

Mögen immerhin die Altgläubigen ihre Glocken läuten und Kyrie eleison singen ob solcher Bekehrung – es beweist aber nichts für ihre Meinung, es beweist nur, daß der Mensch sich dem Katholizismus zuneigt, wenn er müde und alt wird, wenn er seine physischen und geistigen Kräfte verloren, wenn er nicht mehr genießen und denken kann. Auf dem Totenbette sind so viele Freidenker bekehrt worden – aber macht nur kein Rühmens davon! Diese Bekehrungsgeschichten gehören höchstens zur Pathologie und würden nur schlechtes Zeugnis geben für eure Sache. Sie bewiesen am Ende nur, daß es euch nicht möglich war, jene Freidenker zu bekehren, solange sie mit gesunden Sinnen unter Gottes freiem Himmel umherwandelten und ihrer Vernunft völlig mächtig waren.

Wir werden nicht so töricht sein, diese Malkontenten ernsthaft zu widerlegen. Die deutsche Philosophie ist eine wichtige, das ganze Menschengeschlecht betreffende Angelegenheit, und erst die spätesten Enkel werden darüber entscheiden können ob wir dafür zu tadeln oder zu loben sind, daß wir erst unsere Philosophie und hernach unsere Revolution ausarbeiteten. Mich dünkt, ein methodisches Volk wie wir mußte mit der Reformation beginnen, konnte erst hierauf sich mit der Philosophie beschäftigen und durfte nur nach deren Vollendung zur politischen Revolution übergehen. Diese Ordnung finde ich ganz vernünftig. Die Köpfe, welche die Philosophie zum Nachdenken benutzt hat, kann die Revolution nachher zu beliebigen Zwecken abschlagen. Die Philosophie hätte aber nimmermehr die Köpfe gebrauchen können, die von der Revolution, wenn diese ihr vorherging, abgeschlagen worden wären. Laßt euch aber nicht bange sein, ihr deutschen Republikaner, die deutsche Revolution wird darum nicht milder und sanfter ausfallen, weil ihr die Kantsche Kritik, der Fichtesche Transzendentalidealismus und gar die Naturphilosophie vorausging.

Durch diese Doktrinen haben sich revolutionäre Kräfte entwickelt, die nur des Tages harren, wo sie hervorbrechen und die Welt mit Entsetzen und Bewunderung erfüllen können. Es werden Kantianer zum Vorschein kommen, die auch in der Erscheinungswelt von keiner Pietät etwas wissen wollen und erbarmungslos, mit Schwert und Beil, den Boden unseres europäischen Lebens durchwühlen, um auch die letzten Wurzeln der Vergangenheit auszurotten. Es werden bewaffnete Fichteaner auf den Schauplatz treten, die in ihrem Willensfanatismus weder durch Furcht noch durch Eigennutz zu bändigen sind; denn sie leben im Geist, sie trotzen der Materie, gleich den ersten Christen, die man ebenfalls weder durch leibliche Qualen noch durch leibliche Genüsse bezwingen konnte; ja, solche Transzendentalidealisten wären bei einer gesellschaftlichen Umwälzung sogar noch unbeugsamer als die ersten Christen, da diese die irdische Marter ertrugen, um dadurch zur himmlischen Seligkeit zu gelangen, der Transzendentalidealist aber die Marter selbst für eitel Schein hält und unerreichbar ist in der Verschanzung des eigenen Gedankens.

Doch noch schrecklicher als alles wären Naturphilosophen, die handelnd eingriffen in eine deutsche Revolution und sich mit dem Zerstörungswerk selbst identifizieren würden. Denn wenn die Hand des Kantianers stark und sicher zuschlägt, weil sein Herz von keiner traditionellen Ehrfurcht bewegt wird; wenn der Fichteaner mutvoll jeder Gefahr trotzt, weil sie für ihn in der Realität gar nicht existiert: so wird der Naturphilosoph dadurch furchtbar sein, daß er mit den ursprünglichen Gewalten der Natur in Verbindung tritt, daß er die dämonischen Kräfte des altgermanischen Pantheismus beschwören kann und daß in ihm jene Kampflust erwacht, die wir bei den alten Deutschen finden und die nicht kämpft, um zu zerstören noch um zu siegen, sondern bloß, um zu kämpfen.

Das Christentum – und das ist sein schönstes Verdienst – hat jene brutale germanische Kampflust einigermaßen besänftigt, konnte sie

jedoch nicht zerstören, und wenn einst der zähmende Talisman, das
Kreuz, zerbricht, dann rasselt wieder empor die Wildheit der alten
Kämpfer, die unsinnige Berserkerwut, wovon die nordischen Dichter
soviel singen und sagen. Jener Talisman ist morsch, und kommen
wird der Tag, wo er kläglich zusammenbricht. Die alten steinernen
Götter erheben sich dann aus dem verschollenen Schutt und reiben
sich den tausendjährigen Staub aus den Augen, und Thor mit dem
Riesenhammer springt endlich empor und zerschlägt die gotischen
Dome. Wenn ihr dann das Gepolter und Geklirre hört, hütet euch,
ihr Nachbarskinder, ihr Franzosen, und mischt euch nicht in die Geschäfte, die wir zu Hause in Deutschland vollbringen. Es könnte euch
schlecht bekommen. Hütet euch, das Feuer anzufachen, hütet euch,
es zu löschen. Ihr könntet euch leicht an den Flammen die Finger
verbrennen. Lächelt nicht über meinen Rat, den Rat eines Träumers,
der euch vor Kantianern, Fichteanern und Naturphilosophen warnt.
Lächelt nicht über den Phantasten, der im Reiche der Erscheinungen
dieselbe Revolution erwartet, die im Gebiete des Geistes stattgefunden.
Der Gedanke geht der Tat voraus, wie der Blitz dem Donner.

Der deutsche Donner ist freilich auch ein Deutscher und ist nicht
sehr gelenkig und kommt etwas langsam herangerollt; aber kommen
wird er, und wenn ihr es einst krachen hört, wie es noch niemals in
der Weltgeschichte gekracht hat, so wißt: der deutsche Donner hat
endlich sein Ziel erreicht. Bei diesem Geräusche werden die Adler
aus der Luft tot niederfallen, und die Löwen in der fernsten Wüste
Afrikas werden die Schwänze einkneifen und sich in ihren königlichen Höhlen verkriechen. Es wird ein Stück aufgeführt werden
in Deutschland, wogegen die französische Revolution nur wie eine
harmlose Idylle erscheinen möchte. Jetzt ist es freilich ziemlich still:
und gebärdet sich auch dort der eine oder der andere etwas lebhaft, so
glaubt nur nicht, diese würden einst als wirkliche Akteure auftreten.
Es sind nur die kleinen Hunde, die in der leeren Arena herumlaufen
und einander anbellen und beißen, ehe die Stunde erscheint, wo dort
die Schar der Gladiatoren anlangt, die auf Tod und Leben kämpfen
sollen.

Und die Stunde wird kommen. Wie auf den Stufen eines Amphitheaters werden die Völker sich um Deutschland herumgruppieren, um die großen Kampfspiele zu betrachten. Ich rate euch, ihr Franzosen, verhaltet euch alsdann sehr stille, und beileibe! hütet euch zu applaudieren. Wir könnten euch leicht mißverstehen und euch, in unserer unhöflichen Art, etwas barsch zur Ruhe verweisen; denn wenn wir früherhin, in unserem servil verdrossenen Zustande, euch manchmal überwältigen konnten, so vermöchten wir es noch weit eher im Übermute des Freiheitsrausches. Ihr wißt ja selber, was man in einem solchen Zustande vermag – und ihr seid nichtg mehr in einem solchen Zustande. Nehmt euch in acht! Ich meine es gut mit euch, und deshalb sage ich euch die bittere Wahrheit. Ihr habt von dem befreiten Deutschland mehr zu befürchten als von der ganzen Heiligen Allianz mitsamt allen Kroaten und Kosaken.

Denn erstens liebt man euch nicht in Deutschland welches fast unbegreiflich ist, da ihr doch so liebenswürdig seid und euch bei eurer Anwesenheit in Deutschland soviel Mühe gegeben habt, wenigstens der bessern und schönern Hälfte des deutschen Volks zu gefallen. Und wenn diese Hälfte euch auch liebte, so ist es doch eben diejenige Hälfte, die keine Waffen trägt und deren Freundschaft euch also wenig frommt. Was man eigentlich gegen euch vorbringt, habe ich nie begreifen können. Einst, im Bierkeller zu Göttingen, äußerte ein junger Altdeutscher, daß man Rache an den Franzosen nehmen müsse für Konradin von Staufen, den sie zu Neapel geköpft. Ihr habt das gewiß längst vergessen. Wir aber vergessen nichts. Ihr seht, wenn wir mal Lust bekommen, mit euch anzubinden, so wird es uns nicht an triftigen Gründen fehlen. Jedenfalls rate ich euch daher, auf eurer Hut zu sein. Es mag in Deutschland vorgehen, was da wolle, es mag der Kronprinz von Preußen oder der Doktor Wirth zur Herrschaft gelangen, haltet euch immer gerüstet, bleibt ruhig auf eurem Posten stehen, das Gewehr im Arm. Ich meine es gut mit euch, und es hat mich schier erschreckt, als ich jüngst vernahm, eure Minister beabsichtigten, Frankreich zu entwaffnen. –

Da ihr, trotz eurer jetzigen Romantik, geborne Klassiker seid, so kennt ihr den Olymp. Unter den nackten Göttern und Göttinnen, die sich dort, bei Nektar und Ambrosia, erlustigen, seht ihr eine Göttin, die, obgleich umgeben von solcher Freude und Kurzweil, dennoch immer einen Panzer trägt und den Helm auf dem Kopf und den Speer in der Hand behält.

Es ist die Göttin der Weisheit.

Vorrede zur zweiten Auflage (1852)

Als die erste Auflage dieses Buches die Presse verließ und ich ein Exemplar desselben zur Hand nahm, erschrak ich nicht wenig ob den Verstümmelungen, deren Spur sich überall kundgab. Hier fehlte ein Beiwort, dort ein Zwischensatz, ganze Stellen waren ausgelassen, ohne Rücksicht auf die Übergänge, so daß nicht bloß der Sinn, sondern manchmal die Gesinnung selbst verschwand. Viel mehr die Furcht Cäsars als die Furcht Gottes leitete die Hand bei diesen Verstümmelungen, und während sie alles politisch Verfängliche ängstlich ausmerzte, verschonte sie selbst das Bedenklichste, das auf Religion Bezug hatte. So ging die eigentliche Tendenz dieses Buches, welche eine patriotisch-demokratische war, verloren, und unheimlich starrte mir daraus ein ganz fremder Geist entgegen, welcher an scholastisch-theologische Klopffechtereien erinnert und meinem humanistisch-toleranten Naturell tief zuwider ist.

Ich schmeichelte mir anfangs mit der Hoffnung, daß ich bei einem zweiten Abdruck die Lakunen dieses Buches wieder ausfüllen könne; doch keine Restauration der Art ist jetzt möglich, da bei dem großen Brand zu Hamburg das Originalmanuskript im Hause meines Verlegers verlorengegangen. Mein Gedächtnis ist zu schwach, als daß ich aus der Erinnerung nachhelfen könnte, und außerdem dürfte eine genaue Durchsicht des Buches mir wegen des Zustandes meiner Augen nicht erlaubt sein. Ich begnüge mich damit, daß ich nach der französischen Version, welche früher als die deutsche gedruckt worden, einige der

größern ausgelassenen Stellen aus dem Französischen zurückübersetze
und interkaliere.

… Solche Insinuation ward den ehrlichen Leuten noch dadurch
erleichtert, daß jede Kundgabe meiner wahren Gesinnung mir während einer langen Periode schier unmöglich war, besonders zur Zeit,
als die Bundestagsdekrete gegen das »Junge Deutschland« erschienen,
welche hauptsächlich gegen mich gerichtet waren und mich in eine
exzeptionell gebundene Lage brachten, die unerhört in den Annalen
der Preßknechtschaft. Als ich späterhin den Maulkorb etwas lüften
konnte, blieben doch die Gedanken noch geknebelt.

Das vorliegende Buch ist Fragment und soll auch Fragment bleiben.
Ehrlich gestanden, es wäre mir lieb, wenn ich das Buch ganz ungedruckt lassen könnte. Es haben sich nämlich seit dem Erscheinen
desselben meine Ansichten über manche Dinge, besonders über göttliche Dinge, bedenklich geändert, und manches, was ich behauptete,
widerspricht jetzt meiner bessern Überzeugung. Aber der Pfeil gehört
nicht mehr dem Schützen, sobald er von der Sehne des Bogens fort-
fliegt, und das Wort gehört nicht mehr dem Sprecher, sobald es seiner
Lippe entsprungen und gar durch die Presse vervielfältigt worden.
Außerdem würden fremde Befugnisse mir mit zwingendem Einspruch
entgegentreten, wenn ich dieses Buch ungedruckt ließe und meinen
Gesamtwerken entzöge. Ich könnte zwar, wie manche Schriftsteller in
solchen Fällen tun, zu einer Milderung der Ausdrücke, zu Verhüllun-
gen durch Phrase meine Zuflucht nehmen; aber ich hasse im Grund
meiner Seele die zweideutigen Worte, die heuchlerischen Blumen, die
feigen Feigenblätter.

Einem ehrlichen Manne bleibt aber unter allen Umständen das
unveräußerliche Recht, seinen Irrtum offen zu gestehen, und ich
will es ohne Scheu hier ausüben. Ich bekenne daher unumwunden,
daß alles, was in diesem Buche namentlich auf die große Gottesfrage
Bezug hat, ebenso falsch wie unbesonnen ist. Ebenso unbesonnen
wie falsch ist die Behauptung, die ich der Schule nachsprach, daß
der Deismus in der Theorie zugrunde gerichtet sei und sich nur noch
in der Erscheinungswelt kümmerlich hinfriste. Nein, es ist nicht

wahr, daß die Vernunftkritik, welche die Beweistümer für das Dasein Gottes, wie wir dieselben seit Anselm von Canterbury kennen, zernichtet hat, auch dem Dasein Gottes selber ein Ende gemacht habe. Der Deismus lebt, lebt sein lebendigstes Leben, er ist nicht tot, und am allerwenigsten hat ihn die neueste deutsche Philosophie getötet. Diese spinnwebige Berliner Dialektik kann keinen Hund aus dem Ofenloch locken, sie kann keine Katze töten, wieviel weniger einen Gott. Ich habe es am eignen Leibe erprobt, wie wenig gefährlich ihr Umbringen ist; sie bringt immer um, und die Leute bleiben dabei am Leben.

... Ach! einige Jahre später ist eine leibliche und geistige Veränderung eingetreten. Wie oft seitdem denke ich an die Geschichte dieses babylonischen Königs (Nebukadnezar), der sich selbst für den lieben Gott hielt, aber von der Höhe seines Dünkels erbärmlich herabstürzte, wie ein Tier am Boden kroch und Gras aß – (es wird wohl Salat gewesen sein). In dem prachtvoll grandiosen Buch Daniel steht diese Legende, die ich nicht bloß dem guten Ruge, sondern auch meinem noch viel verstocktern Freunde Marx, ja auch den Herren Feuerbach, Daumer, Bruno Bauer, Hengstenberg, und wie sie sonst heißen mögen, diese gottlosen Selbstgötter, zur erbaulichen Beherzigung empfehle.

Es stehen überhaupt noch viel schöne und merkwürdige Erzählungen in der Bibel, die ihrer Beachtung wert wären, z.B. gleich im Anfang die Geschichte von dem verbotenen Baume im Paradiese und von der Schlange, der kleinen Privatdozentin, die schon sechstausend Jahre vor Hegels Geburt die ganze Hegelsche Philosophie vortrug. Dieser Blaustrumpf ohne Füße zeigt sehr scharfsinnig, wie das Absolute in der Identität von Sein und Wissen besteht, wie der Mensch zum Gotte werde durch die Erkenntnis oder, was dasselbe ist, wie Gott im Menschen zum Bewußtsein seiner selbst gelange. –

Diese Formel ist nicht so klar wie die ursprünglichen Worte: »Wenn ihr vom Baume der Erkenntnis genossen, werdet ihr wie Gott sein!« Frau Eva verstand von der ganzen Demonstration nur das eine, daß die Frucht verboten sei, und weil sie verboten, aß sie davon, die gute

Frau. Aber kaum hatte sie von dem lockenden Apfel gegessen, so
verlor sie ihre Unschuld, ihre naive Unmittelbarkeit, sie fand, daß
sie viel zu nackend sei für eine Person von ihrem Stande, die Stamm-
utter so vieler künftigen Kaiser und Könige, und sie verlangte ein
Kleid. Freilich nur ein Kleid von Feigenblättern, weil damals noch
keine Lyoner Seidenfabrikanten geboren waren und weil es auch im
Paradiese noch keine Putzmacherinnen und Modehändlerinnen gab
– o Paradies! Sonderbar, sowie das Weib zum denkenden Selbstbewußtsein kommt, ist ihr erster Gedanke ein neues Kleid! Auch diese
biblische Geschichte, zumal die Rede der Schlange, kommt mir nicht
aus dem Sinn, und ich möchte sie als Motto diesem Buche voran-
setzen, in derselben Weise, wie man oft vor fürstlichen Gärten eine
Tafel sieht mit der warnenden Aufschrift: »Hier liegen Fußangeln
und Selbstschüsse.«
   Ich habe mich bereits in meinem jüngsten Buche, im »Romanzero«,
über die Umwandlung ausgesprochen, welche in bezug auf göttliche
Dinge in meinem Geiste stattgefunden. Es sind seitdem mit christlicher Zudringlichkeit sehr viele Anfragen an mich ergangen, auf welchem Wege die bessere Erleuchtung über mich gekommen. Fromme
Seelen scheinen darnach zu lechzen, daß ich ihnen irgendein Mirakel
aufbinde, und sie möchten gerne wissen, ob ich nicht wie Saulus ein
Licht erblickte auf dem Wege nach Damaskus oder ob ich nicht wie
Barlam, der Sohn Boers, einen stätigen Esel geritten, der plötzlich den
Mund auftat und zu sprechen begann wie ein Mensch.
   Nein, ihr gläubigen Gemüter, ich reiste niemals nach Damaskus,
ich weiß nichts von Damaskus, als daß jüngst die dortigen Juden be-
schuldigt worden, sie fräßen alte Kapuziner, und der Name der Stadt
wäre mir vielleicht ganz unbekannt, hätte ich nicht das Hohelied gelesen, wo der König Salomo die Nase seiner Geliebten mit einem Turm
vergleicht, der gen Damaskus schaut. Auch sah ich nie einen Esel,
nämlich keinen vierfüßigen, der wie ein Mensch gesprochen hätte,
während ich Menschen genug traf, die jedesmal, wenn sie den Mund
auftaten, wie Esel sprachen. In der Tat, weder eine Vision noch eine
seraphitische Verzückung noch eine Stimme vom Himmel, auch kein

merkwürdiger Traum oder sonst ein Wunderspuk brachte mich auf den Weg des Heils, und ich verdanke meine Erleuchtung ganz einfach der Lektüre eines Buches – Eines Buches?

Ja, und es ist ein altes, schlichtes Buch, bescheiden wie die Natur, auch natürlich wie diese; ein Buch, das werkeltägig und anspruchslos aussieht, wie die Sonne, die uns wärmt, wie das Brot, das uns nährt; ein Buch, das so traulich, so segnend gütig uns anblickt wie eine alte Großmutter, die auch täglich in dem Buche liest, mit den lieben, bebenden Lippen und mit der Brille auf der Nase – und dieses Buch heißt auch ganz kurzweg das Buch, die Bibel. Mit Fug nennt man diese auch die Heilige Schrift; wer seinen Gott verloren hat, der kann ihn in diesem Buche wiederfinden, und wer ihn nie gekannt, dem weht hier entgegen der Odem des göttlichen Wortes.

Die Juden, welche sich auf Kostbarkeiten verstehen, wußten sehr gut, was sie taten, als sie bei dem Brande des zweiten Tempels die goldenen und silbernen Opfergeschirre, die Leuchter und Lampen, sogar den hohenpriesterlichen Brustlatz mit den großen Edelsteinen im Stich ließen und nur die Bibel retteten. Diese war der wahre Tempelschatz, und derselbe ward gottlob nicht ein Raub der Flammen oder des Titus Vespasianus, des Bösewichts, der ein so schlechtes Ende genommen, wie die Rabbiner erzählen. Ein jüdischer Priester, der zweihundert Jahr vor dem Brand des zweiten Tempels, während der Glanzperiode des Ptolemäers Philadelphus, zu Jerusalem lebte und Josua ben Siras ben Eliezer hieß, hat in einer Gnomensammlung, »Meschalim«, in bezug auf die Bibel den Gedanken seiner Zeit ausgesprochen, und ich will seine schönen Worte hier mitteilen. Sie sind sazerdotal feierlich und doch zugleich so erquickend frisch, als wären sie erst gestern einer lebenden Menschenbrust entquollen, und sie lauten wie folgt:

»Dies alles ist eben das Buch des Bundes, mit dem höchsten Gott gemacht, nämlich das Gesetz, welches Mose dem Hause Jakob zum Schatz befohlen hat. Daraus die Weisheit geflossen ist, wie das Wasser Pison, wenn es groß ist: und wie das Wasser Tigris, wenn es übergehet in Lenzen. Daraus der Verstand geflossen ist, wie der Euphrates, wenn

er groß ist, und wie der Jordan in der Ernte. Aus demselben ist hervor-
brochen die Zucht, wie das Licht und wie das Wasser Nilus im Herbst.
Er ist nie gewesen, der es ausgelernt hätte: und wird nimmermehr
werden, der es ausgründen möchte. Denn sein Sinn ist reicher, weder
kein Meer: und sein Wort tiefer, denn kein Abgrund.«

Geschrieben zu Paris, im Wonnemond 1852

Heinrich Heine

Neue Gedichte (1844)

Leise zieht durch mein Gemüt
Liebliches Geläute
Klinge, kleines Frühlingslied,
Kling hinaus ins Weite.

Kling hinaus, bis an das Haus,
Wo die Blumen sprießen,
Wenn du eine Rose schaust,
Sag, ich laß sie grüßen.

Seraphine – VII.

Auf diesem Felsen bauen wir
Die Kirche von dem dritten,
Dem dritten neuen Testament;
Das Leid ist ausgelitten.

Vernichtet ist das Zweyerley,
Das uns so lang bethöret;
Die dumme Leiberquälerey
Hat endlich aufgehöret.

Hörst du den Gott im finstern Meer?
Mit tausend Stimmen spricht er.
Und siehst du über unserm Haupt
Die tausend Gotteslichter?

Der heilge Gott der ist im Licht
Wie in den Finsternissen;

Und Gott ist alles was da ist;
Er ist in unsern Küssen.

Der Tannhäuser II

Zu Rom, zu Rom, in der heiligen Stadt,
Da singt es und klingelt und läutet:
Da zieht einher die Prozession,
Der Papst in der Mitte schreitet.

Das ist der fromme Papst Urban,
Er trägt die dreifache Krone,
Er trägt ein rotes Purpurgewand,
Die Schleppe tragen Barone.

»O heiliger Vater, Papst Urban,
Ich laß dich nicht von der Stelle,
Du hörest zuvor meine Beichte an,
Du rettest mich von der Hölle!«

Das Volk, es weicht im Kreis zurück,
Es schweigen die geistlichen Lieder: –
Wer ist der Pilger bleich und wüst,
Vor dem Papste kniet er nieder?

»O heiliger Vater, Papst Urban,
Du kannst ja binden und lösen,
Errette mich von der Höllenqual
Und von der Macht des Bösen.

Ich bin der edle Tannhäuser genannt,
Wollt Lieb und Lust gewinnen,
Da zog ich in den Venusberg,
Blieb sieben Jahre drinnen.

Frau Venus ist eine schöne Frau,
Liebreizend und anmutsreiche;
Wie Sonnenschein und Blumenduft
Ist ihre Stimme, die weiche.

Wie der Schmetterling flattert um eine Blum,
Am zarten Kelch zu nippen,
So flattert meine Seele stets
Um ihre Rosenlippen.

Ihr edles Gesicht umringeln wild
Die blühend schwarzen Locken;
Schaun dich die großen Augen an,
Wird dir der Atem stocken.

Schaun dich die großen Augen an,
So bist du wie angekettet;
Ich habe nur mit großer Not
Mich aus dem Berg gerettet.

Ich hab mich gerettet aus dem Berg,
Doch stets verfolgen die Blicke
Der schönen Frau mich überall,
Sie winken: komm zurücke!

Ein armes Gespenst bin ich am Tag,
Des Nachts mein Leben erwachet,
Dann träum ich von meiner schönen Frau,
Sie sitzt bei mir und lachet.

Sie lacht so gesund, so glücklich, so toll,
Und mit so weißen Zähnen!
Wenn ich an dieses Lachen denk,
So weine ich plötzliche Tränen.

Ich liebe sie mit Allgewalt,
Nichts kann die Liebe hemmen!
Das ist wie ein wilder Wasserfall,
Du kannst seine Fluten nicht dämmen;

Er springt von Klippe zu Klippe herab,
Mit lautem Tosen und Schäumen,
Und bräch er tausendmal den Hals,
Er wird im Laufe nicht säumen.

Wenn ich den ganzen Himmel besäß,
Frau Venus schenkt ich ihn gerne;
Ich gäb ihr die Sonne, ich gäb ihr den Mond,
Ich gäbe ihr sämtliche Sterne.

Ich liebe sie mit Allgewalt,
Mit Flammen, die mich verzehren –
Ist das der Hölle Feuer schon,
Die Gluten, die ewig währen?

O heiliger Vater, Papst Urban,
Du kannst ja binden und lösen!
Errette mich von der Höllenqual
Und von der Macht des Bösen.«

Der Papst hub jammernd die Händ empor,
Hub jammernd an zu sprechen:
»Tannhäuser, unglückselger Mann,
Der Zauber ist nicht zu brechen.

Der Teufel, den man Venus nennt,
Er ist der schlimmste von allen;
Erretten kann ich dich nimmermehr
Aus seinen schönen Krallen.

Mit deiner Seele mußt du jetzt
Des Fleisches Lust bezahlen,
Du bist verworfen, du bist verdammt
Zu ewigen Höllenqualen.«

Schöpfungslieder

I

Im Beginn schuf Gott die Sonne,
Dann die nächtlichen Gestirne;
Hierauf schuf er auch die Ochsen,
Aus dem Schweiße seiner Stirne.

Später schuf er wilde Bestien,
Löwen mit den grimmen Tatzen;
Nach des Löwen Ebenbilde
Schuf er hübsche kleine Katzen.

Zur Bevölkerung der Wildnis
Ward hernach der Mensch erschaffen;
Nach des Menschen holdem Bildnis
Schuf er intressante Affen.

Satan sah dem zu und lachte:
Ei, der Herr kopiert sich selber!
Nach dem Bilde seiner Ochsen
Macht er noch am Ende Kälber!

II

Und der Gott sprach zu dem Teufel:
Ich, der Herr, kopier mich selber,
Nach der Sonne mach ich Sterne,

Nach den Ochsen mach ich Kälber,
Nach den Löwen mit den Tatzen
Mach ich kleine liebe Katzen,
Nach den Menschen mach ich Affen;
Aber du kannst gar nichts schaffen.

III

Ich hab mir zu Ruhm und Preis erschaffen
Die Menschen, Löwen, Ochsen, Sonne;
Doch Sterne, Kälber, Katzen, Affen
Erschuf ich zu meiner eigenen Wonne.

IV

Kaum hab ich die Welt zu schaffen begonnen,
In einer Woche wars abgetan.
Doch hatt ich vorher tief ausgesonnen
Jahrtausendlang den Schöpfungsplan.

Das Schaffen selbst ist eitel Bewegung,
Das stümpert sich leicht in kurzer Frist;
Jedoch der Plan, die Überlegung,
Das zeigt erst, wer ein Künstler ist.

Ich hab allein dreihundert Jahre
Tagtäglich drüber nachgedacht,
Wie man am besten Doctores juris
Und gar die kleinen Flöhe macht.

V

Sprach der Herr am sechsten Tage:
Hab am Ende nun vollbracht
Diese große, schöne Schöpfung,
Und hab alles gut gemacht.

Wie die Sonne rosengoldig
In dem Meere widerstrahlt!
Wie die Bäume grün und glänzend!
Ist nicht Alles wie gemalt?

Sind nicht weiß wie Alabaster
Dort die Lämmchen auf der Flur?
Ist sie nicht so schön vollendet
Und natürlich die Natur?

Erd und Himmel sind erfüllet
Ganz von meiner Herrlichkeit,
Und der Mensch, er wird mich loben
Bis in alle Ewigkeit!

VI

Der Stoff, das Material des Gedichts,
Das saugt sich nicht aus dem Finger;
Kein Gott erschafft die Welt aus nichts,
So wenig wie irdische Singer.

Aus vorgefundenem Urweltsdreck
Erschuf ich die Männerleiber,
Und aus dem Männerrippenspeck
Erschuf ich die schönen Weiber.

Den Himmel erschuf ich aus der Erd
Und Engel aus Weiberentfaltung;
Der Stoff gewinnt erst seinen Wert
Durch künstlerische Gestaltung.

VII

Warum ich eigentlich erschuf
Die Welt, ich will es gern bekennen:
Ich fühlte in der Seele brennen
Wie Flammenwahnsinn, den Beruf.

Krankheit ist wohl der letzte Grund
Des ganzen Schöpferdrangs gewesen;
Erschaffend konnte ich genesen,
Erschaffend wurde ich gesund.

Zeitgedichte

III. Warnung

Solche Bücher läßt du drucken!
Teurer Freund, du bist verloren!
Willst du Geld und Ehre haben,
Mußt du dich gehörig ducken.

Nimmer hätt ich dir geraten,
So zu sprechen vor dem Volke,
So zu sprechen von den Pfaffen
Und von hohen Potentaten!

Teurer Freund, du bist verloren!
Fürsten haben lange Arme,

Pfaffen haben lange Zungen,
Und das Volk hat lange Ohren!

IX Heinrich

Auf dem Schloßhof zu Canossa
Steht der deutsche Kaiser Heinrich,
Barfuß und im Büßerhemde,
Und die Nacht ist kalt und regnicht.

Droben aus dem Fenster lugen
Zwo Gestalten, und der Mondschein
Überflimmert Gregors Kahlkopf
Und die Brüste der Mathildis.

Heinrich, mit den blassen Lippen,
Murmelt fromme Paternoster;
Doch im tiefen Kaiserherzen
Heimlich knirscht er, heimlich spricht er:

»Fern in meinen deutschen Landen
Heben sich die starken Berge,
Und im stillen Bergesschachte
Wächst das Eisen für die Streitaxt.

Fern in meinen deutschen Landen
Heben sich die Eichenwälder,
Und im Stamm der höchsten Eiche
Wächst der Holzstiel für die Streitaxt.

Du, mein liebes treues Deutschland,
Du wirst auch den Mann gebären,
Der die Schlange meiner Qualen
Niederschmettert mit der Streitaxt.«

XI Das neue israelitische Hospital zu Hamburg

Ein Hospital für arme, kranke Juden,
Für Menschenkinder, welche dreifach elend,
Behaftet mit den bösen drei Gebresten,
Mit Armut, Körperschmerz und Judentume!

Das schlimmste von den dreien ist das letzte,
Das tausendjährige Familienübel,
Die aus dem Niltal mitgeschleppte Plage,
Der altegyptisch ungesunde Glauben.

Unheilbar tiefes Leid! Dagegen helfen
Nicht Dampfbad, Dusche, nicht die Apparate
Der Chirurgie, noch all die Arzeneien,
Die dieses Haus den siechen Gästen bietet.

Wird einst die Zeit, die ewge Göttin, tilgen
Das dunkle Weh, das sich vererbt vom Vater
Herunter auf den Sohn, – wird einst der Enkel
Genesen und vernünftig sein und glücklich?

Ich weiß es nicht! Doch mittlerweile wollen
Wir preisen jenes Herz, das klug und liebreich
Zu lindern suchte, was der Lindrung fähig,
Zeitlichen Balsam träufelnd in die Wunden.

Der teure Mann! Er baute hier ein Obdach
Für Leiden, welche heilbar durch die Künste
Des Arztes (oder auch des Todes!), sorgte
Für Polster, Labetrank, Wartung und Pflege –

Ein Mann der Tat, tat er, was eben tunlich;
Für gute Werke gab er hin den Taglohn

Am Abend seines Lebens, menschenfreundlich,
Durch Wohltun sich erholend von der Arbeit.

Er gab mit reicher Hand – doch reiche Spende
Entrollte manchmal seinem Aug, die Träne,
Die kostbar schöne Träne, die er weinte
Ob der unheilbar großen Brüderkrankheit.

XXI. – Verkehrte Welt

Das ist ja die verkehrte Welt,
Wir gehen auf den Köpfen!
Die Jäger werden dutzendweis
Erschossen von den Schnepfen.

Die Kälber braten jetzt den Koch,
Auf Menschen reiten die Gäule;
Für Lehrfreiheit und Rechte des Lichts
Kämpft die katholische Eule.

Der Häring wird ein Sanskülott,
Die Wahrheit sagt uns Bettine,
Und ein gestiefelter Kater bringt
Den Sophokles auf die Bühne.

Ein Affe läßt ein Pantheon
Erbauen für deutsche Helden.
Der Maßmann hat sich jüngst gekämmt,
Wie deutsche Blätter melden.

Germanische Bären glauben nicht mehr
Und werden Atheisten;
Jedoch die französischen Papagein,
Die werden gute Christen.

Im uckermärkschen Moniteur,
Da hat mans am tollsten getrieben:
Ein Toter hat dem Lebenden dort
Die schnödeste Grabschrift geschrieben.

Laßt uns nicht schwimmen gegen den Strom,
Ihr Brüder! Es hilft uns wenig!
Laßt uns besteigen den Templower Berg
Und rufen: es lebe der König!

XXIV Nachtgedanken

Denk ich an Deutschland in der Nacht,
Dann bin ich um den Schlaf gebracht,
Ich kann nicht mehr die Augen schließen,
Und meine heißen Tränen fließen.

Die Jahre kommen und vergehn!
Seit ich die Mutter nicht gesehn,
Zwölf Jahre sind schon hingegangen;
Es wächst mein Sehnen und Verlangen.

Mein Sehnen und Verlangen wächst.
Die alte Frau hat mich behext,
Ich denke immer an die alte,
Die alte Frau, die Gott erhalte!

Die alte Frau hat mich so lieb,
Und in den Briefen, die sie schrieb,
Seh ich, wie ihre Hand gezittert,
Wie tief das Mutterherz erschüttert.

Die Mutter liegt mir stets im Sinn.
Zwölf lange Jahre flossen hin,

Zwölf lange Jahre sind verflossen,
Seit ich sie nicht ans Herz geschlossen.

Deutschland hat ewigen Bestand,
Es ist ein kerngesundes Land;
Mit seinen Eichen, seinen Linden,
Werd ich es immer wiederfinden.

Nach Deutschland lechzt ich nicht so sehr,
Wenn nicht die Mutter dorten wär;
Das Vaterland wird nie verderben,
Jedoch die alte Frau kann sterben.

Seit ich das Land verlassen hab,
So viele sanken dort ins Grab,
Die ich geliebt – wenn ich sie zähle,
So will verbluten meine Seele.

Und zählen muß ich – Mit der Zahl
Schwillt immer höher meine Qual,
Mir ist, als wälzten sich die Leichen
Auf meine Brust – Gottlob! sie weichen!

Gottlob! durch meine Fenster bricht
Französisch heitres Tageslicht;
Es kommt mein Weib, schön wie der Morgen,
Und lächelt fort die deutschen Sorgen.

Nachlese

Himmlisch wars, wenn ich bezwang
Meine sündige Begier,
Aber wenns mir nicht gelang,
Hatt ich doch ein groß Pläsier.

Ich glaub nicht an den Himmel,
Wovon das Pfäfflein spricht;
Ich glaub nur an dein Auge,
Das ist mein Himmelslicht.

Ich glaub nicht an den Herrgott,
Wovon das Pfäfflein spricht;
Ich glaub nur an dein Herze,
'nen andern Gott hab ich nicht.

Ich glaub nicht an den Bösen,
An Höll und Höllenschmerz;
Ich glaub nur an dein Auge,
Und an dein böses Herz.

Die schlesischen Weber

Im düstern Auge keine Träne,
Sie sitzen am Webstuhl und fletschen die Zähne:
Deutschland, wir weben dein Leichentuch,
Wir weben hinein den dreifachen Fluch –
Wir weben, wir weben!

Ein Fluch dem Gotte, zu dem wir gebeten
In Winterskälte und Hungersnöten;
Wir haben vergebens gehofft und geharrt,
Er hat uns geäfft und gefoppt und genarrt –
Wir weben, wir weben!

Ein Fluch dem König, dem König der Reichen,
Den unser Elend nicht konnte erweichen,
Der den letzten Groschen von uns erpreßt
Und uns wie Hunde erschießen läßt –
Wir weben, wir weben!

Ein Fluch dem falschen Vaterlande,
Wo nur gedeihen Schmach und Schande,
Wo jede Blume früh geknickt,
Wo Fäulnis und Moder den Wurm erquickt –
Wir weben, wir weben!

Das Schiffchen fliegt, der Webstuhl kracht,
Wir weben emsig Tag und Nacht –
Altdeutschland, wir weben dein Leichentuch,
Wir weben hinein den dreifachen Fluch,
Wir weben, wir weben!

Das Hohelied

Des Weibes Leib ist ein Gedicht,
Das Gott der Herr geschrieben
Ins große Stammbuch der Natur,
Als ihn der Geist getrieben.

Ja, günstig war die Stunde ihm,
Der Gott war hochbegeistert;
Er hat den spröden, rebellischen Stoff
Ganz künstlerisch bemeistert.

Fürwahr, der Leib des Weibes ist
Das Hohelied der Lieder;
Gar wunderbare Strophen sind
Die schlanken, weißen Glieder.

O welche göttliche Idee
Ist dieser Hals, der blanke,
Worauf sich wiegt der kleine Kopf,
Der lockige Hauptgedanke!

Der Brüstchen Rosenknospen sind
Epigrammatisch gefeilet;
Unsäglich entzückend ist die Zäsur,
Die streng den Busen teilet.

Den plastischen Schöpfer offenbart
Der Hüften Parallele;
Der Zwischensatz mit dem Feigenblatt
Ist auch eine schöne Stelle.

Das ist kein abstraktes Begriffspoem!
Das Lied hat Fleisch und Rippen,
Hat Hand und Fuß; es lacht und küßt
Mit schöngereimten Lippen.

Hier atmet wahre Poesie!
Anmut in jeder Wendung!
Und auf der Stirne trägt das Lied
Den Stempel der Vollendung.

Lobsingen will ich dir, O Herr,
Und dich im Staub anbeten!
Wir sind nur Stümper gegen dich,
Den himmlischen Poeten.

Versenken will ich mich, o Herr,
In deines Liedes Prächten;
Ich widme seinem Studium
Den Tag mitsamt den Nächten.

Ja, Tag und Nacht studier ich dran,
Will keine Zeit verlieren;
Die Beine werden mir so dünn –
Das kommt vom vielen Studieren.

DEUTSCHLAND EIN WINTERMÄRCHEN

I.

Im traurigen Monat November war's,
Die Tage wurden trüber,
Der Wind riß von den Bäumen das Laub,
Da reist ich nach Deutschland hinüber.

Und als ich an die Grenze kam,
Da fühlt ich ein stärkeres Klopfen
In meiner Brust, ich glaube sogar
Die Augen begunnen zu tropfen.

Und als ich die deutsche Sprache vernahm,
Da ward mir seltsam zumute;
Ich meinte nicht anders, als ob das Herz
Recht angenehm verblute.

Ein kleines Harfenmädchen sang.
Sie sang mit wahrem Gefühle
Und falscher Stimme, doch ward ich sehr
Gerühret von ihrem Spiele.

Sie sang von Liebe und Liebesgram,
Aufopfrung und Wiederfinden
Dort oben, in jener besseren Welt,
Wo alle Leiden schwinden.

Sie sang vom irdischen Jammertal,
Von Freuden, die bald zerronnen,

Vom jenseits, wo die Seele schwelgt
Verklärt in ew'gen Wonnen.

Sie sang das alte Entsagungslied,
Das Eiapopeia vom Himmel,
Womit man einlullt, wenn es greint,
Das Volk, den großen Lümmel.

Ich kenne die Weise, ich kenne den Text,
Ich kenn auch die Herren Verfasser;
Ich weiß, sie tranken heimlich Wein
Und predigten öffentlich Wasser.

Ein neues Lied, ein besseres Lied,
O Freunde, will ich euch dichten!
Wir wollen hier auf Erden schon
Das Himmelreich errichten.

Wir wollen auf Erden glücklich sein,
Und wollen nicht mehr darben;
Verschlemmen soll nicht der faule Bauch,
Was fleißige Hände erwarben.

Es wächst hienieden Brot genug
Für alle Menschenkinder,
Auch Rosen und Myrten, Schönheit und Lust,
Und Zuckererbsen nicht minder.

Ja, Zuckererbsen für jedermann,
Sobald die Schoten platzen!
Den Himmel überlassen wir
Den Engeln und den Spatzen.

Und wachsen uns Flügel nach dem Tod,
So wollen wir euch besuchen
Dort oben, und wir, wir essen mit euch
Die seligsten Torten und Kuchen.

Ein neues Lied, ein besseres Lied!
Es klingt wie Flöten und Geigen!
Das Miserere ist vorbei,
Die Sterbeglocken schweigen.

Die Jungfer Europa ist verlobt
Mit dem schönen Geniusse
Der Freiheit, sie liegen einander im Arm,
Sie schwelgen im ersten Kusse.

Und fehlt der Pfaffensegen dabei,
Die Ehe wird gültig nicht minder –
Es lebe Bräutigam und Braut,
Und ihre zukünftigen Kinder!

Ein Hochzeitkarmen ist mein Lied,
Das bessere, das neue!
In meiner Seele gehen auf
Die Sterne der höchsten Weihe –

Begeisterte Sterne, sie lodern wild,
Zerfließen in Flammenbächen –
Ich fühle mich wunderbar erstarkt,
Ich könnte Eichen zerbrechen!

Seit ich auf deutsche Erde trat,
Durchströmen mich Zaubersäfte –
Der Riese hat wieder die Mutter berührt,
Und es wuchsen ihm neu die Kräfte.

II.

Während die Kleine von Himmelslust
Getrillert und musizieret,
Ward von den preußischen Douaniers
Mein Koffer visitieret.

Beschnüffelten alles, kramten herum
In Hemden, Hosen, Schnupftüchern;
Sie suchten nach Spitzen, nach Bijouterien,
Auch nach verbotenen Büchern.

Ihr Toren, die ihr im Koffer sucht!
Hier werdet ihr nichts entdecken!
Die Konterbande, die mit mir reist,
Die hab ich im Kopfe stecken.

Hier hab ich Spitzen, die feiner sind
Als die von Brüssel und Mecheln,
Und pack ich einst meine Spitzen aus,
Sie werden euch sticheln und hecheln.

Im Kopfe trage ich Bijouterien,
Der Zukunft Krondiamanten,
Die Tempelkleinodien des neuen Gotts,
Des großen Unbekannten.

Und viele Bücher trag ich im Kopf!
Ich darf es euch versichern,
Mein Kopf ist ein zwitscherndes Vogelnest
Von konfiszierlichen Büchern.

Glaubt mir, in Satans Bibliothek
Kann es nicht schlimmere geben;

Sie sind gefährlicher noch als die
Von Hoffmann von Fallersleben! –

Ein Passagier, der neben mir stand,
Bemerkte, ich hätte
Jetzt vor mir den preußischen Zollverein,
Die große Douanenkette.

»Der Zollverein« – bemerkte er –
»Wird unser Volkstum begründen,
Er wird das zersplitterte Vaterland
Zu einem Ganzen verbinden.

Er gibt die äußere Einheit uns,
Die sogenannt materielle;
Die geistige Einheit gibt uns die Zensur,
Die wahrhaft ideelle –

Sie gibt die innere Einheit uns,
Die Einheit im Denken und Sinnen;
Ein einiges Deutschland tut uns not,
Einig nach außen und innen.«

IV.

Zu Köllen kam ich spätabends an,
Da hörte ich rauschen den Rheinfluß,
Da fächelte mich schon deutsche Luft,
Da fühlt ich ihren Einfluß –

Auf meinen Appetit. Ich aß
Dort Eierkuchen mit Schinken,
Und da er sehr gesalzen war,
Mußt ich auch Rheinwein trinken.

Der Rheinwein glänzt noch immer wie Gold
Im grünen Römerglase,
Und trinkst du etwelche Schoppen zuviel,
So steigt er dir in die Nase.

In die Nase steigt ein Prickeln so süß,
Man kann sich vor Wonne nicht lassen!
Es trieb mich hinaus in die dämmernde Nacht,
In die widerhallenden Gassen.

Die steinernen Häuser schauten mich an,
Als wollten sie mir berichten
Legenden aus altverschollener Zeit,
Der heil'gen Stadt Köllen Geschichten.

Ja, hier hat einst die Klerisei
Ihr frommes Wesen getrieben,
Hier haben die Dunkelmänner geherrscht,
Die Ulrich von Hutten beschrieben.

Der Cancan des Mittelalters ward hier
Getanzt von Nonnen und Mönchen;
Hier schrieb Hochstraaten, der Menzel von Köln,
Die gift'gen Denunziatiönchen.

Die Flamme des Scheiterhaufens hat hier
Bücher und Menschen verschlungen;
Die Glocken wurden geläutet dabei
Und Kyrie eleison gesungen.

Dummheit und Bosheit buhlten hier
Gleich Hunden auf freier Gasse;
Die Enkelbrut erkennt man noch heut
An ihrem Glaubenshasse. –

Doch siehe! dort im Mondenschein
Den kolossalen Gesellen!
Er ragt verteufelt schwarz empor,
Das ist der Dom von Köllen.

Er sollte des Geistes Bastille sein,
Und die listigen Römlinge dachten:
In diesem Riesenkerker wird
Die deutsche Vernunft verschmachten!

Da kam der Luther, und er hat
Sein großes »Halt!« gesprochen –
Seit jenem Tage blieb der Bau
Des Domes unterbrochen.

Er ward nicht vollendet – und das ist gut.
Denn eben die Nichtvollendung
Macht ihn zum Denkmal von Deutschlands Kraft
Und protestantischer Sendung.

Ihr armen Schelme vom Domverein,
Ihr wollt mit schwachen Händen
Fortsetzen das unterbrochene Werk,
Und die alte Zwingburg vollenden!

O törichter Wahn! Vergebens wird
Geschüttelt der Klingelbeutel,
Gebettelt bei Ketzern und Juden sogar;
Ist alles fruchtlos und eitel.

Vergebens wird der große Franz Liszt
Zum Besten des Doms musizieren,
Und ein talentvoller König wird
Vergebens deklamieren!

Er wird nicht vollendet, der Kölner Dom,
Obgleich die Narren in Schwaben
Zu seinem Fortbau ein ganzes Schiff
Voll Steine gesendet haben.

Er wird nicht vollendet, trotz allem Geschrei
Der Raben und der Eulen,
Die, altertümlich gesinnt, so gern
In hohen Kirchtürmen weilen.

Ja, kommen wird die Zeit sogar,
Wo man, statt ihn zu vollenden,
Die inneren Räume zu einem Stall
Für Pferde wird verwenden.

»Und wird der Dom ein Pferdestall,
Was sollen wir dann beginnen
Mit den Heil'gen Drei Kön'gen, die da ruhn
Im Tabernakel da drinnen?«

So höre ich fragen. Doch brauchen wir uns
In unserer Zeit zu genieren?
Die Heil'gen Drei Kön'ge aus Morgenland,
Sie können woanders logieren.

Folgt meinem Rat und steckt sie hinein
In jene drei Körbe von Eisen,
Die hoch zu Münster hängen am Turm,
Der Sankt Lamberti geheißen.

Der Schneiderkönig saß darin
Mit seinen beiden Räten,
Wir aber benutzen die Körbe jetzt
Für andre Majestäten.

Zur Rechten soll Herr Balthasar,
Zur Linken Herr Melchior schweben,
In der Mitte Herr Gaspar – Gott weiß, wie einst
Die drei gehaust im Leben!

Die Heil'ge Allianz des Morgenlands,
Die jetzt kanonisieret,
Sie hat vielleicht nicht immer schön
Und fromm sich aufgeführet.

Der Balthasar und der Melchior,
Das waren vielleicht zwei Gäuche,
Die in der Not eine Konstitution
Versprochen ihrem Reiche,

Und später nicht Wort gehalten – Es hat
Herr Gaspar, der König der Mohren,
Vielleicht mit schwarzem Undank sogar
Belohnt sein Volk, die Toren!

VII.

Ich ging nach Haus und schlief, als ob
Die Engel gewiegt mich hätten.
Man ruht in deutschen Betten so weich,
Denn das sind Federbetten.

Wie sehnt ich mich oft nach der Süßigkeit
Des vaterländischen Pfühles,
Wenn ich auf harten Matratzen lag,
In der schlaflosen Nacht des Exiles!

Man schläft sehr gut und träumt auch gut
In unseren Federbetten.

Hier fühlt die deutsche Seele sich frei
Von allen Erdenketten.

Sie fühlt sich frei und schwingt sich empor
Zu den höchsten Himmelsräumen.
O deutsche Seele, wie stolz ist dein Flug
In deinen nächtlichen Träumen!

Die Götter erbleichen, wenn du nahst!
Du hast auf deinen Wegen
Gar manches Sternlein ausgeputzt
Mit deinen Flügelschlägen!

Franzosen und Russen gehört das Land,
Das Meer gehört den Briten,
Wir aber besitzen im Luftreich des Traums
Die Herrschaft unbestritten.

Hier üben wir die Hegemonie,
Hier sind wir unzerstückelt;
Die andern Völker haben sich
Auf platter Erde entwickelt. – –

Und als ich einschlief, da träumte mir,
Ich schlenderte wieder im hellen
Mondschein die hallenden Straßen entlang,
In dem altertümlichen Köllen.

Und hinter mir ging wieder einher
Mein schwarzer, vermummter Begleiter.
Ich war so müde, mir brachen die Knie,
Doch immer gingen wir weiter.

Wir gingen weiter. Mein Herz in der Brust
War klaffend aufgeschnitten,
Und aus der Herzenswunde hervor
Die roten Tropfen glitten.

Ich tauchte manchmal die Finger hinein,
Und manchmal ist es geschehen,
Daß ich die Haustürpfosten bestrich
Mit dem Blut im Vorübergehen.

Und jedesmal, wenn ich ein Haus
Bezeichnet in solcher Weise,
Ein Sterbeglöckchen erscholl fernher,
Wehmütig wimmernd und leise.

Am Himmel aber erblich der Mond,
Er wurde immer trüber;
Gleich schwarzen Rossen jagten an ihm
Die wilden Wolken vorüber.

Und immer ging hinter mir einher
Mit seinem verborgenen Beile
Die dunkle Gestalt – so wanderten wir
Wohl eine gute Weile.

Wir gehen und gehen, bis wir zuletzt
Wieder zum Domplatz gelangen;
Weit offen standen die Pforten dort,
Wir sind hineingegangen.

Es herrschte im ungeheuren Raum
Nur Tod und Nacht und Schweigen;
Es brannten Ampeln hie und da,
Um die Dunkelheit recht zu zeigen.

Ich wandelte lange den Pfeilern entlang
Und hörte nur die Tritte
Von meinem Begleiter, er folgte mir
Auch hier bei jedem Schritte.

Wir kamen endlich zu einem Ort,
Wo funkelnde Kerzenhelle
Und blitzendes Gold und Edelstein;
Das war die Drei-Königs-Kapelle.

Die Heil'gen Drei Könige jedoch,
Die sonst so still dort lagen,
O Wunder! sie saßen aufrecht jetzt
Auf ihren Sarkophagen.

Drei Totengeripppe, phantastisch geputzt,
Mit Kronen auf den elenden
Vergilbten Schädeln, sie trugen auch
Das Zepter in knöchernen Händen.

Wie Hampelmänner bewegten sie
Die längstverstorbenen Knochen;
Die haben nach Moder und zugleich
Nach Weihrauchduft gerochen.

Der eine bewegte sogar den Mund
Und hielt eine Rede, sehr lange;
Er setzte mir auseinander, warum
Er meinen Respekt verlange.

Zuerst weil er ein Toter sei,
Und zweitens weil er ein König,
Und drittens weil er ein Heil'ger sei –
Das alles rührte mich wenig.

Ich gab ihm zur Antwort lachenden Muts:
»Vergebens ist deine Bemühung!
Ich sehe, daß du der Vergangenheit
Gehörst in jeder Beziehung.

Fort! fort von hier! im tiefen Grab
Ist eure natürliche Stelle.
Das Leben nimmt jetzt in Beschlag
Die Schätze dieser Kapelle.

Der Zukunft fröhliche Kavallerie
Soll hier im Dome hausen,
Und weicht ihr nicht willig, so brauch ich Gewalt
Und laß euch mit Kolben lausen!«

So sprach ich, und ich drehte mich um,
Da sah ich furchtbar blinken
Des stummen Begleiters furchtbares Beil –
Und er verstand mein Winken.

Er nahte sich, und mit dem Beil
Zerschmetterte er die armen
Skelette des Aberglaubens, er schlug
Sie nieder ohn' Erbarmen.

Es dröhnte der Hiebe Widerhall
Aus allen Gewölben, entsetzlich! –
Blutströme schossen aus meiner Brust,
Und ich erwachte plötzlich.

XIII.

Die Sonne ging auf bei Paderborn,
Mit sehr verdroßner Gebärde.
Sie treibt in der Tat ein verdrießlich Geschäft –
Beleuchten die dumme Erde!

Hat sie die eine Seite erhellt,
Und bringt sie mit strahlender Eile
Der andern ihr Licht, so verdunkelt schon
Sich jene mittlerweile.

Der Stein entrollt dem Sisyphus,
Der Danaiden Tonne
Wird nie gefüllt, und den Erdenball
Beleuchtet vergeblich die Sonne! –

Und als der Morgennebel zerrann,
Da sah ich am Wege ragen,
Im Frührotschein, das Bild des Manns,
Der an das Kreuz geschlagen.

Mit Wehmut erfüllt mich jedesmal
Dein Anblick, mein armer Vetter,
Der du die Welt erlösen gewollt,
Du Narr, du Menschheitsretter!

Sie haben dir übel mitgespielt,
Die Herren vom hohen Rate.
Wer hieß dich auch reden so rücksichtslos
Von der Kirche und vom Staate

Zu deinem Malheur war die Buchdruckerei
Noch nicht in jenen Tagen

Erfunden; du hättest geschrieben ein Buch
Über die Himmelsfragen.

Der Zensor hätte gestrichen darin,
Was etwa anzüglich auf Erden,
Und liebend bewahrte dich die Zensur
Vor dem Gekreuzigtwerden.

Ach! hättest du nur einen andern Text
Zu deiner Bergpredigt genommen,
Besaßest ja Geist und Talent genug,
Und konntest schonen die Frommen!

Geldwechsler, Bankiers, hast du sogar
Mit der Peitsche gejagt aus dem Tempel –
Unglücklicher Schwärmer, jetzt hängst du am Kreuz
Als warnendes Exempel!

XVII.

Ich habe mich mit dem Kaiser gezankt
Im Traum, im Traum versteht sich –
Im wachenden Zustand sprechen wir nicht
Mit Fürsten so widersetzig.

Nur träumend, im idealen Traum,
Wagt ihnen der Deutsche zu sagen
Die deutsche Meinung, die er so tief
Im treuen Herzen getragen.

Als ich erwacht', fuhr ich einem Wald
Vorbei, der Anblick der Bäume,
Der nackten hölzernen Wirklichkeit,
Verscheuchte meine Träume.

Die Eichen schüttelten ernsthaft das Haupt,
Die Birken und Birkenreiser,
Sie nickten so warnend – und ich rief:
»Vergib mir, mein teurer Kaiser!

Vergib mir, o Rotbart, das rasche Wort!
Ich weiß, du bist viel weiser
Als ich, ich habe sowenig Geduld –
Doch komme du bald, mein Kaiser!

Behagt dir das Guillotinieren nicht,
So bleib bei den alten Mitteln:
Das Schwert für Edelleute, der Strick
Für Bürger und Bauern in Kitteln.

Nur manchmal wechsle ab, und laß
Den Adel hängen, und köpfe
Ein bißchen die Bürger und Bauern, wir sind
Ja alle Gottesgeschöpfe.

Stell wieder her das Halsgericht,
Das peinliche Karls des Fünften,
Und teile wieder ein das Volk
Nach Ständen, Gilden und Zünften.

Das alte Heilige Römische Reich,
Stell's wieder her, das ganze,
Gib uns den modrigsten Plunder zurück
Mit allem Firlifanze.

Das Mittelalter, immerhin,
Das wahre, wie es gewesen,
Ich will es ertragen – erlöse uns nur
Von jenem Zwitterwesen,

Von jenem Kamaschenrittertum,
Das ekelhaft ein Gemisch ist
Von gotischem Wahn und modernem Lug,
Das weder Fleisch noch Fisch ist.

Jag fort das Komödiantenpack,
Und schließe die Schauspielhäuser,
Wo man die Vorzeit parodiert
Komme du bald, o Kaiser!«

XXVII.

Was sich in jener Wundernacht
Des weitern zugetragen,
Erzähl ich euch ein andermal,
In warmen Sommertagen.

Das alte Geschlecht der Heuchelei
Verschwindet, Gott sei Dank, heut,
Es sinkt allmählich ins Grab, es stirbt
An seiner Lügenkrankheit.

Es wächst heran ein neues Geschlecht,
Ganz ohne Schminke und Sünden,
Mit freien Gedanken, mit freier Lust –
Dem werde ich alles verkünden.

Schon knospet die Jugend, welche versteht
Des Dichters Stolz und Güte,
Und sich an seinem Herzen wärmt,
An seinem Sonnengemüte.

Mein Herz ist liebend wie das Licht,
Und rein und keusch wie das Feuer;

Die edelsten Grazien haben gestimmt
Die Saiten meiner Leier.

Es ist dieselbe Leier, die einst
Mein Vater ließ ertönen,
Der selige Herr Aristophanes,
Der Liebling der Kamönen.

Es ist die Leier, worauf er einst
Den Paisteteros besungen,
Der um die Basileia gefreit,
Mit ihr sich emporgeschwungen.

Im letzten Kapitel hab ich versucht,
Ein bißchen nachzuahmen
Den Schluß der »Vögel«, die sind gewiß
Das beste von Vaters Dramen.

Die »Frösche« sind auch vortrefflich. Man gibt
In deutscher Übersetzung
Sie jetzt auf der Bühne von Berlin,
Zu königlicher Ergetzung.

Der König liebt das Stück. Das zeugt
Von gutem antiken Geschmacke;
Den Alten amüsierte weit mehr
Modernes Froschgequake.

Der König liebt das Stück. Jedoch
Wär noch der Autor am Leben,
Ich riete ihm nicht, sich in Person
Nach Preußen zu begeben.

Dem wirklichen Aristophanes,
Dem ginge es schlecht, dem Armen;
Wir würden ihn bald begleitet sehn
Mit Chören von Gendarmen.

Der Pöbel bekäm die Erlaubnis bald,
Zu schimpfen statt zu wedeln;
Die Polizei erhielte Befehl,
Zu fahnden auf den Edeln.

O König! Ich meine es gut mit dir,
Und will einen Rat dir geben:
Die toten Dichter, verehre sie nur,
Doch schone, die da leben.

Beleid'ge lebendige Dichter nicht,
Sie haben Flammen und Waffen,
Die furchtbarer sind als Jovis Blitz,.
Den ja der Poet erschaffen.

Beleid'ge die Götter, die alten und neu'n,
Des ganzen Olymps Gelichter,
Und den höchsten Jehova obendrein
Beleid'ge nur nicht den Dichter!

Die Götter bestrafen freilich sehr hart
Des Menschen Missetaten,
Das Höllenfeuer ist ziemlich heiß,
Dort muß man schmoren und braten –

Doch Heilige gibt es, die aus der Glut
Losbeten den Sünder; durch Spenden
An Kirchen und Seelenmessen wird
Erworben ein hohes Verwenden.

Und am Ende der Tage kommt Christus herab
Und bricht die Pforten der Hölle;
Und hält er auch ein strenges Gericht,
Entschlüpfen wird mancher Geselle.

Doch gibt es Höllen, aus deren Haft
Unmöglich jede Befreiung;
Hier hilft kein Beten, ohnmächtig ist hier
Des Welterlösers Verzeihung.

Kennst du die Hölle des Dante nicht,
Die schrecklichen Terzetten?
Wen da der Dichter hineingesperrt,
Den kann kein Gott mehr retten –

Kein Gott, kein Heiland erlöst ihn je
Aus diesen singenden Flammen!
Nimm dich in acht, daß wir dich nicht
Zu solcher Hölle verdammen.

ANHANG

EPILOG

Ich war junger Student, als ich das erste Mal auf die „Bibliothek der verbotenen Bücher" stieß. Student des Pontificium Collegium Germanicum in Rom, des Päpstlichen Kollegs für Studenten der Philosophie und Theologie aus den Ländern deutscher Sprache und einigen Nachbargebieten, in der Via San Nicola da Tolentino, Nr13. Vom Kolleg waren es nur ein paar Schritte zur berühmten Via Veneto, der Bühne des „Dolce vita", des süßen Lebens jener unbekümmerten sechziger Jahre.

Von der Dachterrasse des großen Hauses aus konnte man über die Dächer der Ewigen Stadt hinweg die Kuppel der Peterskirche mit dem Vatikan sehen. In den verschiedenen Bibliothekssälen des Kollegs, dem für die Theologie, für die Philosophie und dem für die Literatur, fand ich an einem Herbstnachmittag des Jahres 1963 jene Bücher, die auf geheimnisvolle Weise das „sündige" Leben der Via Veneto mit dem vatikanischen Palazzo des „Heiligen Offizium", links vom Petersplatz, verbanden. Weil sie „verboten" waren. Erkennbar daran, daß sie über dem Buchrücken quer mit einem etwa einen Zentimeter dicken roten, sündhaft roten Klebestreifen versehen waren.

Um sie aus den langen Regalen entnehmen und lesen zu dürfen, benötige man die Erlaubnis des Rektors, sagten die Älteren, eher nebenbei. Einer von ihnen war Karl Lehmann. Damals schon mit 27 Jahren ein vielbelesener, gelehrter Student, wie wir anerkennend bemerkten, und ein alles-lesender Bibliothekar im Germanicum, wozu er bestimmt worden war; später, von 1987 bis 2008, Vorsitzender der Deutschen Bischofskonferenz und, seit 2001, Kardinal der Römischen Kirche. Karl Lehmann sagte das mit der Bitte um Erlaubnis leichthin. So war es offenbar auch gemeint, damals, in der Zeit des Zweiten Vatikanischen Konzils, das im Oktober 1962 begonnen hatte und im Dezember 1965 beendet wurde. Niemand von den Studenten schien den Rektor um Erlaubnis zu fragen, niemand auch zu kontrollieren. Denn bei der Bischofsversammlung in der Petersbasilika, die ich ab und zu voll Neugier besuchte, mehrten sich die Stimmen, die eine Abschaffung des „Index Librorum Prohibitorum", der auf rund 6000 Eintragungen angeschwollenen Liste der von der römischen Kirchenführung verbotenen Bücher, forderten. Nicht, weil deren Inhalt nun auf einmal von den Päpsten, Kardinälen und Bischöfen gebilligt worden wäre. Es setzten sich vielmehr andere Ansichten durch.

Zum Beispiel die, daß der Index nur Werbung betreibe für das Verbotene und deshalb aufzugeben sei. So äußerte sich der italienische Kurienkardinal Pietro Ciriaci im Mai 1962, vor dem Beginn des Konzils: „Denn hier gilt das psychologische Gesetz, daß die Masse von der verbotenen Frucht angezogen wird. Wird also ein Buch als unmoralisch verdammt, hat es um so mehr Leser." Das wäre ein praktisches, fast zynisch autoritäres Argument, vornehmlich von reaktionären Kirchenführern gewesen, also den Index abzuschaffen.

Anders die Meinung des Kölner Kardinal-Erzbischofs Frings und seines jungen Beraters, Joseph Ratzinger, der zu jener Zeit Theologieprofessor in Bonn war, später, 1977, Erzbischof von München, dann, 1981, Kardinals-Präfekt der Glaubenskongregation, der ehemaligen römischen Inquisitions- und Index-Behörde, und schließlich, im April 2006, Papst wurde, Benedikt XVI. Der „Teenager-Theologe" Ratzinger hatte eingesehen, daß die christliche Wahrheit sich aus eigener Kraft durchsetzen, der Glaube in der heutigen Zeit und das Heilige Offizium in seiner Praxis ohne Verurteilungen und Verbote auskommen müsse; und der fast blinde Kardinal Frings legte dies in der Konzilsaula dar.

Wie es dann tatsächlich geschah. Nach dem Konzil erklärte der zuständige Kurienkardinal Alfredo Ottaviani, Leiter des Heiligen Offiziums, der sich selbst als „Hüter des Glaubensschatzes" der katholischen Kirche sah, daß der Index keine rechtliche Geltung mehr besitze. In besonderen Erlassen dieser Kongregation vom 14. Juni und vom 15. November 1966 wurden der Index und die gesetzlichen Bücherverbote außer Kraft gesetzt, definitiv 1967. Alles richtig? Alles erlaubt? Wenn ich mich recht erinnere, maßen wir „päpstlichen" Studenten all dem keine sehr große Bedeutung bei. Daß die roten Streifen über den Buchrücken nun nichts Sündhaftes mehr besagten oder gar die Exkommunikation, den Ausschluß aus der kirchlichen Gemeinschaft, hätten bedeuten können, sah ich selbst eher gelassen. Denn an dem Jesuiten-Gymnasium zu Berlin, dem Canisius-Kolleg, das ich neun Jahre lang zuvor besucht hatte, lasen wir selbstverständlich deutsche, französische oder italienische Literatur, ohne daß auch nur die Frage gestellt worden wäre, ob etwa die Romane namhafter Autoren wie Alberto Moravia oder Andre Gide und Jean-Paul Sartre auf dem Index stünden. Kein Grund, erst recht vom Verbotenen zu naschen! Die liberale Berliner Atmosphäre, der offene Katholizismus der klugen Lehrer aus dem Orden der „Gesellschaft Jesu" ließen für kleinliche Skrupel keinen Raum. Die Auseinandersetzung mit allen Geistesleistungen wurde nicht gescheut. Schon vor dem Konzil schien da offensichtlich, daß ein „Index" in der modernen Gesellschaft keinen Sinn mehr habe.

Mit Bücherverboten und der Unterdrückung unliebsamer Meinungen machte ich in Berlin freilich noch ganz andere Erfahrungen. Im kommunistischen Ost-Berlin, wo die Familie zuerst wohnte, gab es in den wenigen Buchhandlungen die meisten Bücher überhaupt nicht, sondern vor allem ideologische Schriften. An der Grenze vom freien West-Berlin kontrollierten DDR-Volkspolizisten („Vopos") die Aktentasche des Schülers – ich war ein paar Wochen Grenzgänger, bevor solche Gefährdung durch die Flucht der Familie nach West-Berlin beendet wurde – und beschlagnahmten, was ihnen nicht gefiel. Das war nicht nur Index, sondern geistige Verarmung und Raub von Gedanken!

An der einstigen Prachtstraße Unter den Linden war, so lernte ich,
noch Schlimmeres geschehen. Dort hatten auf dem alten Opernplatz,
neben Staatsoper und Königlicher Bibliothek, vor der katholischen
Hedwigs-Kathedrale, Hitlers Nationalsozialisten drei Monate nach der
Machtergreifung, am 10. Mai 1933, eine Bücherverbrennung insze-
niert. Auch das war nicht nur Index, sondern Vernichtung von Ideen,
versuchte Vernichtung. Hatte sich die katholische Kirche mit ihrem
Index auch solcher Vergehen schuldig gemacht?

Da liegt die ganze christliche Kirchengeschichte auf dem Prüfstand.
Eine kirchliche Historie, die auch weithin eine Geschichte des weltlichen Europa und seiner geistigen Entwicklungen ist. Schon im Ur-
christentum vor zwei Jahrtausenden fällt der Apostel Paulus in seinem
Brief an die Galater, 1. Kapitel, 8. und 9. Vers, ein doppeltes kräftiges
„Anathema". „Verflucht sei!", übersetzt Martin Luther, dieses vernich-
tende Urteil, das eine Grenze zieht zwischen dem richtigen und dem
falschen Glauben an Jesus von Nazareth, zwischen Rechtgläubigen und
Recht-Predigern einerseits und den „etlichen, die euch verwirren und
wollen das Evangelium Christi verkehren". Die Worte des Apostels
wurden offenbar ernster genommen als die gelassene Empfehlung des
Kirchengründers Jesus im biblischen Gleichnis vom Unkraut unter
dem Weizen, nach Matthäus, 13. Kapitel: Man soll im Reich Gottes
das schlechte Unkraut und den guten Weizen bis zur Ernte, bis zum
Gericht am Ende der Welt, zusammen wachsen lassen; erst dann werde
geschieden und geurteilt, das eine verbrannt, das andere gesammelt.

Für die entstehende Apostolische Kirche war es wichtig, zwischen
wahrem und verkehrtem Evangelium zu entscheiden. Wie es dann –
ähnlich wie bei der Bibel der Juden – konstituierend wurde, zwischen
den kanonischen Heiligen Schriften des Neuen Testaments und den anderen, den apokryphen, den Untergrund-Evangelien, zu unterscheiden.
Wie dann der rechte, orthodoxe Glaube schon in den ersten Jahrhunderten auf den Ökumenischen Konzilien, auf den von Bischöfen aus der
christlich bewohnten Welt besuchten Versammlungen, zu einer Frage
sich auswuchs, mit der „die Kirche stand und fiel". Anathema wurde
zum Brandmal der Häretiker und Schismatiker, der Ketzer und Spalter.

Jene, die den Fluch aussprachen, wähnten sich im Besitz der Wahrheit, der durch geistige Machtpolitik errungen war und mehrheitlich gefestigt wurde. Ob deren Hauptsitz später in Rom, Konstantinopel oder Moskau stand, in Wittenberg, Genf, Zürich oder einer puritanischen Hauptgemeinde. Wobei die katholische Kirche mit dem Lehramt des Papstes und der Bischöfe nicht die einzige, aber wohl die effizientesten und bekanntesten Form der Beurteilung von Glaubensmeinungen hervorgebracht hat, durch das feierliche verfluchende Anathema, durch die Inquisition und eben auch den „Index Librorum prohibitorum" (siehe folgendes Kapitel).

Unsere Sympathie gilt der Freiheit, all unsere Abneigung Inquisition und Index. Dennoch kann die „Bibliothek der verbotenen Bücher" – die herauszugeben mir Freude macht – nicht diesem Leitmotiv folgen: Schimpf und Schande jenen, die Verbote von Büchern für notwendig erachteten, sich zu Untersuchungen und Verboten berechtigt fühlten und damit wichtige Freiheiten unterdrückten; Glorie denen, die in ihren Schriften die Ungebundenheit des Geistes demonstrieren. So kann es gewesen sein, so war es oft. Dennoch trifft dieses Schema nicht die jahrhundertelange Entwicklung Europas und die Herausbildung des abendländischen, westlichen Geistes.

In der „Bibliothek der verbotenen Bücher" zeigt sich ein unabgeschlossener Konflikt zwischen der Freiheit die nach ihrer Wahrheit sucht, und einer Wahrheit, die für ihren Glauben Freiheit braucht und diese Grenze immer neu zu bestimmen versucht: Im Mittelalter, als Wissenschaft und Schrifttum zunahmen, und man meinte, die Vielfalt der Meinungen im Interesse eines zivilen, rechtlich gesicherten Zusammenlebens durch eine Inquisitionsbehörde sichern zu müssen. Im 16. Jahrhundert der Reformation, als die Einheit des westlichen Christentums zersplitterte und die römisch-katholische Großkirche zuerst um ihr Überleben kämpfte und dann um die Führung der Gesellschaft in den ihr verbliebenen katholischen Ländern und Regionen.

Vier Jahrhunderte war der Index in Geltung – Verbotstafel und Warnzeichen, Armutszeugnis oder Unterdrückungsmerkmal einer geistigen Großinstitution, die dem freien Wettbewerb der Ideen in

Glaubens- und Sittensachen stets ihre bestimmten, seit Jahrhunderten festgelegten Dogmen und Überzeugungen entgegenhielt. Disziplin in höherem Sinn gegen die Freiheit, Dämme gegen Ideen, die sich wie das Wasser überall ihre Wege suchen.

Die Kirche als älteste, ununterbrochen seit zwei Jahrtausenden bestehende Großinstitution der Menschheit legte im besonderen Jahr 2000 am Sonntag nach Aschermittwoch, am 12. März, ein Schuldbekenntnis ab. Bei einem feierlichen Gottesdienst in der Peterskirche zu Rom bat Johannes Paul II. die Menschen um Vergebung und flehte Gott um Erbarmen an. Kardinal Ratzinger erklärte als „Herr der Glaubenslehre": „Laß jeden von uns zur Einsicht gelangen, daß auch Menschen der Kirche im Namen des Glaubens und der Moral in ihrem notwendigen Einsatz zum Schutz der Wahrheit mitunter auf Methoden zurückgegriffen haben, die dem Evangelium nicht entsprechen." Der Papst bat: „In manchen Zeiten der Geschichte haben die Christen bisweilen Methoden der Intoleranz zugelassen. Erbarme dich deiner sündigen Kinder und nimm unseren Vorsatz an, der Wahrheit in der Milde der Liebe zu dienen und sich dabei bewußt zu bleiben, daß sich die Wahrheit nur mit der Kraft der Wahrheit selbst durchsetzt."

So will ich auch den Lesern die „Bibliothek der verbotenen Bücher" nicht mit dem Triumphgeschrei des Antiklerikalen vorstellen, nicht schmackhaft machen durch den Reiz des einst Untersagten. Was für Katholiken früher als unvereinbar mit dem Katholischen klassifiziert wurde, was im entgegengesetzten Verständnis gleichsam eine höhere Weihe erhalten hatte, als anti-religiös, anti-christlich, anti-kirchlich, anti-klerikal, soll für sich sprechen und dadurch den freien Vergleich der Ideen ermöglichen. Für mich besteht die Faszination darin, die Zeugnisse einer geistesgeschichtlichen Auseinandersetzung in Literatur, Philosophie und Theologie, für Glauben und Verhalten, lebendig zu machen, sie in ihrer Zeit und aus ihrer Zeit heraus zu verstehen ohne die Arroganz der Besserwisser von heute und daraus Schlüsse für die Gegenwart zu ziehen.

***

INDEX

Die „Bibliothek der verbotenen Bücher" orientiert sich am „Index Librorum prohibitorum". An jene „Anzeiger", auf denen seit dem 16. Jahrhundert bis zu ihrer Außerkraftsetzung 1966/67 die römische Führung der katholischen Kirche die Namen und Werke von Autoren, von Theologen, Philosophen und Schriftstellern veröffentlichte, die mit ihren Glaubens- und Sittenlehren in irgendeiner Weise nicht übereinstimmten.

Das erscheint in einer Zeit mit allgemeinen Freiheiten, in liberalen pluralistischen Gesellschaften befremdlich, wurde jedoch und wird immer noch praktiziert zur Unterscheidung des Eigenen vom Fremden, Unliebsamen, Bedrohlichen. Das Christentum kannte, wie jede Religion, schon bei seiner Entstehung diese Trennung; von seinem Gründer, Jesus Christus – „Ich aber sage euch"; von den Aposteln – „Anathema", verflucht, wer anderes als die wahre Lehre verkündet. Als die christliche Botschaft von Erlösung und Heil dann mehr und mehr Anhänger fand, folgte es den Wachstumsgesetzen einer Buch-Gemeinschaft, im Unterschied zu anderen Weltreligionen.

Als Kirche schuf sich die Christus-Gemeinde eine feste Organisation im Praktisch-Rechtlichen und im Geistig-Theologischen, damit die Kultur Europas weiter entwickelnd. Bischofsversammlungen auf Konzilien oder Synoden zogen in der Antike und im Mittelalter mit dem „Anathema" Grenzen zu Nicht-Orthodoxen, zu denen, die (dadurch) nicht des rechten Glaubens waren. Bischöfe und Päpste indizierten immer wieder mit Verurteilungen und Korrekturen Abweichungen vom einheitlichen Hauptglauben. Im Mittelalter richtete die Kirche, gleichsam eins mit dem Geistesgrund der Europäer, die „Inquisition" ein, zur Abwehr von un-orthodoxen Glaubens-Bewegungen, hehren Reformgruppen wie fanatischen Sektierern, aber auch für Einzelpersonen, zur Verfolgung von Irrigen, aber auch zum Schutz von unbillig Verdächtigten.

Durch die Erfindung des Buchdrucks, durch Humanismus und Renaissance, wuchsen Zahl, Kraft und Verbreitung der nicht-kirchlichen und un-christlichen Ideen zu Beginn der Neuzeit im 15. und 16. Jahrhundert ins Unermeßliche, zum Leidwesen eines geistlichen Lehramts. Durch die Reformatoren wurden grundsätzlich die Einheit des Glaubens und die Verbindlichkeit eines Lehramts, des römischen mit dem Papst an der hierarchischen Spitze, im westlichen Europa bestritten. Die orthodoxen Kirchen des Orients mit dem Haupt-Patriarchen von Konstantinopel waren schon seit 1054 vom Bischof von Rom getrennt und fanden eigene Wege der Orthodoxie, der Rechtgläubigkeit. Auf Martin Luthers kritische Thesen von 1517 antwortete Leo X. mit einer eigenen Verdammungsbulle (1520). Bald wurden jedoch der anti-katholischen Meinungen so viele, daß die Päpste und die Konzilsväter von Trient (1545 bis 1563) im Zuge der Gegenreformation, der eigenen Kirchenreform, eigene römische Institutionen gründeten, mit dem Auftrag, „über den Glauben zu wachen". So rief Paul III. 1542 die „Heilige Römische und Universale Inquisition" gegen Häresie und Schisma ins umstrittene Leben.

Bald wurden jedoch der anti-katholischen Meinungen so viele, daß die Päpste und die Konzilsväter von Trient (1545 bis 1563) im Zuge der eigenen Kirchenreform als Gegenreformation eigene römische Institutionen gründeten, mit dem Auftrag, „über den Glauben zu wachen", so Paul III. 1542 die „Heilige Römische und Universale Inquisition" gegen Häresie und Schisma.

Schon 1544 gab die theologische Fakultät der Universität von Paris einen „Catalogue des livres censurez" heraus, 1546 die Universität von Löwen einen „Catalogus", 1549 der Nuntius in Venedig, in dem die wider-kirchlichen Bücher verzeichnet folgten unter Paul IV, zuerst 1557, dann 1559 und schließlich, 1564, unter Pius IV, schon mit 1.600 Einträgen, die römischen „Indices". So schwierig war es, über die Reinheit des Glaubens zu wachen, swaren, bald auch die spanische und portugiesische Inquisition. Demo zahlreich waren die Abweichungen, daß Pius V. 1571 dafür eine eigene Behörde an der römischen Kurie gründete, die „Kongregation für die Reform des Index der verbotenen Bücher".

Ein Bücherverbot, zuweilen mit der Möglichkeit von Korrekturen, das in der Regel durch päpstliche Schreiben oder Dekrete einer Kongregation erfolgte, war nicht allein etwas Akademisch-Theoretisches. Nicht nur dem Verfassen solcher verbotenen Bücher folgte schwere Strafe, im kirchlichen und meist auch im zivilen Bereich. Auch Lesen und Verteidigen, Aufbewahren und Weitergabe zogen die automatische Exkommunikation nach sich. Wie ernst man es in Europa mit (wirklichen oder vermeintlichen) Glaubenssachen in jener Zeit nahm, zeigten die Bürgerkriege im Frankreich des 16. Jahrhunderts, die Greuel des Dreißigjährigen Krieges in Deutschland (1618 bis 1648). Deren Lehre war jedoch auch, es mit den Differenzen in der Religion nicht zu übertreiben.

War lange Zeit der Index hauptsächlich auf theologische und philosophische Werke gerichtet, so erweiterte sich das Zensurgebiet mit dem Aufblühen der Naturwissenschaften enorm. Immer beunruhigender traten die Unstimmigkeiten, angenommene und offensichtliche Widersprüche zwischen den nachprüfbaren, sich bestätigenden Erkenntnissen der Wissenschaften und den nur zu glaubenden Vorgaben von Bibel und Kirche ins Bewußtsein. So etwa im Fall Galileo Galilei (1564 bis 1642), dessen Erkenntnisse der Bibel zu widersprechen schienen – (und der gewöhnlichen Sprache von Sonnenauf- und -untergang bis heute).

Doch immer mehr entglitten die vielgestaltigen Gesellschaften mit ihren eigengesetzlichen Wirklichkeiten des Politischen, Wirtschaftlichen oder Sozialen dem Führungsanspruch der Kirche und ihrer Geistlichen, erhoben sich die Bürger gegen die Vormundschaft des Christlich-Religiösen. Dichter und Schriftsteller, zuerst in England und Frankreich, dann überall in den europäischen Gesellschaften, in Deutschland, Spanien und auch Italien, hielten sich nicht mehr an die von der Kirche befohlenen Lebensmodelle. Die Welt des Kirchlichen wurde zu eng für die Menschen in Europa. Wieder reagierte die Kirchenzentrale, zwar im kunstreichen Rom angesiedelt, doch weitab von den lebendigen Geistesströmen der zunehmend gebildeteren Europäer mit Abweisung und Verboten. Der römische Index wurde im theologischen, philosophischen und literarischen Bereich eine stumpfe Waffe, selbst innerhalb der Kirche wegen offenkundiger Unzulänglichkeiten und willkürlicher Auswahl kritisiert, von außen verspottet und verhöhnt. Der Kampf der katholischen Kirche mit der modernen Welt, seit der Aufklärung des 18. Jahrhunderts von beiden, ganz ungleichen Seiten mit großem Einsatz geführt, ging um den Menschen und seine Seele. Der Index beschwört auf seine Art dieses gewaltige Ringen.

Autoren und Werke auf dem Index

(Auswahl)

Dumas, Alexandre (filius)	Omnes fabulae amatoriae.	1863
Flaubert, Gustave	Madame Bovary.	1864
France, Anatole	Opera omnia.	1922
Frédéric II, roi de Prusse	Oeuvres du philosophe de Sans-Souci.	1760
Friedrich, Johann	Geschichte des vatikanischen Konzils.	1877
Gibbon, Edward		
Gide, Andre	The history of the decline and fall of the roman empire.	1783
Gregorovius, Ferdinand	Geschichte der Stadt Rom im Mittelalter vom V-XVI Jahrhundert.	1874
Grotius, Hugo	Opera omnia theologica.	1757
Guicciardini, Franciscus	La historia d'Italia con la vita dell'autore, di nuovo riveduta e corretta per Francesco Sansovino.	1627
Heine, Heinrich	Reisebilder.	1836
	De l'Allemagne.	1836
	De la France.	1836
	Neue Gedichte, Hamburg, 1844.	1845
Hugo, Victor	Notre-Dame de Paris.	1834
	Les misérables.	1864
Hume, David	Opera omnia.	1761
Kant, Immanuel	Kritik der reinen Vernunft.	1827
La Fontaine, Jean de	Contes et nouvelles en vers.	1703
Lessing, Gotthold Ephraim		0
Locke, John	An essay concerning humane understanding.	1734
Locke, John	The reasonableness of christianity as delivered in the Scriptures.	1737
Loisy, Alfred	La naissance du christianisme.	1938
Maeterlinck, Maurice	Opera omnia.	1914
Mill, John Stuart	Principles of political economy with some of their applications to social philosophy.	1856
Montaigne, Michel de	Les essais.	1676
Montesquieu, Charles de Secondat de	Esprit (De L') des loix ou du rapport que les loix doivent avoir avec la constitution de chaque gouvernement, les moeurs, le climat, la religion, le commerce.	1751
	Lettres persanes.	1762